토크빌과 평등의 역설

어떻게 평등은 혐오와 우울로 귀결되는가?

베스텐트 한국판 7호

WestEnd
Neue Zeitschrift für Sozialforschung
14. Jg., Heft 1, 2017

Herausgegeben im Auftrag des Instituts für
Sozialforschung an der Johann Wolfgang
Goethe-Universität, Frankfurt am Main, und
der Gesellschaft für Sozialforschung,
Frankfurt am Main, von:

Sidonia Blättler   In Verbindung mit:
Axel Honneth   Klaus Günther   Stephan Voswinkel
Juliane Rebentisch   Kai-Olaf Maiwald
Ferdinand Sutterlüty   Sighard Neckel

Internationaler Beirat:
José Brunner, Tel Aviv   Beate Rössler, Amsterdam
Judith Butler, Berkeley   Yves Sintomer, Paris
Kenichi Mishima, Tokio   Peter Wagner, Barcelona

―――――

베스텐트 한국판
베스텐트 한국판은 '연구모임 사회 비판과 대안' 구성원들이 편집합니다:
고지현   김원식   김주호   문성훈(책임편집자)
이성혁   이유선   이행남   정대성   정대훈   홍찬숙

―――――

토크빌과 평등의 역설

어떻게 평등은
혐오와 우울로
귀결되는가?

WestEnd
베스텐트 한국판 7호

연구모임 사회비판과대안 엮음

서문: 평등의 역설―어떤 평등이어야 하는가?

평등은 근대 민주주의의 기본 원칙 중 하나다. 근대는 모두가 평등하게 자유로운 시대다. 평등의 원칙은 정당화될 수 없는 모든 종류의 차별·격차·배제를 용인하지 않는다. 그런데 특히나 요즈음은 민주주의의 두 운영 원리인 자유와 평등 중 평등이 주요 사안이 된 듯하다. 프랑스 경제학자 토마 피케티는 현대 사회에서 부의 세습으로 인한 경제적 불평등이 점점 심화되고 있음을 비판하여 세간의 주목을 받았고, 오큐파이 운동은 상위 1%와 나머지 99% 사이에 이루어지는 부의 불공정한 분배가 심각함에 저항하였다. 우리 사회에서도 평등이―자유보다 훨씬 더―첨예한 사안이라는 것을 부인할 사람은 별로 없을 것이다. 성평등 혹은 교육과 취업에서의 기회균등과 같은 문제를 제대로 살펴보고자 하면 할수록, 평등의 원칙을 구체적인 상황에서 관철하려고 하면 할수록, 평등의 문제는 종종 첨예한 갈등을 불러오고 첫눈에 보는 것보다 훨씬 복잡한 상황에 우리를 연루시킨다. 평등은 분명 민주주의가 우리에게 약속한 꿈, 오랜 역사적 과정과 지난한 싸움을 통해 성취한 결과물이다. 그러나 동시에 미세한 차이조차 가차 없는 쟁투의 대상이 된, 우리 사회와 같은 '신자유주의' 사회에서 평등은 이러한 쟁투를 위한 명분이 되어가고 있다. 하루하루를 고단히 살아가고 있는 사람들은 오직 자신에게만 의존한 채 생존경쟁의 틈바구니에서 살아남기 위해 자신에게 가해지는 불공정한 처사나 남들의 '무임승차'에 대해 (불)평등을 명분으로 삼아 이의제기한다. 이렇게 한편으로는 근대 민주주의의 기본 원칙으로서, 다른 한편으로는 우리 사회의 각박한 경쟁 풍토에서 자기보존을 위한 명분으로서 평등은 두 얼굴을 가진 채 우리의 실존을 규정하는 중요 개념이 되었다.

2017년 전반기의 베스텐트 독일어판에 한국판 특집을 더한 2020년 베스텐트 한국판 7호는 민주주의 사회의 평등이 갖는 이러한 상반된, 하지만 서로 연관된 두 측면을 살펴보기 위한 가장 풍부한 고찰의 원천을 제공하는 프랑스 정치사상가 토크빌(Alexis de Tocqueville)을 다룬다. 토크빌은 26세였던 1831년 9개월간 미국을 여행한 뒤 『미국의 민주주의』(1권 1835년, 2권 1840년)를 출간하였다. 민주주의에 대해 극명한 대비를 이루는 두 평가를 우리는 이 저서 속에서 찾아볼 수 있다. 이러한 평가의 중심을 이루는 개념은 '평등'이다. 토크빌이 보기에 평등은 미국 민주주의가 갖고 있는 눈부신 활력의 원천이자 동시에 '다수의 압제'(tyranny of the majority)라고 그가 부르는—물론 그에 앞서 존 애덤스와 에드먼드 버크가 그렇게 명명한—현상의 근원이기도 하다. 토크빌은 평등의 개념 안에 민주주의 **자체**가 내포하는 긴장이 응축되어 있음을 본다. 달리 말해 다수의 독재와 같은 현상은 민주주의 및 평등 원칙의 오작동의 결과라기보다 평등에 내재하는 어떤 것의 귀결이라는 것이다(물론 이에 대해서는 이의를 제기할 이들도 있을 것이다). 이는 이번 호 베스텐트 독일어판 편집인들이 '평등의 역설'이라고 이름 붙인 것이고 여러 논문의 저자들이 탐구한 문제다.

근대는 전통적 권위가 사라진 시대다. 대체로 종교적인 성격의 수직적 위계질서 속에서 행사되었던 초월적 권위가 힘을 잃은 후, 그리고 그런 위계질서 속에서 정당화되었던 신분적 차별이 철폐된 후, 어떤 사안에 대해 결정할 수 있는 최종적인 척도를 제공하는 것은 데카르트 이후 각 개인이 공평하게 가지고 있다고 여겨진 이성적 판단능력이다. 모든 것 위에 있는 권위가 사라졌다면 이제 수평적 관계 속에서 벌어지는 이성을 통한 설득·토론·타협·조정만이 사안을 결정할 수 있다. 미국에서 토크빌을 사로잡았던 것은 바로 이러한 민주주의적 활력으로 가득한 정치문화, 즉 타운(town)에서 시작하여 카운티(county)를 거쳐 주(state) 단위로 이어지는, 의사결정을 위한 밑으로부터의 활발한 토론문화였다. 이는 단지 형식적인 제도일 뿐 아니라 미국인들의 삶에 뿌리내린 어떤 것이었다. 이렇게 형성된 공통의 신념들은 다시 한 번 민주주의라는 **형식**을 통해 개선될 수 있는 역동적 여지를 가진 것이라는 점에서 초월적 권위에 의해 주어진 신앙들과는 질적으로 다른 것이다(유디트 모어만).

그러나 민주주의 사회의 개인들이 동등하게 이성적이라고 **믿어지기만** 할 뿐 실제로는 각자 실행해야 할 이성적 숙고가 제대로 작동하지 않을 때, 개인들이 내놓는 의견들의 집합인 '여론'은 근대 사회에서 권위의 대체물로서 오히려 개인의 이성적 판단을 억압하고 여론의 동질성에 합류하기를 강제한다. 탈권위 시대의 평등이 이성 없이 관철될 때 생겨나는 여론에서 토크빌은 '다수의 압제' 현상을 본다. 독자적 판단력을 다수의 대중이 동등하게 갖고 있다는 믿음으로부터 여론의 동질성이 보증되고 이는 다시 소수의 (진정한) 이성적 판단을 억압한다(클로드 르포르).

나아가 토크빌은 이성이 작동하지 않는 이러한 개인주의가 결국 이기주의로 귀착하고 만다고 진단한다. 전통적 권위에 기반을 둔 기존 가치들이 일소된 자리에 개인적 판단이 주권성을 가지고 들어서면서 합목적적 쾌락 계산이 선과 정의의 자리를 차지한다. 이러한 개인주의는 토크빌이 보기에 정치에 참여할 적극적 자유에는 무관심한, 온순하고 평준화에 순응하는, 결국 서로 고립되어 있을 뿐인 한 무리의 동질적 시민을 산출할 뿐이다(나디아 어비네이티).

그렇다면 평등 원칙이 관철된 민주주의 사회에서 왜 이성적 숙고가 제대로 작동하지 않는가? 레벤티슈와 트라우트만이 토크빌 읽기를 통해 찾아낸 원인은 **정치**의 차원에서 관철된 평등의 원칙이 (과도하게도) **문화**의 차원에서 창출한 동질성에 있다. 토크빌 자신은 "평등의 정신으로 말미암아 미국인들은 특별히 획일적인 내면적 생활습관들에 물들어 있다"고 말한다. 이러한 획일화가, 물질적 복리증진에는 일정하게 기여할지 몰라도, 문화적 차원에서는 개성적 능력이 자유롭게 발휘될 여지를 구속한다는 것이다. 정치적 평등의 원칙이 이렇게 문화적 층위에서 왜곡되게 작동하는 것은 근대에 들어 문화적 생산이 동등교환의 시장적 가치질서 속으로 통합·흡수되는 경향에 기인한다. 예술과 문학은 정신의 심화가 아니라 제한된 시간 동안에도 누릴 수 있는 향유에 이바지하며 시장가치에 순응하게 된다는 토크빌의 관찰은 '문화산업'에 대한 호르크하이머와 아도르노의 분석을 선취한다(율리아네 레벤티슈, 펠릭스 트라우트만).

근대 민주주의에서 평등은 단지 하나의 원칙일 뿐 아니라 우리의 삶

속에 자리 잡은 감정이기도 하다. 그런데 토크빌이 미국 시민들―이들은 모든 민주주의 사회 시민들의 원형이다―이 가진 다른 어떤 열망보다 강력하다고 본 평등에의 **열망**에는 두 종류가 있다. 하나는 '더 강하고 높은 서열에 있는' 사람들처럼 되고자 하는 열망이고, 다른 하나는 반대로 더 나은 위치에 있는 사람들을 자신이 있는 곳으로 끌어내리고자 하는 열망이다. 토크빌에게 후자와 같이 아래를 향한 균등화를 통해 차이를 만회하려는 감정은 선망 혹은 질시(envy)에 불과하다. 위를 향한 것이든, 아래를 향한 것이든 이러한 평등에의 열망은, 신분 차이와 같은 불평등이 더 이상 자연스러운 것이 아니고 기본적으로 모두가 평등하다는 조건 아래 있는 민주주의 사회에서, 점점 더 평등에 대한 집착이 되어간다. 결국 평등에의 열정과 불평등에 대한 혐오는 신분질서의 철폐 후 "모두에게 개방된 경쟁의 무한한 싸움터"에서 자신에게 불리한 방향의 불평등을 막기 위한 것으로 드러난다(요하네스 뷜츠).

모두가 평등하다는 조건이 신분 차이와 같은 가장 큰 차이를 없애기 때문에 이제 사람들은 아주 작은 차이들에 대해 첨예한 의식을 갖게 된다는 것이 토크빌의 관찰이다. 이 지점에서 토크빌은 이미 현대의 신자유주의적인 '평등' 사회의 병리를 앞서 진단하고 있다. "평등이 크게 증가하면 할수록 그에 대한 소망은 더욱더 충족될 줄 모른다." 이로부터 현대의 고유한 질병이라 불리는 우울이 민주주의 국가 주민들 사이에 확산되고 있음을 토크빌은 본다. 고립 속의 무한경쟁은 중요한 측면에서 민주주의적 평등 원칙에 내재한 요소의 병리적 발현이다. 우리는 어떻게 이를 극복할 것인가? 평등이 포기할 수 없는 민주주의의 가치라면 우리는 **어떤** 평등을 추구해야 하는가?

바로 이 마지막 질문, 즉 '어떤 평등이어야 하는가'에 대해 답하려는 한국 문학평론가들의 진지한 탐구가 이번 호 베스텐트 한국판에서 특집으로 다루어지는 '한국문학과 공통적인 것'이라는 주제 아래에 집약되어 있다. 모두의 공통 자원인 언어를 매개로 한다는 기본 성격 때문에 문학이 '공통적인 것'이라는 데에는 이견의 여지가 없다. 하지만 현실에서 문학—그리고 예술 일반—이 이러한 공통성을 온전히 체현한 적은 드물다. 이제까지 문학의 공통성을 제한해온 것으로 우리는 크게 두 가지를 꼽을 수 있다. 하나는 전통적으로 문학을 정의하는 기능을 수행해온 비평이 제도화되면서 경직되었다는 것이고, 다른 하나는 모든 가치를 양적인 교환가치로 측정하려는 시장이 보편성을 얻었다는 것이다. 그러나 비평과 시장은 문학의 공통성의 산출에 악영향을 미치는 것만은 아니다. 비평은 문학이 문학일 수 있는 신뢰할 만한 척도를 제공하고, 시장은 공정한 계약을 통한 거래의 기치 아래 하나의 상품으로서 적절한 가치를 가진 작품만이 유통되도록 허용하기 때문이다. 근대적인 의미에서 비평은 문학 시장에서의 "공정거래의 감독관"(최진석) 혹은 "문학이라는 커먼즈를 유지하고 조절하는 장치"(김대현)의 역할을 해왔다.

그러나 비평과 시장은 한편으로 이렇게 문학이 유의미한 공통적 산물로서 유통되도록 돕는 기능인자들이면서도 다른 한편으로 (비평의 경우에는) 제한적인 혹은 (시장의 경우에는) 추상적인 가치척도를 들이댐으로써 모두의 '공통적인 것'으로서 문학이 갖는 보편성을 훼손한다. 문학이 문학으로서 가치를 가질 수 있는 장이 비평과 시장에 의해 제도화함으로써 문학의 공통성은 제한을 겪고 독자는 그 속에서 저자와 비평가에 비해 이차적이고 수동적인 위치에 처하게 된다.

그러나 최근 들어 문학작품이 생산하고 보유하는 고유한 공통성이,

기존의 비평과 시장이 제공하는 제한된 장의 매개를 거치지 않고, 그것을 향유하는 사람들과의 사이에서 불러일으켜지는 직접적인 감응(affect)에 의해 창출되는 일이 일어나고 있다. 이는 독자들이 자신이 읽은 것에 대해 느끼고 생각한 바를 직접 소통할 수 있도록 해주는 여러 비전통적 매체들의 등장에 힘입은 바가 크다. 『82년생 김지영』과 같은 작품은 기존 문단의 척도로 볼 때 일정한 결함이 있음에도 불구하고 대중의 일상과 직접 공명하면서 감응의 공통성을 창출한 사례다. 대중이 이러한 비평적 감응을 산출하는 주체로 등장한다. 전문적이고 우월한 감식안을 갖는 비평가와 그에 의해 안내받는 대중의 전통적 위계질서가 해체되어가고 있다(최진석).

토크빌은 신자유주의적 세계 속의 시민들은 경쟁 속에서 타인에 대한 우위를 확보하고자 작은 차이에 집착하는 '평등'한 개인들일 것임을 이미 예견했지만, 공통적 감응에 의해 기존의 문학장 안팎이 직접 연결되면서 나타나는 것은 새로운 종류의 '평등'이다. 이 속에서 전통적 의미의 노동, 예술과 대립적으로 파악되는 노동을 넘어, '공통적인 것'을 생산하는 노동, 시장가치와 같은 외부의 척도를 뛰어넘는 자생적 원천을 공동으로 생산하는 노동의 형태를 독려하고 표현하는 새로운 노동문학이 필요하다(김지윤).

2020년 베스텐트 한국판 7호에 대한 독자 제현의 일독을 권한다.

정대훈
베스텐트 한국판 편집자

1부

1부 쟁점 / 토크빌과 평등의 역설들

토크빌과 평등의 역설들

악셀 호네트, 유디트 모어만
율리아네 레벤티슈, 펠릭스 트라우트만

자유와 평등이라는 민주주의적 이상과 그 이상이 실현되지 않은 현실 사이의 거리는 그 이상을 보란 듯이 내세우는 사회에서조차 놀라울 정도로 크다. 이러한 맥락에서 핵심 질문 가운데 하나는 그 이유들이 무엇인가이다. 다시 말해 민주주의가 예를 들면 시장 논리나 종교적 신념과 같은 외부 영향을 통해서만 압력을 받는가? 아니면 민주주의를 실현하는 데 나타나는 문제들이 자유와 평등이라는 규범적 이념을 이해하는 것 자체가 어렵다는 점을 보여주는가?

몇 년 동안 프랑크푸르트 사회연구소는 현대 사회의 역사적 발전에서 나타나는 "규범적 역설들"(Honneth 2002; Honneth und Sutterlüty 2011[베스텐트 한국판 2014] 참조)에 주목해왔다.[1] 그것들은 무엇보다 이미 이루어진 사회적 성취나 원래의 의도를 뒤집는 것으로 해석될 수 있는 현상들을 통해 나타난다. 그러한 규범적 역설에 대해 민주주의 이론의 맥락에서 연구하는 데 도움이 될 풍부한 역사적 원천을 제공하는 이는 알렉시 드 토크빌이다.

1831년 미국 여행을 바탕으로 하고 있는 『미국의 민주주의』(1984[1835/1840])라는 그의 대표 저서에서 토크빌은 자신의 수많은 관찰을, 미국 민주주의 사회에 나타나는 경향들을 진단하는, 경험에 바탕을 둔 정치 분석의 형태로 간추린다. 한편으로 토크빌은 미국 민주주의가 문화적으로 만들어낸 다원성과 활기에 매력을 느낀 것 같다. 그는 이 다원성과 활기야말로 모두의 평등이 개인의 삶 속에 뿌리를 내리게 했으며, 일반적 관심사를 남녀노소 모두에게 상관있는 것으로 만들었다고 보았다. 그러나 토크빌의 진단에 따르면 민주주의의 평등 지향은 동시에 민주주의의 생명력을 사라지게 하는 효과도 가져온다. 다시 말해 미국 사회는 그 구성원들에게 평등을 사회적으로 강요한다. 다시 말해 수평적으로 한 줄에 서도록 강요한다. 그러한 사회적 강요는 신분 사회에서보다 비록 덜 억압적이지만 효과는 더 가혹하다. 토크빌은 "다수의 폭정"이란 유명한 말로 민주주의의 평등 지향이 획일성과 순응을 강요하는 압력을 행사하며 이 압력으로부터 벗어나고자 하는 이는 누구든 가만히 두지 않겠다고 위협하는 새로운 종류의 압력을 낳는다는 것을 보이고자 했다. 토크빌은 여기서 정치적 제도뿐 아니라 생활양식으로서의 민주주의에 대해서도 이야기한다. 다시 말해 그는 민주주의 속에

---

1 현재 폭스바겐재단이 후원하고 있는 사회연구소의 연구 프로젝트인 '규범적 역설들의 타협형태들'은 이러한 규범적 역설들의 타협형태들에 무엇보다 주목하고 있다. 여기서 다루는 핵심 주제는 그 연구 프로젝트의 논의맥락과 2016년 6월에 열린 '토크빌과 평등의 역설들'이라는 워크숍으로부터 비롯되었다. 편집자들은 재정적 도움을 준 폭스바겐재단에 감사드린다.

서 지배적인 사고방식, 신념, 정치적 열정, 문화적 표현양식에 대해서, 말하자면 민주주의의 실체에 대해서 이야기한다.

다양한 관점에서 토크빌을 다룬 여기에 실린 글들이 보여주듯이, 민주주의에서 작용하는 규범들은 역설적 특징을 가질 수 있다. 다시 말해 민주주의를 펼치는 데 더없이 효과적인 수단들은 어떤 때는 보이지 않게 또 어떤 때는 드러나게 민주주의를 해체하는 데도 스스로 한몫을 할 수 있다. 그러나 이러한 부정적 효과의 원천들을 어떻게 더 자세히 규정할 수 있는가? 민주주의 속에 생명력과 파괴력이 나란히 있다는 현대 민주주의 진단을 들여다보면 한편으로 당연히 토크빌에게 되묻고 싶은 궁금증이 생기며, 다른 한편으로 지금의 정치적 주제들에 다양한 측면에서 연결할 가능성도 찾을 수 있다. 그래서 나디아 어비네이티(Nadia Urbinati)는 그녀의 글에서 민주주의의 평등이 실현되는 조건 아래서 어떻게 무관심이나 이기심 또는 외로움의 문제를 소홀히 하지 않고 개인의 자유를 생각할 수 있는지 묻는다. 비슷하게 클로드 르포르(Claude Lefort)도 토크빌의 생각을 이어받아 여론이 그 나름의 특별한 작용방식으로, 다시 말해 이름을 숨기고 생각의 자유를 위협하는 하나의 권력으로 작용할 수 있다는 것을 보여준다. 부러움의 사회적 역학에 비추어 요하네스 뵐츠(Johannes Voelz)는 토크빌과 에머슨을 비교하여 읽으며 민주주의의 평등이 실현되는 조건 아래서 열정이 낳는 역설적 효과에 대해 이야기한다. 율리아네 레벤티슈(Juliane Rebentisch)와 펠릭스 트라우트만(Felix Trautmann)은 그들의 글에서 토크빌이 민주주의에서 매우 핵심적인 평등이라는 가치의 뒤틀린 이미지들이 민주주의를 위협하고 있다는 진단을 하는 글을 쓸 때 내놓는 다양한 해석들을 뒤쫓는다. 마지막으로 유디트 모어만(Judith Mohrmann)은 토크빌과 마이클 왈저가 해방의 역설에 대해 정의내린 것을 비교하여 읽으며 어떻게 혁명을 거스르는 신념들이 다름 아닌 혁명을 통해 힘을 얻을 수 있는지를 보여준다.

번역_김광식

참고문헌

Honneth, Axel (Hg.) 2002: Befreiung aus der Mündigkeit. Paradoxien des gegenwärtigen Kapitalismus. Frankfurt a. M. und New York: Campus.

Honneth, Axel und Ferdinand Sutterlüty 2011: Normative Paradoxien der Gegenwart – eine Forschungsperspektive, in: WestEnd. Neue Zeitschrift für Sozialforschung 8. 1, 67–85.

Tocqueville, Alexis de 1984 [1835/1840]: Über die Demokratie in Amerika. Beide Teile in einem Band. Übers. von Hans Zbinden. München: dtv.

사유를 압박하는 위협

클로드 르포르

토크빌은 근대 민주적 사회에서 여론이 갖는 권력에 대해 사유한 바 있
다.[1] 전승된 의식과 여론은 거의 무관하다는 것이 토크빌의 판단이다.
여론은 과거의 유산으로 전해지는 신념을 전달하는 것이 아니라 오히
려 이성에 대한 **믿음**과 새롭게 결합한다는 것이다. 당시의 지배적 견해
와 달리 토크빌은 그런 변화가 과학의 발흥 때문이라고만 보지는 않았
다. 그의 기억에 따르면, 16-17세기에는 매우 제한된 범위의 사람들만
이 명확히 정해진 분야에서만 새로운 과학정신—그가 "철학적 사고방
식"이라고 부른—을 사용했다. 토크빌에 의하면 여론에 새로운 성격을

---

1 클로드 르포르의 논문 "La menace qui pèse sur la pensée"는 1997년 *The Tocqueville Review/
   La Revue Toqueville* 18(1): 29-35 지면을 통해 처음으로 출판되었다. 여기서의 독일어 번
   역은 Laurence Guellec이 2005년 편집하여 출판한 특별호 *The Tocqueville Review/La Revue
   Toqueville. Sonderheft: Tocqueville et l'esprit de la démocratie*. Paris: Presses de Sciences Po,
   295-303을 저본으로 삼았다.

부여한 것은 다름 아닌 평등이라는 진보였다. 훗날 니체 역시 자연법의 지배가 민주적 본능을 만족시킬 발명품이라고 선언함으로써 토크빌의 그와 같은 견해를 이어갔다.『선악을 넘어서』의 잠언을 통해 니체는 "어디서든 법 앞에서 평등하다는 것—거기서 말하는 자연이란 바로 우리 자신이며, 우리보다 더 나은 어떤 것도 아니다."라고 썼다(Nietzsche 1999 [1886]: 37). 토크빌에 의하면 사회가 점점 더 동질화하면서 어떤 시간적 단절이 일어난 것이다. "민주적 사회 내부에서는 (…) 과거 여러 세대를 결합해주었던 끈이 느슨해지거나 끊어진다. 그러면서 누구한테서나 조상이 가졌던 사고방식의 흔적이 쉽게 사라진다. 또는 아무도 그런 것에 개의치 않는다."(Tocqueville 1984 [1835/1840]: 487) "시민들이 서로 아주 동등해져서, 그리고 (…) 그들 중 누구한테서도 반박할 수 없는 위대함과 탁월함을 발견할 수 없게 되면서 모두가 서로를 자세히 들여다볼 때, 그래서 끊임없이 자신의 판단력을 진리의 명백하고 당연한 출처로 여길 때"(같은 책: 488), 과거 탁월성의 공식적 대변자였던 사람이 갖던 영향력은 사라진다는 것이다.

바로 여기에 민주주의의 핵심 효과가 있어서, "모두가 아주 깊이 사고하여 거기서부터 세상을 판단하려고 한다."(같은 곳). 결론은 매우 심오하다. 기술에 대한 신뢰에 기초한 미국인의 실용적 사고에 대해 말할 때 토크빌이 구체적으로 언급하는 것은, "형이상학적인 것에 대해 그들이 갖는 불굴의 혐오", **모든 것을 설명하려는** 성향, 만사를 판단하겠다는 고집(같은 곳) 등이다. 분명히 과학은 이성에 대한 **믿음**에서 출발한다고 할 수 있다. 왜냐하면 자연에 대한 권력을 인간에게 넘겨주는 과학이 그 권력을 과시하려면, 생활세계로부터 멀찌감치 떨어져서 특히 인간의 본성에 속하는 가치판단을 금지해야 하기 때문이다. 그런 비용을 치러야만 과학은 자연에 대한 권력을 과시할 수 있다. 적어도 과학은 검증하라는 명령에 복종해야 한다는 데서 일정한 한계를 갖는다. 그러나 여론은 가치판단을 포기할 수 없다. 그것의 기초가 아무리 새로운들, 여론은 아리스토텔레스가 정치적 동물의 특성이라고 본 분별력을 증거한다. 여론이 무엇을 다루든 간에, 말하자면 태도를 다루든 아니면 논문, 학설, 법률, 정부, 국가형태를 다루든, 여론은 항상 좋은지 나쁜지, 정당한지 부당한지, 사실인지 아닌지, 용감한지 비겁한지 등을 분별한다. 그러면서도 사람들은 자신들의 의견이 마치 자유롭고 충분한 숙고 끝에 나온 것인 양 행동한다. 그러나 그런 지식은 사실 어디에 근거하는가?

이에 대한 토크빌의 대답은 잘 알려져 있다. 사회는 동질적인 믿음 없이 존재할 수 없다는 것이 그 대답이다. 토크빌은 "세상의 아무리 위대한 철학자라도, 그의 생각 중 상당 부분이 타인에 대한 신뢰 속에서 생기지 않았다거나 그래서 그가 스스로 찾아낸 진리보다 훨씬 더 많은 진리를 그가 이전부터 알고 있었을 리가 없다고"(같은 곳: 493) 말할 수 없다고 주장한다. 또 이 말은 철학자뿐 아니라 누구에게나 다 적용된다고 한다. 그런 만큼 사회의 붕괴와 개인의 고립은 단지 상대적인 현상일 뿐이라는 것이 토크빌의 확신이다. 민주주의에서 일반적으로 권위를 갖는 것이 무엇이냐는 질문은 여전히 유효한데, 그것은 모든 사람이 여론을 공유할 수 있으려면 어떤 보증이 있어야 하기 때문이다. 따라서 개인이 **누구에게도 의존하지 않아야** 할 때, 즉 새로운 사회관계로 인해 누구도 다른 사람보다 우월할 수 없다고 볼 때, 권위가 도대체 어디에 "들어 있으며" 또 그것의 "크기"(같은 곳)는 어느 정도일까를 토크빌은 질문하는 것이다.

아주 짧게 요약해서, 얼핏 보면 토크빌은 동질성이 일종의 보증이 됨으로써 여론이 형성된다고 주장하는 것 같다. 그러나 서로 비슷해진 사람들이 서로 비슷한 의견을 표출한다는 생각의 유효기간은 짧다. 그것은 권위의 문제를 잘못 이해하는 것일 뿐이다. 게다가 조건이 동등하다고 사람들이 진짜 같아지는 것도 아니다. 조건의 평등을 통해서는 차이의 표식, 특히 토크빌이 쓴 용어대로 말하면 **위**와 **아래**의 표식이 사라질 뿐이다. 즉 전승된 유산이 무엇이고 그래서 매번 무엇이 되풀이되어야 하는지를 개인에게 알려주는, (또 그래서 경우에 따라 그 유산에 대해 재고하고 그에 대한 개인의 생각이 형성되도록 하는) 구속력 있는 상징적 표식이 사라지는 것일 뿐이다. 이런 말은 어쩌면 토크빌에 대한 과도한 해석일 수 있지만, 나는 이것이 토크빌이 사고한 방향이라고 생각한다. 확실한 것은, 민주주의를 통해 개인들이 경험하는 개별화가 근간이 되어 동일성을 자극한다는 것이다. 달리 말하면, 동일성이 개인의 상상력을 사로잡아서 여론에 어떤 효력을 부여한다. 과거에 그런 효력은 모두가 익숙해 있는 기성 권위―가장, 스승, 영주 또는 신과 인간을 매개하는 시인, 사제, 마법사―에 충직하게 복종함으로써 발생했었다. 토크빌은 또 인민주권과 민주적 전제정치에 대해 분석하면서 매우 유사한 논증을 편친다. 간단히 말하면, **누구에게도 종속되지 않음**의 결말은 과거보다 더욱 절대적인 권력―이름도 형상도 없는 권력―에의 복종이라는 것이다. 여기서 강조할 것은, 민주적 순응주의에 대한 토크빌의 비판이 소크라테스의 경우와는 다른 전제에서 출발한다는 것이다. 소크라테스가 보기에도 여론은 확실히 전승에만 기대어 만들어지지 않고, 민주주의에서 대중의 권력 발전과 함께 생겨난다. 그런데 소크라테스의 경우 대중의 권력은 과거 귀족―어떤 경우에는 "최선의 인간", 즉 지배계급을 구성하는 엘리트 집단에 속하는 사람이라는 그 본래 의미로 이해해야 한다—의 가치 앞에서 일어났던 존경심이 이제 대중의 마음에 더 이상 생기지 않기 때문에, 그리고 대중의 탐욕이 자유롭게 풀려나 그것을 수완 좋게 채워주거나 아니면 적어도 그러겠다고 약속하는 선동가를 향하면서 발전해온 것이다. 이것은 토크빌이 말한 내용과는 다르다. 토크빌은 인민이 저급한 바람을 갖는다고 속단하지 않는다. 토크빌이 말하고자 한 것은, 독립이 어떻게 종속이 되고, 자유가 어떻게 예속이 되며, **나**라는 개인이 어떻게 점점 약화하여 **세인** 속에 용해될 위험에 처하는지에 관한 것이다.

토크빌은 자유라는 근대적 이상을 헛된 것으로 생각하지 않았다. 그에게 자유는 자연스럽고 영원한 것이다. 토크빌의 민주주의 관점에서 무엇보다도 평등에 대한 그의 표현, 즉 여론은 일차적으로 평등을 지향하며 평등에서 일치된 여론이 드러난다는 표현은 내게 비극적으로 느껴진다. 사실 그가 말하는 것은 조건의 평등에서 기인한다. 여기서 중요한 것은 순환논법이 아니다. 조건의 평등은 현재 사회적 관계에서 발견되는 전형적 특성이다. 현재 사회적 관계들이 어떻게 작용하여 어떤 결과를 만드는가에 대해서는 비교연구를 해야 알 수 있겠지만, 아무거나 다 현재의 사회적 관계들로 설명되지는 않는다. 현재 사회적 관계들의 발생에 대해 어떤 해석을 하든 간에, 그것들은 끊임없는 움직임을 그 안에 갖고 있으며 또 불가역성의 표식을 달고 있다. 따라서 현재의 사회적 관계들을 악마화하는 것은 비이성적일 것이다. 여기서 악마화하지 말아야 하는 첫 번째 이유는, 과거에는 자연스럽게 여겨진 조건의 불평등이 지금은 부자연스러운 것으로 밝혀졌다는 것이다. 마찬가지로 여기서는 선과 악이 동반되는데, 왜냐하면 조건의 평등은 인간 사이에 정당화될 수 있는 격차란 없다는 감정을 생산함으로써, 실재적 평등을 향한 바람을 일으키기 때문이다. 그러나 평등을 실현하는 순간, 평등은 상상 속의 것이었음이 드러난다. 서문의 한 곳에서 다음과 같은 문장으로 토크빌은 완전히 평등한 사회관계를 향한 한 걸음을 내딛는 것 같긴 하다. "그렇게 오래 걸린 사회운동이 한 세대의 노력으로 끝날 수 있으리라고 본다면 그것은 현명한 생각일까? 우리는 봉건제와 군주제를 물리친 민주주의가 시민과 부자들 앞에서 놀라 주춤한다고 생각할 수 있을까?"(같은 책: 8) 그런데 이 말을 듣고 누가 "몸을 떤"다면(이 단어는 사회운동이 그에게 일으키는 종교적 감정을 표현하기 위해 몇 줄 건너서 사용된 말이다), 그는 현재 무슨 일이 일어나고 있는지 몰라서 민주주의의 요구에 맞출 생각이 없는 사람일 것이다. 토크빌의 생각이 잘 드러나는 책의 다른 부분에서 그는 인민과 엘리트 사이의 거리가 언젠가는 좁혀지리라는 주장에 대해 반박한다. 또는 같은 단락에서 다음과 같이 말한다. "민주적 제도는 평등을 향한 열정적 요구가 완전히 해소될 수 없을 만큼 그것을 깨우고 북돋운다. 그런 완전한 평등은 인민이 그것을 성취했다고 믿는 그 순간에 매일 인민의 손을 떠나서, 파스칼이 말하듯이 영원히 도망친다."(같은 책: 227) 토크빌은 계급 철폐가 아니라, 획일성이 생겨나 초래될 전제정치를 두려워했다. 그리고 여론이 지배하면 그런 전제정치가 등장할 것이라고 보았다. 그런 점에서 평등을 향한 열망은 물질적 평등주의보다 더 위협적인 정신적·도덕적 평등주의 속에서 절정을 이룬다. "미국의 다수에게 그런 생각은 놀랄 만큼 널리 퍼져 있다."(같은 책: 294) 그 결과 예컨대 자기 생각을 자유롭게 표현할 수 있다고 믿던 문필가는 단순히 비판받는 데서 그치지 않고 일정하게 배제된다. 그리하여 논쟁에 끼어들 기회가 막히면서 심지어 스스로 생각하려는 열망까지 잃게 된다.

어찌 보든 간에 토크빌을 매혹한 것은 바로 그런 현상이다. 앞서 나는 그 현상을 '용해'라고 부른 바 있으나, 아마 '세인에게 나를 잡아먹힌다'가 더 나은 표현일 것이다. "나"라고 말할 수 있고, 스스로 생각할 수 있고, 또 자신의 이름으로 발언할 수 있는 권리가 충분히 인정되는 바로 그 순간에 그와 같은 현상이 일어나기 때문이다. 그러나 "용해"나 "잡아먹힘" 같은 용어의 의미는 양면적인데, 그것은 **세인**이라는 보이지 않는 인장 아래 **나**라는 것이 뚜렷이 인식될 수 있음을 사람들이 쉽게 잊어버리기 때문이다. 주체가 유령으로 존속하는 이런 현상에 특히 유의해야 한다. 여론을 만드는 개인들이란 이성이라는 재능을 가진 개인, 즉 자신의 판단에 근거를 대려 하고, **지식**의 의무를 따르고, "모든 것이 설명될 수 있음"을 의심치 않고, 눈에 보이는 것에 현혹되지 않을 수 있다고 믿고, 만사에 사회적 과정을 결정하는 법칙성을 언급하고, 영원한 진리—그것이 도덕이든 정치든 역사든 아니면 상공업이든 간에—를 믿어 의심치 않고, 또 동시에 진보의 이념으로 위험성이 제거된 변동을 환영하는 개인들이다. 말하자면 사회적 권력에 종속된 상태에서 독립에 대한 믿음을 유지하는 사람들이다. 더 나아가 개인주의가 꽃피는데, 개인주의는 불안을 일으키지만 불투명하지는 않다. 왜냐하면 개인주의는 "주변의 대중과 거리를 두라고 모든 시민을 압박하는 우월감과 평화애호의 감정"(같은 책: 585)을 말하기 때문이다.

적어도 이미 스탕달(과 샤토브리앙)에서 보들레르(와 프루스트 등)에 이르는 프랑스 문학에서는, 만족을 주는 상투적 표현들로 개인 판단을 과시하는 행태를 중심 주제로 다룬 바 있다. 프랑스에서는 이미 아주 일찍부터 부르주아를 표적으로 (물론 플로베르는 반부르주아 편에 서지도 않았지만) 삼았다. 이런 일이 미국에서는 뒤늦게야 (헨리 애덤스의 소설 『민주주의』에서 물어뜯는 듯한 풍자가 나오는 것을 보면) 나타난 것 같다. 어쨌든 부르주아의 자기중심성과 위선은 충분히 난자되는 주제였다. 아마도 "졸부" 이미지 때문일 것이다. 졸부란 재산을 쌓거나 정치적으로 출세해서 갑자기 개천에서 나온 용이 된 특별한 집단을 말하기보다는, 행동과 언변이 자신의 신념—물론 그들 신분의 예의범절에 맞게 정해진 신념이겠지만—과 일치했던 옛날 유형과 대조하기 위해 사용된 말이다. 역설적이지만 귀족은 새로운 목소리를 내는 부류의 사람들만큼 그렇게 무시당하지는 않는다. 이 새로운 부류의 사람들은 자신들의 힘으로 역사에 등장하여, 자신들에게 합당한 직위를 찾아, (스탕달이 특히 희화화했듯이) 예의범절, 미적 감각, 진지함에 능숙하게 요술을 부려서 그것을 믿고 살며, 또 적절한 언어를 구사하는 요술도 부린다. 귀족이 과거 암흑시대의 처량하고 우스꽝스러운 유물처럼 보일지 모르겠다. 그러나 귀족은 명예의식이나 또 경우에 따라 시종과의 관계를 통해서 부르주아의 요술과 자신들을 구별한다. 예컨대 에드가 키네(Edgar Quinet)는 프랑스에서 **졸부가 하나의 전체 계급이 될지** 모른다고 염려하며 다음과 같이 썼다.

> 졸부와 귀족의 차이. 진짜 귀족은 때때로 인민과 믿음을 공유하고 그들의 고귀함을 이해하고 그들로부터 자극을 받아 기꺼이 그것을 전유할 수 있다. 졸부에게는 불가능한 일이다. 졸부에게는 인민과 관련된 모든 것이 그저 늘 웃음거리이거나 무서움을 주는 것일 뿐이다.(Quinet 1987 [1865]: 787)

위의 견해는 그저 한 편의 일화에 불과한 것이 아니라 여론 비판의 어떤 내용을 강조하는 것이다. 즉 위에서 내려다보는 태도로 모든 것에 대해, 공적인 안건에 대해, 역사적 사건들에 대해 말하려는 것이다. 이런 태도는 자신들이 더 유식하다고 내세우는 것이지만 동시에 아둔함의 표현이기도 하다. 이런 종류의 비판은 어떤 자신감이 없이는 불가능한데, 그 자신감은 엘리트와 대중 사이의 확고한 거리에서 자양분을 얻는다. 여론은 위협처럼 모든 개인을 압박한다. 어떤 사람(특히 플로베르의 경우)에게는 그런 위협이 현기증을 일으킬 만큼 강하게 느껴지겠지만, 그런 위협은 동시에 **나**와 **세인**을 새롭게 사용할 방법에 대해 생각하도록 해서 사회적 동맥경화를 막게끔 힘을 제공하기도 한다.

토크빌은 여론 형성 및 여론의 일반적 특성, 여론에서 만장일치가 되는 내용 및 여론이 사고에 가하는 검열에 대해 폭넓게 관심을 보였다. 미국에 관해 상세히 쓴 글에서 그는 이성 숭배와 어리석음 사이에 새로운 연결 관계가 생겼음을 넌지시 드러내려고 했을 뿐이다. 그러나 부지불식간에 주목할 만한 몇 문장을 통해서 그는 그 연결 관계를 명확히 강조하기도 했다. 그의 책 『미국의 민주주의』 1권 2부의 마지막 장에 있는 문장들이 그것인데, 책의 전체 주제에서 다소 벗어나 있는 내용이다. 거기서 그는 앞 장들에서 다룬 주제를 모두 면밀하게 재검토한다. 그중 물질적 풍요를 향한 사랑에 대해 말하는 부분에서, 토크빌은 펜실베이니아 여행 중 하룻밤 신세를 진 적이 있는 한 프랑스인 농장주와의 만남에 대해 다음과 같이 묘사한다.

그 집주인이 40년 전에는 대단한 평등주의자에 열정적인 대중선동
가였다는 사실을 나는 몰랐다. 그의 이름은 역사에도 기록되어 있다.
그래서 그가 경제학자 같은 방식으로, 아니 좀 더 내 맘에 드는 표현

을 써서 토지소유자처럼 사유재산을 옹호하는 말을 했을 때, 나는 거의 놀라지 않았다. 그는 재산에서 비롯된 불가피한 위계에 대해 말했고, 현존 법에 대한 복종에 대해 말했다. 또한 훌륭한 풍속이 공화국에 주는 영향에 대해 말했고, 종교적 이상이 종교와 자유에 도움이 된다고 말했다. 예컨대 그는 예수님에 대한 이해에 기초하여 자신의 정치적 견해를 옹호하겠다는 사명감마저 보였다. 그의 말을 들으며 나는 **인간 사고력의 일면성**에 대해 경탄을 금치 못했다.(Tocqueville 1984 [1835/1840]: 330; 인용자의 강조)

위 인용문 뒤의 문장들도 인용할 만하다.

어떤 것이 맞고 어떤 것이 틀리는지, 과학 지식이 불확실하고 경험적 학설들이 다양한데 어찌 그것을 알겠습니까? 그러던 차에 새로운 사실이 나타나서 나의 모든 의심을 거둬갑니다. 과거에 나는 가난했으나 지금은 부유합니다. 물질적 풍요가 내 인생 행로에 영향을 미쳐서 적어도 나의 판단력을 해방해준 지금 말입니다! 아니, 진짜로 재력에 따라서 내 생각은 변합니다. 그리고 실제로 나는 내게 이득이 되는 행운 속에서, 내 감정을 움직여온 결정적인 근거를 찾습니다.(같은 책: 330 이하)

자유주의적 보수주의의 확성기로 변해버린 테러리스트 혁명가의 이미지, 경제학자의 관점이 곧 토지소유자의 관점일 거라는 추측, 예수님의 이름으로 반복되는 졸부의 신조, **인간 사고력의 일면성**이라는 성공적인 표현, 확실성을 추구하나 자신의 행동을 스스로 판단할 능력이 없는 근대적 주체의 불행한 상황을 암시하고자 3인칭에서 1인칭으로, **그**에서 **나**로 옮아가는 글쓰기 방식, 그리고 근대적 주체가 자신의 의견 공개라는 새로운 발전양상을 통해 그와 같은 사실을 지적하면서 얻게 되는 확실성. 사실 이런 것들이 더 경탄을 받을 만한 것들인데, 사람들은 이 사실을 알지 못한다. 플로베르라는 그 농장주의 어투만 빼면, 그가 전한 말들은 아주 적절하다. 그가 한 말의 본래 의도는 잠시 제쳐두고, 누군가의 이해관계가 보편적 진리로 둔갑하는 것을 언급한 부분만 보자. 그렇게 보면 그 속에는 이미 시민적 이데올로기에 대한 마르크스의 비판이 맹아적으로 존재한다. 그 프랑스인 농장주의 자기묘사가 미국인에 대한 묘사가 아니라고는 아무도 생각지 않을 것이므로! 바로 그 앞 문장에서, 미국에 정주한 유럽인을 만남으로써, 물질적 풍요를 향한 노력이 미국인의 "정치적 행위는 물론이고 의견에까지" 어떤 영향을 미치는지를 알게 되었다고 토크빌은 썼다(같은 책: 330).

　여론에 대한 토크빌의 비판은 분명 조심스러운 것이었다. 자신의 비판이 뒤쫓는 여러 갈래의 선로 위에서, 그는 근대적 세계에서 사유에 가해지는 위협을 섬세하게 직감했다. 그런 직감이 그의 비판을 이끌고 있다.

프랑스어에서 독일어로 크리스티네 프리스가 번역함
번역_홍찬숙

참고문헌

Nietzsche, Friedrich 1999 [1886]: Jenseits von Gut und Böse, in: Sämtliche Werke. Kritische Studienausgabe in 15 Bänden. Hg. von Giorgio Colli und Mazzino Montinari. Band 5. München und Berlin: dtv/de Gruyter, 9–243.

Quinet, Edgar 1987 [1865]: La Révolution. Neuausgabe mit einem Vorwort von Claude Lefort. Paris: Belin.

Tocqueville, Alexis de 1984 [1835/1840]: Über die Demokratie in Amerika. Beide Teile in einem Band. Übers. von Hans Zbinden. München: dtv.

총성 이후의 적막
토크빌과 마이클 왈저의 사상에서 혁명적 해방의 역설들

유디트 모어만

"우리가 이 세기[20세기]를 더 이상 지독한 전쟁과 세계대전의 세기라고 부르지 않을 정도로 이 세기의 얼굴을 완전히 바꾼다고 하더라도 이 세기를 혁명의 세기라고 부르는 것까지 바꿀 수는 없다."(Arendt 2011 [1963]: 18) 한나 아렌트는 1963년에 출간된 『혁명론』에서 20세기를 이처럼 정식화했다. 아렌트의 평가는 그녀의 죽음을 넘어 21세기에 이르기까지 여전히 유효해 보인다. 왜냐하면 1989년의 평화적인 혁명 이후만이 아니라 2010년 이후 아랍세계의 봉기 이후에도 혁명은 정치 그 자체는 아니지만 정치에 아주 핵심적인 현상으로 유지되고 있기 때문이다.

이 글은 아렌트 이전에 활동한 민주적 혁명이론가인 토크빌과 아렌트를 이어받은 이론가인 마이클 왈저를 다룬다. 토크빌은 미국혁명에 대해 쓴 가장 중요한 역사가 중 한 명이다. 그의 『미국의 민주주의』

유디트 모어만 / 총성 이후의 적막

35

(1984 [1835/1840])는 미국의 혁명에 대해 기술한다. 왈저는 최근의 책 『해방의 역설: 세속의 혁명들과 종교의 반혁명들』(2015)에서 인도, 이스라엘, 알제리 등을 예로 들어서 세속적인 그리고 민주적인 혁명의 결과로 어떻게 그리고 왜 종교적 반대운동들이 강하게 등장하게 되었는지를 다룬다.

두 저술 사이에 약 180년의 시차가 있기는 하지만 이 두 철학자는 유사한 문제를 다룬다. 이들의 관찰에 따르면 자유를 지향하는 혁명에 이어 규범적으로 방향상실의 단계가 출현한다. 과거의 질서를 송두리째 바꾼다는 것이 혁명의 일차적 속성이다. 혁명은 말 그대로 새로운 토대를 만들고자 한다. 사회적 질서와의 혁명적 단절이 없을 경우 혁명은 일어나지 않을 것이며, 기껏해야 반란이나 개혁으로 머물 것이다. 이 두 철학자가 평가하듯이, 이러한 불연속성은 제도적 차원에서만이 아니라 분유된 신념들의 차원에서도 나타난다. 왜냐하면 왈저도 토크빌도 사회의 구성원들을 공동으로 형성했던 최소한의 신념체계가 있을 경우에만 이 사회가 작동할 수 있다고 생각하기 때문이다. 이 신념들은 한 공동체의 구성원들이 보다 나은 논증이라는 비강제적 강제를 통해 신뢰하게 되는 방식으로, 그리고 합리적으로 결정된 신념들만을 자기 것으로 받아들이도록 반드시 그렇게 각인되어 있지는 않다. 오히려 이 신념들은 제도적 차원에만이 아니라 문화적인 삶의 형식에도 뿌리를 내리고 있다. 물론 제도적 차원에 어떻게 뿌리를 내리고 있는지에 대해 토크빌과 왈저는 의견이 일치하지 않는다. 하지만 이 두 사람은 이 사회적 신념들이 혁명적 변화의 과정에서 사라질 경우 무엇이 발생하는지를 다룬다. 이 두 사람이 목도한 것처럼, 자유에 기초한 혁명들은 심각할 정도로 상처를 입는데, 왜냐하면 이 혁명들은 새로운 사회질서를 강제적으로 주입할 수 없기 때문이다. 토크빌은 프랑스혁명에서 복고세력의 힘을 알게 되었으며, 왈저는 1962년 이후 알제리에서, 1947/8년 이후 인도와 이스라엘에서 종교적 근본주의의 강력한 힘을 살필 수 있었다. 이 두 사람의 생각의 중심적인 문제는 혁명 이후에―사회적 결합력의 부재라는 의미에서의―빈 공간이 **곧바로** 반혁명적 힘으로 채워진다는 것이다.

이 글은 이 두 입장의 차이를 드러낼 것이고, "해방의 역설"(Walzer 2015)에 대해 어떤 설명양식을 채택하고 해결책을 제시하는지 살필 것이다. 왈저는 전통적인 종교적 힘들이 해방운동에 통합될 수 있다고 생각한다. 이에 반해 토크빌은 세속적인 민주적 신념들도 어떻게 [종교가 그러하듯] 의미부여적인 것이 될 수 있는지를 보여준다. 왈저의 서술에 따르면 민주주의는 안정을 유지하기 위해 자기 스스로가 산출할 수 없는 전제들에 의존해야 한다. 토크빌의 생각은 이와 좀 다르다. 왜냐하면 그는 민주적 사회들이 어떻게 의미부여적인 자원들을 산출할 수 있는지도 숙고하기 때문이다. 이때 그는 종교적 신념들이 세속적인 민주적 신념들로 단순히 대체되지 않는다고 가정한다. 오히려 종교적 신념들은 **민주적인 방식으로** 혁명 이후에 공동의 신념의 원천이 될 수 있다. 다시 말해 종교적 신념들은 다른 방식으로, 즉 민주적인 방식으로 의미부여적 자원이 될 수 있다. 토크빌에 따르면 종교적 신념들은 미국에서처럼 민주적 신념과 양립할 수도 있고 혹은 프랑스에서처럼 전체 사회의 배후로 후퇴할 수도 있다.[1] 따라서 종교적 신념과 민주적 신념을 서

---

1 이 논문은 토크빌과 종교의 관계를 전체적으로 보여주려는 것이 아니라 "해방의 역설"을 다르게 서술하려는 시도를 한다. 토크빌과 종교에 대해서는 다음을 보라. Tessidore (2002); Kessler (1977); Herold (2015).

로 맞대어 비교하는 것은 더 이상 필요하지 않다. 더 나아가 왜 세속사회들이 종교적 신념들에 의존해서는 안 되는지가 토크빌과 함께 제시될 수 있다.

우선 나는 왈저가 "해방의 역설"을 어떻게 진단하는지, 그 역설은 어떤 구조를 갖는지, 그리고 이 역설이 어떻게 행위자의 관점에서 서술되는지 등을 설명할 것이다. 그런 다음 나는 토크빌에게서도 공유된 신념들의 지위가 혁명 이후에 불완전해진다는 사실을 보일 것이다. 이어서 토크빌과 더불어 비록 이 역설이 해소되지는 않는다고 해도 어떻게 민주적 수단들을 통해 이 역설이 다르게 자리매김될 수 있는지를 분명하게 할 것이다. 결론적으로 토크빌은 왈저와 달리 공유된 신념들이 어떻게 참된 민주적 메커니즘을 통해 사회적 결합력을 산출할 수 있는지를 설명한다.

I.

왈저의 연구는 혁명들이 사회적 결합력을 해체함에도 불구하고 어떻게 혁명 이후의 사회들이 이러한 결합력에 의존하는지를 전면에 내세우기 때문에 나는 이 저자와 더불어 시작할 것이다. 왈저는 세속적 혁명 이후에 종교적 힘들이 어떻게 강화되는지를 물음으로써 이 문제에 다가간다.

나는 제2차 세계대전 이후에 독립한 세 나라, 즉 1947년과 48년에 독립한 인도와 이스라엘, 1962년에 독립한 알제리를 다룰 것이다. 나는 국가를 이룩한 세속적 운동들과 대략 사반세기가 지난 후에 이 성취

에 도전하는 종교적 운동들에 초점을 맞출 것이다.(Walzer 2015: ix)

그가 선택한 사례, 즉 인도, 이스라엘, 알제리는 서로 다르며, 그것들 안에 비교할 만한 것들이 있는지에 대해 의문을 가질 수 있다. 하지만 왈저에 따르면 혁명 이후의 종교적 힘들의 강화라는 최소한의 공통분모가 있으며, 그는 이 계기만을 고찰하기 때문에 그것들 사이의 차이점들을 무시할 수 있었다.[2]

그런데 세속적-해방적 힘들이 왜 지속적으로 관철될 수 없을까? 이 해방운동을 형성했던 혁명적 변환이 있었음에도 불구하고 왜 혁명 이후에 그 지위가 빈천해져서 결국 극복된 원래의 힘들이 다시 작동하게 되는가? 왈저의 분석은 매우 간결하다. 즉 세속적 혁명들은 가치와 전통에 있어서 스스로가 다시 채울 수 없는 공백을 남긴다는 것이다. 여기서 중요한 것은 저 사례들로부터 이끌어내서 일반화시킬 수도 있는 경험적 현상만이 아니다. 오히려 혁명 이후에 나타나는 결합력의 부재는 혁명의 개념 자체에, 그리고 전통과의 필연적 단절에 이미 내재한다. 왈저의 사례들은 일반적 구조를 보여준다. 혁명 이후의 이러한 공백은 혁명 이전의, 왈저의 경우에는 종교적 힘들의 재생을 위한 침입경로가 된다. 따라서 왈저는 혁명 이후 시대에 나타나는 종교의 강화를 정상적인 것으로 간주한다.

왈저에 따르면 혁명 이후의 의미부여의 문제에서 결정적인 것은 혁명적 엘리트와 전통적 대중 사이의 간극이다. 세 국가에서 공히 나타나

---

2 따라서 이 논문은 논증을 전개함에 있어서 왈저가 이 세 국가에 아주 공정하게 접근하고 있는지 그리고 너무 많은 경험적 차이를 무시하고 있지는 않은지 등에 대해 다루지 않는다. 대신 나는 그의 논증의 체계적 핵심사항에만 관심을 집중할 것이다.

듯이, 해방 이전에는 혁명적 변화를 위한 자원들이 저 대중들의 **사고방식**(mindset)에서 습득될 수 없었다는 의미에서 몰정치적 상태가 지배했었다.

> 그러나 새천년의 정치도 전통주의적 정치도 이데올로기적 헌신이나 장기적인 활동을 선호하지 않는다. 또한 정치는 개인의 자유, 정치적 독립, 시민성, 민주정부, 과학적 교육 혹은 경제적 진보 등을 전혀 약속하지 않는다. 이 모든 것을 위해서 나라의 해방운동가나 혁명적 무장세력들은 자신들이 이름을 걸고 행동하고 있는 바로 그 인민을 변화시킬 필요가 있으며, 또 그 변화는 인민의 종교지도자들의 패배와 습관화된 인민의 생활양식의 극복을 전제한다.(같은 책: 7)

개인의 자유, 정치적 독립 혹은 민주정부와 같은 혁명적 운동의 목표들은 저 나라의 인민들의 종교적 현실의 일부가 아니었다. 따라서 혁명의 지휘자들은 종교적 인민의 습관화된 삶의 양식을 극복해야 했으며, 인민의 이름으로 해방을 수행했지만 바로 그 인민을 변화시켜야 했다. 또한 새로운 가치들이 전통지향적 삶과 양립할 수 없었기 때문에 변화된 사람들의 뿌리도 근절해야 했다. 왈저는 이를 다음과 같이 간결하게 공식화한다. "옛 양식들은 없어지고 극복되어야 한다. 철저하게. 그러나 그 옛 양식들은 그것들과 떨어질 수 없는 바로 그 많은 사람들에 의해 간직된다. 이것이 바로 해방의 역설이다."(같은 책: 19)

그런데 왈저에 따르면 해방투쟁을 이끈 세속의 지도자들의 신념에는 종교가 점차적으로 고사될 것이라는 믿음이 있다. 종교가 비록 명시적으로 투쟁의 대상이 되지는 않지만 인도의 지도자(네루)도 이스라엘의

지도자(에후드 루즈)도 이것이 시간의 문제이며 과학적 세계관이 결국 관철될 것이라는 데 의견의 일치를 보고 있다. 따라서 종교적 힘들의 통합은 큰 문제가 아니었다. 왈저는 이러한 점에서 혁명은 전통적 가치와 습속들을 인민에게서 제거하고자 하기 때문에 부정적 특성을 갖는다고 논증한다. 하지만 과거를 이렇게 급진적으로 철폐하는 것은 "문화적 건설을 위한 재료들을 너무 적게"(같은 책: 29 참조) 남겨둔다는 점에서 결국 부메랑이 되어 돌아온다. 즉 새로운 민주적 가치들은 종교적 결합력의 퇴출을 대신할 만큼 충분하지 않다. 재료의 이런 부족현상은 결국 새로 도입된 삶의 양식이 충분히 정착되지 못하고 "너무 피상적으로, 너무 최근에 구축된 것으로"(같은 곳) 머무는 것으로 나아갔다. 혁명을 이끌었던 해방적인 세속의 신념들이 과거의 신념들보다 최신의 것이기 때문에 단점을 갖는다. 즉 이 신념들의 젊음은 보상될 수 없는 단점이다. 그런데 왈저에 따르면 혁명은 두 번째 의미에서도 부정적이다. 왜냐하면 혁명은 철폐된 과거의 삶의 양식들을 새로운 것으로 대체하지 못하기 때문이다. 왈저에 따르면 혁명은 창조적이지 못하다.

치열하고 끊임없는 적대감이 해방운동의 초기 동원에는 아주 중요할 수 있다. (…) 그러나 그것은 창조적인 힘이 아니다. 그것은 전통적인 힌두교도, 무슬림 및 유대인의 관심들을 고려하지 않는다. 그리고 그것은 필요한 평형을 향해 움직이지 않는다.(같은 책: 124)[3]

---

3 왈저는 이스라엘과 관련하여 다음과 같이 말한다. "약점의 정치적 이유는 제쳐두자. 이 약점의 주된 지적인 이유는 문화적 부정의 이중적 실패이다. 한편으로 과거의 종교적 문화는 극복되지 않았다. 다른 한편으로 새로운 세속 문화는 자신에 의해 스스로를 산출하기에 충분하리만큼 단단하거나 강하지 않다."(같은 책: 64 이하)

왈저가 관심을 갖는 것은 혁명 전후 사이에 균형이 산출되어야 한다는 것이다. 따라서 전통적인 힘들은 한편으로 혁명이 발판을 마련해야 한다는 점에서 투쟁의 대상이지만, 다른 한편으로 혁명은 생활세계에 낯을 내릴 수 없다는 한계를 갖는다. 왈저의 말이 아니라 니체의 말로 말하자면, 혁명은 새로운 가치들을 정립하지 못한다. 혁명이 생활세계 속에 닻을 내리기 위해 필요한 것은 전통적 힘들과 현대적 힘들 사이의 균형, 즉—힌두교도, 무슬림, 유대인 등—전통적인 종교적 계층들의 관심사항들을 고려하는 그런 균형이다. 이것이 성공하지 못할 경우 옛 전통과 연결되어 있고 따라서 역동적이고 불안정한 시대에 안정과 방향성을 제시하는 과거의 종교적 힘들이 다시 강화되는 침입로가 들어서게 된다. "종교적 힘들은 해방된 인민을 그들의 과거와 결합시킨다. 그것들은 급변하는 세계에서 소속감과 안정감을 제공한다."(같은 책: 28) 왈저는 종교가 사회적 공동성을 어떻게 설립하는지를 강조하며, 그가 제시한 예시들로부터 "불가피한 세속화의 이론에 문제가 있음"을 추론한다. "하지만 해방은 세속화에 의존하지 않는다. 혹은 적어도 해방은 가장 급진적 버전의 세속화에 의존하지 않는다."(같은 책: 146)

이 추론은 그렇게 자명하지 않다. 왜냐하면—이렇게 왈저를 비판할 수 있을 것이다—혁명적 전환을 이끌어가는 가치와 신념들이 매우 큰 동기부여적 힘을 가질 경우에만 이 혁명적 전환이 이뤄질 수 있기 때문이다. 왈저는 자신의 분석에서 혁명적 전위와 대중 사이의 부정합을 강조한다. 하지만 이 균열을 메우고 혁명적인 사회변혁을 이끌 만큼 동기부여적인 힘이 충분하다면, 왈저가 이 힘이 새로운 사회질서를 장기적으로 정초하는 데 불충분하다고 하는 이유는 무엇일까? 혁명의 에너지는 왜 지속될 수 없을까? 말하자면 그것은 옛 질서를 전복하기에 충분했던 혁명의 에너지가 혁명 이후에 그저 소진되어버리는 것이 아니라 대신 예컨대 참여자들의 열광에 의해 안정되고 새로운 사회적 실천을 정초한다는 것을 의미할 수도 있다. 이 질문에 대한 왈저의 대답은 많은 관점에서 이론적으로 불만족스럽다. 전통적인 종교적 신념들이 새로운 세속적 관념들보다 언제나 더 강하게 작용한다면 유럽에서처럼 도대체 세속사회에 도달할 수 있을까? 왈저에 따르면 종교는 사회들에 의미를 부여하는 심급으로서 아주 중심적인 자리를 차지하고 있어서 종교의 응집력은 대체될 수 없다. 그가 이를 위해 고안한 형상은 자주 재료들이라고 표시한 것들이다. 즉 자원들은 너무 두껍거나 너무 얇으며, 강하거나 강하지 않다(같은 책: 29). 이상적 자원과 생활세계적 자원을 끌어오는 재료만을 변화시킬 수 있는 어떤 사회 관념은 이런 형상 언어와 관련되어 있다. 즉 종교적 신념들 대신 민주적 신념들이 동원될 수 있다. 마치 건물을 나무로 짓는 대신 콘크리트로 지을 수 있는 것과 같이 말이다. 하지만 내가 토크빌을 다루면서 말하겠지만, 이 형상은 잘못됐다. 왜냐하면 이 형상은 종교적 신념과 민주적 신념을 마치 이 둘이 민주주의에서 동일한 기능을 하기라도 하듯이 다루기 때문이다. 하지만 이 경우는 그와는 다르다. 왜냐하면 사회들은 자신의 자원들과 관련을 맺을 가능성과 이 자원들을 발생시킬 가능성이라는 서로 다른 가능성을 갖는데, 이 두 가능성은 서로 관련이 없기 때문이다.

따라서 왈저는 비록 중요한 문제를 기술하고는 있지만 그의 논증의 과정에서 둔감함을 드러내는 부분이 있다. 즉 그는 민주적 사회들은 사회적 결합력을 산출하기 위해 다른 가능성, 말하자면 민주적 가능성을 갖는다는 사실에 대해 잘 모르고 있다. 왈저는 민주적 가치들이 종교적 가치들과 동등한 척도로 간주되는 한 이 민주적 가치들이 오작동한다는 사실을 간과한다. 토크빌이 하듯이, 민주적 가치들이 민주주의적 맥락에서 분석될 경우 이 가치들이 종교적 가치들과 동등한 논의 형식을 갖지 않는다는 것은 분명해진다. 민주적 가치들은 민주적 공론장에서 발생하고, 다른 사회적 실천들에 의해 구성되며, 전혀 다른 참여조건들을 갖는다.

"해방의 역설"이라는 왈저의 주장을 약화시키기 위해 그저 민주적 신념들의 의미부여적 힘을 고집하는 것으로는 충분하지 않다. 오히려 분명히 해야 할 사실이 있다. 즉 민주적 사회들이 전통적인 종교적 결합력과 관련하여 부정적으로 반응할 뿐 아니라 또한 민주적 가치들도 구현할 수 있다는 근거를 어떻게 민주주의적으로 정당화할 수 있는지를 명확히 해야 한다. 이를 위해 종교적 전통은 종교적 권위에 의존하며 이들의 권위의 근원은 초월자에 놓여 있음이 제시되어야 한다. 그런데 민주적 신념들은 초월적 권위에 근거하지 않는다. 민주적 권위라는 말을 한다고 하더라도 그것은 민주적 규범과 절차에 묶여 있다.[4] 민주적 자원들을 민주적 방식으로 발생시키는, 그리고 계보학적으로 종교적 규범들이 산출되는 방식과 구별되는 그런 민주적 양태가 있다는 사실을 토크빌을 통해 살필 수 있다.[5] 이를 통해 "해방의 역설"을 다른 방식으로 설명할 수 있는 가능성이 개시된다.

토크빌의 『미국의 민주주의』는 동시대 유럽 대륙의 동료들을 위해 기록한 민주적인 미국 여행기이다. 왈저의 분석과 그의 해결책은 세속

---

4 신앙공동체에 의해서도 수용될 수 있어야 하는 다원화된 사회에서의 민주적 정당성의 필요성에 대해서는 Reder und Schmidt (2008: 32 이하)를 보라.

5 그것은 하버마스의 우려에 대한 가능한 대답일 수도 있다. "개별자의 종교의식은 순수 도덕적 관점에서 보다 강력한 추동력을 연대적 행위로 이끌어갈 수 있다."(Reder und Schmidt 2008: 97 이하)

혁명 이후 종교적 힘들이 다시 강력해지는 문제를 다루고 있다. 두 저자의 강조점은 필연적으로 다르다. 그럼에도 불구하고, 이것이 나의 논점인데, 이 두 사상가를 서로 결합시킬 수 있다. 왜냐하면 토크빌의 강조점도 민주적 가치들의 형성과 이 가치들을 생활세계에 안착시키는 물음에 유효하기 때문이다.

II.

언뜻 보기에 혁명 이후의 상태에 대한 토크빌의 분석은 왈저와 아주 동일한 것 같다. 군주제적 가치체계나 귀족제적 가치체계는, 토크빌이 미국의 혁명과 프랑스의 혁명에서 보듯이, 혁명 이후에 어떤 신념의 힘도 제시하지 못하며, 따라서 일종의 규범적 공백이 생겨난다.

> 어떠한 혁명도 과거의 신앙의 교설을 흔들고 권위를 팽개치며 전승된 관념들을 어둡게 한다. 따라서 모든 혁명의 결과는 다소간이라 하더라도 사람들을 뒤엎어버리며, 그들을 거의 한계 없는 공백 상태로 밀어버린다.(Tocqueville 1984 [1835/1840]: 490 이하)

이 "한계 없는 공백"은 사회에 문제들을 산출한다. 왜냐하면 토크빌에 따르면 이 공백을 개인의 신념들로 메우는 것은 상상할 수 없기 때문이다. 이것은 사회이론적 근거이다. 토크빌에 따르면 사회적 공동생활을 위해 하나의 근본조건, 즉 분유된 신념들에 대한 최소한의 척도가 필요하다. 동일한 신앙교설은 우선 하나의 사회가 생겨나고 공동의 행동이 있게 하는 데 기여한다. 이때 이 신념들은 다음과 같은 하나의 실천적 목표에 기여한다. 즉 모두가 정향하고 있는, 그리고 모두가 동시에 의문을 제기할 수는 없는, 그런 신념들이 있어야 한다는 최소한의 합의도 없을 경우 하나의 사회가 존립할 수 없다는 것이다(Kahan 2015: 77 이하 참조).

동일한 신앙교설이 없는 어떤 사회도 번영할 수 없다는 사실을 쉽게 인식할 수 있다. 아니 오히려 그러한 일은 있을 수 없다. 왜냐하면 공동의 관념이 없으면 공동의 행위가 없고, 공동의 행위가 없으면 사람들이 있기는 하겠지만 어떤 사회체도 존재하지 않기 때문이다.(Tocqueville 1984 [1835/1840]: 492)

이 신념들은 추론적으로 다뤄지는 것이 아니라 더 이상 근거를 묻지 않고 받아들여진다. 따라서 토크빌은 사회를 일차적으로 조직적, 제도적 본성을 갖는 결합체로 생각하지 않는다. 공유된 신념들은 개별자들을 한 사회의 구성원으로 만드는 근본조건이다. 이 신념들은 개인적으로 발생하지 않으며, 그 기능은 이 신념들이 사회의 개인들에 의해 이미 항상 공유되고 있다는 사실에서 성립한다. 그래서 토크빌은 이것을 교조적(dogmatisch)이라고 부른다.

교조적 신앙교설들은 시대에 따라 많기도 하고 적기도 하다. 그 교설들은 상이한 방식으로 생겨나며, 형식과 내용의 측면에서 바뀔 수 있다. 그러나 교조적 신념들의 존립, 즉 사람들이 아무런 검토 없이 신뢰하며 받아들이는 직관들의 존립을 방해할 수는 없다. 각자가 자신의 직관들을 스스로 형성하고자 하고 스스로 개척한 길 위에서만 진리를

추구하고자 한다면 아마도 많은 사람들이 공동의 신앙에 이르지는 못
할 것이다.(같은 곳)

그저 전승받아 분유되고 있는, 사회의 기초가 되는 신념들의 지위는
"평등의 시대"에 이상한 형태로 변화될 위험이 있다고 토크빌은 진단
한다. 이때 그는 우선 왈저와 다르게 혁명이론적으로가 아니라 이념사
적으로 그리고 민주주의이론적으로 논의한다. 즉 "평등의 시대"는 인간
외부에 존재하는 권위들에 대한 일반적인 회의감을 산출한다는 것이다
(같은 책: 493 참조). 그는 모든 권위를 의심하게 하는, 그리고 자신의 지
성의 검토를 견뎌내지 못한 어떤 것도 수용하지 않겠다는 입장은 17세
기 데카르트로부터 발전하고 공표되었으며, 그 사회적 영향력은 "평등
의 시대"에 완전하게 펼쳐질 수 있다고 함으로써 이 회의를 이념사적
으로 정당화한다(같은 책: 489 참조). "평등의 시대"는 어떤 의미에서 데
카르트주의보다 더 데카르트적이다. 왜냐하면 데카르트가 자신의 의심
과 탐구방법을 순수하게 철학에 적용하고자 했던 반면 18세기의 이러
한 사유양식은 사회의 모든 층에, 특히 데카르트가 전혀 건드리지 않았
던 정치에도 적용되기 때문이다(같은 곳 참조). 토크빌의 요점은 데카르
트적인 이 의심의 문화가 유럽에서 사회들을 계속 유지하는 데 필요한
교조적 신념들을 권위들에 의지하여 발생시키기 어렵도록 만들었다는
것이다. "평등의 시대"에는 초월적 신앙원천에서 오는 신념의 힘이 몰
락한다. 여기서 다뤄지는 문제는 내재적이고 민주적인 "진리의 원천"이
단적으로 시대에 적합해야 하고 신뢰를 주는 것이어야 한다는 하나의
일반적 경향이다.

평등의 시대에 살아가는 사람들은 스스로 복종하는 정신적 권위의 장소를 인간 외부나 위에서 보려고 하지 않는다. 그들은 진리의 원천을 일반적으로 자기 안에서 혹은 자기와 동일한 것 안에서 찾는다. 그러한 시대에는 새로운 종교가 정초될 수 없다는 것, 그리고 종교를 발생시키려는 모든 시도가 신 없이 이뤄질 뿐 아니라 심지어 그런 시도가 우스꽝스럽고 비이성적인 것임을 증명하는 데 있어서 이러한 사실을 나열하는 것으로 충분하다. 예상할 수 있듯이 민주주의적인 나라들은 신의 메시지를 쉽게 믿지 않을 것이고, 새로운 예언자들에 대해 흥미를 가지며, 자신의 신앙에 대한 주된 판관을 인간의 한계를 넘어서서가 아니라 인간적 한계 내에서 발견하고자 한다.(같은 책: 493)

토크빌에 따르면 종교가 교조적 신념을 위한 자원들 중 하나이긴 하지만, 이 시대에 분명히 드러나듯이 그는 왈저와 달리 "평등의 시대"에 종교의 일반적 영향력을 감소시키는 요소들도 본다. 토크빌은 계속해서 해명하는 가운데 프랑스와 미국을 구별하며—위에 인용한 문구에 상응하여—프랑스에서의 종교 소멸의 의미를 강조한다. 미국이 비록 프랑스처럼 "평등의 시대"의 일부이긴 하지만, 미국에서는 종교의 사멸이 언급되지 않는다는 차이가 있다. 이것은 토크빌에 따르면 설명을 필요로 하는 현상이다. 체계적 관점에서 이것은 흥미로운데, 왜냐하면 토크빌의 진술은 교조적 신념들의 테두리 안에서 종교의 기능에 일견 모순되는 것처럼 보이기 때문이다. 하지만 그의 진술들을 맥락화하면, 그 진술들은 종교의 안정화 기능이라는 왈저와는 다른 시각을 얻을 수 있다.

"평등의 시대"에 종교적 권위와 관련한 방금 언급한 일반적 문제와 달리 토크빌은 다른 곳에서 다음과 같이 쓴다. "나는 여기서 모든 교조적 신앙의 태도들 중에서 종교적 태도가 가장 열망할 가치가 있음을 덧붙인다."(같은 책: 504) 그리고 그는 예컨대 미국에서 민주주의를 위해 종교의 긍정적 역할을 강조한다. 종교에 관한 토크빌의 태도에 애매한 측면들이 있기는 하지만 나는 그의 논의가 다음과 같이 재구성될 수 있다고 제안한다. 1. 민주주의에는 종교에 의탁하는 것을 어렵게 하는 일반적 경향이 있다. 2. 미국에서는 그 상황이 다르다. 미국에서 종교와 사회의 관계는 특수한 발생조건으로 인해 특별한 경우를 보여준다. 3. 따라서 종교의 이 긍정적 역할이 일반화될 수는 없지만, 미국의 민주주의의 왕성한 역동적 계기는 "교조적 신념들"이 어떻게 민주적으로 산출될 수 있는지를 위한 모범으로 삼을 수 있을 것이다.

토크빌은 미국과 관련하여 종교의 특별한 역할을 이중으로 변화된 징후 아래서 다룬다. 왜 종교가 여전히 역할을 하는지, 즉 왜 종교의 영향력이 기대되는 바와 달리 후퇴하지 않는지와 바로 이 종교적 연속성이 젊은 민주주의를 안정시키는 데 어떻게 작용하는지가 설명되어야 한다.[6]

앵글로아메리카의 사회는 종교에서 걸어 나왔다는 사실을 잊어서는 안 된다. 따라서 미국에서 종교는 전 국가적 관습 및 조국의 거의 모든

---

6 그런데 처음에 그는 미국이 "평등의 시대"에 한 나라의 변형을 위한 예로서 어느 정도나 유효할 수 있는지의 문제에 한정한다. "미국인들은 민주적 사회질서와 헌법을 가지고 있지만, 민주적 혁명을 가지지는 않았다. 그들은 대체적으로 스스로 점령한 땅에 우리가 오늘날 보는 방식으로 도착했다. 이것은 커다란 의미를 갖는다."(같은 책: 490) 발저 역시 이와 유사하게 미국에 대해 특수한 경우라고 말한다. 미국에서 "올바른" 혁명의 부재는 발저에게 자기 연구의 사례로 받아들일 수 없는 이유가 된다. 미국의 혁명은, 발저에 따르면, "해방전쟁"으로보다는 미국으로의 이주라는 "통과행렬"로 발생했다. 따라서 문화적 해방투쟁은 일어나지 않았다. 게다가, 발저에 따르면, 미국인들은 새로운 인간을 고안할 필요가 없었다(Walzer 2015: 134 이하 참조).

감정들과 융합되었다. 이것은 종교에 특별한 힘을 부여한다. 이 원인
은 적지 않게 강력한 제2의 원인을 산출한다. 즉 미국에서 종교는 스
스로에게 어느 정도 경계를 설정했다. 종교적 질서는 정치적 질서와
완전히 분리되며, 따라서 사람들은 과거의 신앙에 흔들리지 않고서 옛
법률들을 쉽게 고칠 수 있었다.(같은 책: 490)

따라서 종교의 지배를 용이하게 하면서 동시에 제약하는 요소들이 있
다. 미국 사회가 비록 발생에서부터 종교적이었지만, 미국은 동시에 종
교가 사회에 미치는 영향력을 한정짓는 구조를 발견했다. 따라서 토크
빌의 분석은 미국의 종교가 사회에서 하는 역할과 정치에서 하는 역할
을 분리한다. 즉 정치적 변화는 결코 종교적 삶에 영향을 미치지 않으
며, 보다 중요한 사항은, 토크빌이 기술하듯이, 종교가 "스스로"를 한
정지었다는 점이다. 종교가 국가에 미치는 일방적 지지를 방지하기 위
해, 종교지도자들 자신의 이해관계에서 그러긴 했지만, 종교적 질서와
정치적 질서를 분리했다. 토크빌에 따르면 이 요소는 미국에서 종교가
"교조적 신앙교설"을 형성할 수 있게 된 데 있어서 결정적으로 중요하
다. 동시에 이 요소들은 미국에서 종교의 여전한 지배적 역할이 민주사
회들에 특수한 경우로 기술되는 데 영향을 미친다(같은 곳 참조).[7] 토크
빌에 따르면 "평등의 시대"에 미국을 특징짓는 종교성의 형식은 생동적
종교가 삶의 세계에 닻을 내린 형식을 취한다. 이에 대해 스카디 시리
크라우제 역시 다음과 같이 쓴다.

여기[미국]에서 토크빌은 종교집단이 사회적 요구에 대해 공개적으로
관심을 가지고 참여한다는 것을 알게 되었다. 이러한 참여는 신자들의

사회적 책임에 의해 수행되며 동시에 국가와 교회의 제도적 분리를 강조한다.(Krause 2016: 246)

이는 확실히 동의할 만한 사실이다. 하지만 그녀는 계속해서 다음과 같이 추론한다. "게다가 토크빌은 여론의 한계 없는 위력에 대해 언제나 비판적이었는데, 미국에서 종교적 신념들이 바로 그런 여론에 대한 저항과 반항의 중요한 원천일 수 있다는 사실을 알게 된다."(같은 곳).[8]

토크빌은 종교를 명시적으로 특권화하는데, 그럼에도 불구하고 사람들이 그에게서 이런 종교의 특권화만을 교조적 신념의 원천으로만 부각한다면 그의 분석이 더 복잡하다는 사실, 즉 종교를 그저 여론의 위험의 해독제로만 파악할 수는 없다는 사실을 간과할 수 있다. 『미국의 민주주의』에서 방금 묘사한 세속적 노선을 따를 경우에도 종교의 특권화는 명백히 상대화된다. 공적 영역에서 종교적 신념이 점차 사라졌던 프랑스에서의 전개과정은 우연이 아니며, 따라서 "다수의 폭정"의 위험

---

7 그런데 여기서 토크빌의 주장에 문제가 있어 보인다. 그 이유는 다음의 물음으로 요약된다. "평등의 시대"가 왜 미국에서는 세속화의 결과를 가져오지 않았는가? 사회적 권위에 대한 의심이 왜 초감각적인 것에 대한 신앙의 쇠퇴를 가져오지 않았는가? 토크빌의 논의에 따르면 이러한 일은 발생하지 않는데, 왜냐하면 사회와 종교는 강하게 결합해 있기 때문이다. 물론 이 설명이 아주 만족스럽지는 않다. 그 이유는 다음의 질문으로 표현된다. 이 결합이 왜 대륙에서는 느슨해지기 시작한 반면 여기 미국에서는 그렇지 않은가? 토크빌은 이념사적 계기, 즉 실체화된 데카르트주의에 집중하는데, 이것은 문제가 있어 보인다. 그 이유는 다음과 같다. "프랑스인들이 산출한 전복은 그들이 과거의 신앙을 바꾸고 이전의 습속들을 변화시켰기 때문에 발생한 것이 아니라 최초로 철학적 사유방식을 일반화하여 그 도움으로 과거의 모든 것을 쉽게 공격하고 새로운 모든 것을 개척할 수 있도록 밝혔기 때문에 발생했다."(Tocqueville 1984 [1835/1840]: 489 이하) 여기서 토크빌의 사상이 이성에 대한 계몽주의적 신앙에 얼마나 강하게 각인되어 있는지가 명백하게 드러나며, 따라서 어느 정도 이념사적 과도함이 있는 것처럼 보인다.
8 올리버 이달고(Oliver Hidalgo) 역시 토크빌이 무신론자였지만 종교를 의미부여의 특권적 심급으로 고찰했다는 점을 강조한다(Hidalgo 2006: 276 이하 참조).

에 저항하기 위해 단적으로 종교의 강화에 힘을 쏟을 수도 있었을 것이다. 이미 말한 대로 프랑스에서의 전개과정은 "평등의 시대"의 비행노선과 연속선상에 있으며 그에 공명한다. 토크빌은 바로 이 프랑스의 예에서 세속적 반대논의를 강조한다. 즉 종교적, 초월적 체계는 억압되며 대체로 믿음의 가치를 상실한다는 사실을 강조한다. 따라서 토크빌이 종교의 생동적 형식을 유럽의 모범으로 시험해 보았는지에 대해서는 강한 의심을 불러일으킨다. 미국에서 종교의 긍정적 역할이 민주주의 이론적으로 일반화될 수 없다면 민주주의에서 "교조적 신념들"이나 구속력 있는 신념들을 산출하기 위해 다른 가능성을 찾아보는 것이 좋을 것이다. 토크빌은 미국의 예에서 미국에서의 민주주의의 역동적 성질에 대해 보고한다. 미국의 민주주의를 이 관점에서 고찰할 경우 민주주의 사회는 어떤 환경에서 자신의 자원들을 종교적 원천에 기대지 않고서 참된 민주적 수단을 통해 산출할 수 있을지를 설명할 수 있다. 이 경우 종교는 사회적 결속을 산출하기 위해서도, 여론의 위험을 억제하기 위해서도 특권화되지 않는다.

토크빌은 미국에서 그에게 강한 인상을 준, 믿을 수 없는, 그리고 또한 수사적이고 정치적인 에너지와 생산성을 깨닫는다. 즉 그는 특히 혁명적 에너지라는 **형식**이 어떤 결정적인 역할을 수행하는지를 관찰한다. 『미국의 민주주의』제1권에서 그는 생동적 토론, 의견의 공개적 교환 그리고 토론을 목적 그 자체로 묘사한다. 따라서 민주주의는 그 **내용**이 민주적인 신앙의 명제들만을 산출하는 것이 아니다("모든 사람은 태어나면서부터 자유롭고 평등하다"). 민주주의는 이러한 일을 이 토론문화의 토대가 되는 민주주의적 방식으로 수행한다. 따라서 그는 민주적 절차의 형식적 특성을 말하는 것이 아니다. 오히려 그는 클럽이나 도로에서 수행되는 이러한 다원론적 논쟁 방식이 수행되던 민주주의적 문화에 대해 말하고 있다.

미국의 땅에 발을 딛자마자 일종의 소란을 경험하게 된다. 도처에서 들끓는 소음, 무수한 목소리들이 동시다발적으로 귓가를 맴돈다. 누구나가 일종의 사회적 욕구를 표현한다. 모든 것이 한 사람 주위를 맴돈다. 여기서는 도시의 한 구역의 인민들이 교회의 건축에 대해 말들을 한다. 저기서는 의원 선출에 대해 말들을 한다.(Tocqueville 1984 [1835/1840]: 279)

미국의 민주주의 문화는 자기만의 역동성을 가진 독특한 양식의 에너지를 포함하고 있다. 말 그대로 모든 개인의 목소리가 고려되기 때문에 누구나 청취되고 또 참여하길 원한다. 이런 에너지와 더불어 민주적 가치들을 안정화할 가능성도 생긴다.

민주주의가 인민에게 가장 친근한 정부는 아니지만, 그것은 가장 세련된 정부도 산출할 수 없는 것을 현실화하며, 전체 사회체에 민주주의가 아니면 불가능한, 그리고 조건이 어느 정도만이라도 좋을 경우 기적을 가져올 수도 있는 요란한 업무, 힘의 과잉, 활동의지 등을 확산한다. 여기에 민주주의의 참된 장점이 있다.(같은 책: 281)

민주주의는 개별자들이 공적 업무에 참여하는 것에 아주 높은 가치를 부여한다. 그래서 민주주의는 민주적, 혁명적 과정의 에너지를 전혀 다르게 이용할 수 있는 가능성, 또 생활세계와의 연속성 속에서 이 에너지를 활용할 가능성을 갖는다. 말하자면 민주적 공론장은 권위주의적 체계와 비교해볼 때 비교할 수 없이 많은 에너지를 발산할 수 있다. 이 높은 "가동열기"는 우연적인 것이 아니라 자기 통치라는 민주주의의 원리에 내재하며, 따라서 모두가 공적 업무에 참여한다는 사실에 이미 정초되어 있다. 민주주의는 민주적 원리와 그 작용범위를 혁명의 직접적 순간을 넘어서까지 지속시킬 수 있을 가능성을—이것은 왈저와는 다른 논증인데—스스로 **자기 자신의 형식을 통해** 산출한다. 민주주의는 의견의 자유, 다원주의 등과 같은 자신의 가치들을 민주적 방식으로 확고히 할 수 있다. 이렇듯이 이 가치들은 전통의 힘과 상관없이 자신의 고유한 결합력을 전개할 수 있다. 이 결합력은 혁명의 순간에 소진되는 것이 아니라 혁명 이후의 삶에 통합될 수 있다. 이 활동적 순간은 혁명으로부터 승계될 수 있고, 또 토크빌이 연합체들과 정치클럽들 등에 대해 묘사한 것처럼 혁명적 가치와 신념들이 혁명 이후 사회에 닻을 내리는 데 있어서 결정적 역할을 할 수 있다. 이것들은 논쟁과 이해관계를 협상하는 가운데 종교적 권위가 수행하는 것과는 전혀 다른 방식으로 신념을 형성하는 모델을 제공한다. 왜냐하면 연합체와 단체들은 이미 자신의 형식을 통해 예컨대 논의 참여자들의 평등이나 언표된 의견의 다양성 등과 같은 민주적 신념들을 산출하기 때문이다. 토크빌이 미국에서 관찰한 것처럼 민주주의는 국가의 형식일 뿐 아니라 실천적 경험이기도 하다. 민주적 제도들을 주체화하는 작용은 교회나 기도와 같은 종교적 제도들이 하는 것과는 전혀 다르다. 민주적 결단이 수행되는 과정은 민주적 실천과 경험이다. 이 실천과 경험에 참여하는 조건은 민주적이어야 한다. 종교적 실천에서는 그렇지 않다. 여기서도 토크빌은 교조적 신념들과 이 신념들이 사회를 구성하는 역할에 초점을 맞추며 탐구한다. 종교적 실천에는 철저히 권위적인 어떤 것이 있다. 그것들은 그저 전승되어 받아들여지며, 그 배후를 묻지 않는다. 그럼에도 불구하고 민주적 권위, 예컨대 민주적 조건에서 생겨난 헌법과 성경 사이에는 차이가 존립한다.[9] 헌법에 의지하는 사람은 초월적 권위에 의지하는 것이 아니라 민주적 과정에서 수행된 결과에 의지한다. 내가 이해한 토크빌에 따르면 이러한 혁명적 에너지는 민주적인 교조적 교리들에도 다른 중요성을 부여한다. "다른"이란 말은 여기서 질적으로 이해되어야지 양적으로 이해되어서는 안 된다.

그런데 민주적 에너지가 고갈되고 민주적 문화가 위축되면 사람들은 민주주의의 다른 측면에 노출될 수 있다. "평등의 시대"에 사람들은 무조건 지위만을 추구하지는 않는다는 점에서 덜 권위적이기 때문에 여론은 점점 더 중요해진다. "대중을 믿으려는 경향은 증가하고, 점점 더 여론이 세계를 지배한다."(같은 책: 494) 민주주의에서는 "모두가 동일한 통찰력을 소유하기 때문에, 진리가 최대 다수의 편에 있지 않다는 사실"을 받아들일 가능성은 거의 없다(같은 곳).

따라서 여론(공적, 혹은 공개적 의견)은 토크빌에 따르면 (칸트를 이어받아 계몽의 목표로 간주할 수도 있는) 이성의 공적 사용과 같지 않다. 토크빌은 여론의 작용을 오히려 "압박", 더 강하게 표현하자면 "강압"이라고 서술한다. "여론은 신뢰를 줌으로써 자신을 믿게 하는 것이 아니라 오히려 자신을 믿도록 강요하며, 모든 개별자의 지성에 대한 일종의 강제적인 정신적 압박을 가함으로써 자신을 믿도록 심정을 파고든다."(같은

---

9 "민주적 권위"를 형성한다는 것이, 한나 아렌트가 『권력과 폭력』에서 논의한 것처럼, 일종의 모순어법이 아닌지, 모순어법이라면 어느 정도 그러한지에 대해 논의할 수 있다 (Arendt 1993 [1969/1970]: 40 이하 참조).

곳) 여론이 좋은 근거를 가진 개인들의 논박의 결과나 의견교환의 결과가 아니라고 하더라도 이 여론을 부분적으로나마 그저 수용하는 것은 민주적 사회화의 과정에 속한다고 할 수 있다. 하지만 부정적 측면에서 이 여론을 보자면 여론은 개인을 점령하고, 개인은 이러한 점령에 대해 방어할 수 없으며, 따라서 논증적 논박의 가능성이 주어지지 않는 방식으로 작용한다. 생동적인 다원주의가 언제 그리고 어떻게 융통성 없는 강제적 연관으로 둘러싸이게 되는지, 좀 더 중립적으로 표현하자면, 생동적 민주주의와 압박하는 여론 사이의 연관의 본질은 무엇인지에 대해 토크빌은 많은 것을 말해주지 않는다. 그는 여론의 기능적 측면이나 역기능적 측면에 답할 수 있는 기준을 제시하지 않는다.[10] 하나의 가능한 가설을 다음과 같이 말할 수 있다. 즉 교조적 교리들의 민주적 발생과정이 사회적으로 망각에 빠지는 한 이 교리들은 더 이상 생동적으로 작용할 수 없으며, 따라서 그러한 신념이 민주적으로 변화될 수 있다는 경험 역시 생동적으로 작용할 수 없다. 그럼에도 불구하고 민주주의가 여론의 어떤 병리현상들에 대한 해독제로서 종교를 무조건적으로 필요로 하는 것은 아니다. 오히려 종교는 "평등의 시대"에, 토크빌이 프랑스의 경우를 통해 보여주듯이, 초월적 권위자로서의 자신의 신뢰성을 상실할 수도 있다. 그리고 민주적 공론장의 생동적 다원주의를 방어하는 데 성공한다면 민주주의는 자기 스스로를 보호할 수 있게 된다. 토크빌은 민주주의가 어떤 자기파괴력을 산출하는지, 즉 민주주의로부터 어떤 문제들이 형성될 수 있는지에 대해 훨씬 더 강하게 집중한다. 이에 반해 왈저에게서는 민주적 규범들의 퇴행적 잠재력에 대한 물음이 전

---

10 이에 대해서는 이 잡지의 본 호의 레벤티슈와 트라우트만의 연구를 참조하라.

혀 제기되지 않는다.

III.

해방과 완전한 세속화가 같은 보조를 취할 필요는 없다고 한 점에서 왈저는 토크빌의 견해에 동의할 것이다. 하지만 종교와 민주주의가 어떤 환경에서 민주주의의 의미부여의 원천으로 간주될 수 있는지의 문제는 왈저보다는 토크빌의 견해를 통해 다시 한 번 재구성해볼 수 있을 것이다. 왈저는 해방운동이 전통적인 것에 대한 거부로 각인되어 있을 뿐 자기만의 형성력을 전혀 갖지 않는 것처럼 서술한다. 전통적인 종교적 결합력들은 아주 근본적이어서 이 힘들이 언제나 세속적인 것보다 우월하며, 또한 "새로운" 민주적-해방적 규범들이 그에 상응하는 힘을 펼칠 수 없다고 한다. 하지만 민주적, 세속적 혁명이 언제나 "이중의 부정"을 기술한다는 사실, 즉 한편으로 혁명 이전의 상태를 그저 부정적으로 제거해야 한다는 사실과 다른 한편으로 사회적 정체성 모형을 산출하기에는 너무 유약하다는 사실은 결코 필연적이지 않다. 왜냐하면 "종교의 사멸"이라는 주장이 유지될 수 없는 경우에도 종교와 상관없이 자신의 의무와 가치들을 생산하는 민주주의들이 있으며, 따라서 어떤 조건 아래서 세속적, 해방적, 민주적 규범들도 사회적 의무들을 산출할 수 있는지의 문제는 여전히 열려 있기 때문이다. 따라서 왜 해방운동들이 긍정적으로 제시되고 또 "창조적"이라고 할 수 있을 그런 자기만의 이야기들을 전개해서는 안 되는가? 그리고 이러한 신념들이 전체 운동을 이끌어가고 또 혁명을 촉발할 수 있을 만큼 강하다면 이 에너지가 계속 유지될 수 있다고 가정하는 것이 더 합리적이지 않을까?

토크빌은 여기서 아주 풍부한 해명 모델을 제공한다. 즉 비록 그가 종교의 중심적 지위를 강조하지만, 이 분석은 훨씬 더 넓게 "교조적 신념"에 대한 논의로 일반화한다. 종교가 민주주의를 안정시키면서 동시에 종교 자체의 영향력을 한정짓는다는 미국의 모델은 "평등의 시대"의 일반적 발전경향과 어긋난다. 따라서 프랑스를 볼 때 종교적 신념들이 모든 민주사회에서 공동체 건설의 원천으로 이용될 수는 없다는 좋은 근거들이 제시될 수 있다. "평등의 시대"의 일반적 경향은 외적 권위에 대한 신뢰에 거부감을 보이는 것이다. 왈저는 종교의 포섭이라는 자신의 요청과 더불어 종교와 민주적 신념들이 민주주의에서 상이한 담론형식들과 사회적 실천에 의지한다는 사실을 보지 못하며, 따라서 민주적 신념들이 종교와 달리 전통으로부터 자양분을 얻지 않는다는 것을 민주적 신념들의 단점으로 여길 필요가 없다는 사실을 보지 못한다. 왜냐하면 민주적으로 산출된 교설들은 그 **형식**의 측면에서 볼 때 토크빌이 미국의 예에서 기술한 것처럼 민주적 에너지의 변형에 있어서 다르게 작용할 수 있기 때문이다. 민주적 교설들은 민주적으로 협의되며, 종교적 교설들은 자신의 권위를 초월적 원천 혹은 그 지상의 대리자들로부터 이끌어온다. 종교적 교설들의 후광이 반드시 민주적 신념들을 부정적으로 그림자 속에 집어넣는 것은 아니다. 토크빌은 민주주의가 신념과 가치들을 정착시키는 자기만의 메커니즘을 가지고 있어서 종교와 민주주의가 경쟁관계에 들어갈 필요가 없다는 것을 보여준다.

번역_정대성

참고문헌

Arendt, Hannah 1993 [1969/1970]: Macht und Gewalt. Übers. von Gisela Uellenberg. München: Piper.

Arendt, Hannah 2011 [1963]: Über die Revolution. München: Piper.

Herold, Aaron L. 2015: Tocqueville on Religion, the Enlightment, and the Democratic Soul, in: American Political Science Review 109. 3, 523–534.

Hidalgo, Oliver 2006: Unbehagliche Moderne. Tocqueville und die Frage der Religion in der Politik. Frankfurt a. M. und New York: Campus.

Kahan, Alan S. 2015: Tocqueville, Democracy, and Religion. Checks and Balances for Democratic Souls. Oxford: Oxford University Press.

Kessler, Sanford 1977: Tocqueville on Civil Religion and Liberal Democracy, in: The Journal of Politics 39. 1, 119–146.

Krause, Skadi S. 2016: Tocqueville über die Rolle der Religion in der Demokratie, in: Zeitschrift für Politik 3. 63, 245–265.

Reder, Michael und Joseph Schmidt (Hg.) 2008: Ein Bewußtsein von dem, was fehlt. Eine Diskussion mit Jürgen Habermas. Frankfurt a. M.: Suhrkamp.

Tessidore, Aristide 2002: Alexis de Tocqueville on the Natural State of Religion in the Age of Democracy, in: The Journal of Politics 64. 4, 1137–1152.

Tocqueville, Alexis de 1984 [1835/1840]: Über die Demokratie in Amerika. Beide Teile in einem Band. Übers. von Hans Zbinden. München: dtv.

Walzer, Michael 2015: The Paradox of Liberation. Secular Revolutions and Religious Counterrevolutions. New Haven und London: Yale University Press.

평등의 일그러진 모습들
토크빌 이후의 민주주의와 대중문화[*]

율 리 아 네 레 벤 티 슈 , 펠 릭 스 트 라 우 트 만

아도르노와 호르크하이머는 『계몽의 변증법』에서 문화산업을 다루면
서 토크빌의 진단, 즉 민주주의에서 "다수의 압제"(Tyrannei der Mehrheit)
가 신체의 억압이 아닌 사고의 순응을 가져온다는 진단이 유효하다고
보았다. 이 진단은 "이제 완전한 진실임이 입증되었다." 요컨대―이 맥
락에서 가장 유명한 표현 중 하나처럼―"오늘날 문화는 모든 것을 동질
화시킨다"(Horkheimer und Adorno 1969 [1944]: 128). 실제로 토크빌은 아
메리카의 조숙한 민주주의 대중사회라는 조건에서 이루어지는 예술 생
산에 관해 서술했었는데, 이 과정에서 100년 후 후기자본주의의 문화
산업에 관해 아도르노와 호르크하이머가 행한 증언의 중요한 측면들
을 먼저 다룬 바 있다. 하지만 민주주의적 대중예술과 마찬가지로 민주

---

* 본고의 인용 부분은 프랑스어 원전을 번역한 『아메리카의 민주주의 1』과 『아메리카의 민
   주주의 2』(이상 이용재 옮김, 아카넷, 2018)를 상당히 참고했다―옮긴이.

주의적 평등에 관한 토크빌의 분석은 호르크하이머와 아도르노의 각색에서 보이는 것보다 전반적으로 훨씬 더 양가적이다. 토크빌은 다원주의적 사회민주화에 있는 대중문화의 규범적 토대와 그것의 해방적 차원을 누차 지적했다. 여기서 토크빌의 분석은 평등의 역할에 관한 매우 상이한 관점들을 제시한다. 클라우스 오페(Claus Offe)는 토크빌이 귀족주의적 도덕주의자, 급진적 민주주의자, 냉철한 정치사회학자라는 삼중의 정체성을 가진 "양가성의 대가"이자 "동전의 양면을 동시에 고려할 줄 아는 변증법적 술수"(Offe 2004: 18 이하)의 대가라고 말한다. 하지만 욘 엘스터(Jon Elster)가 지적한 바와 같이, 토크빌의 이 다양한 관점들이 꼭 응집성 있고 체계적인 연관 속에서 종합되어 있는 것은 아니다. 오히려 그것들은 종종 명백히 자기모순적으로 보이기도 한다(Elster 1993: 107; 또한 112 이하 참조). 물론 아메리카의 민주주의에 관한 토크빌의 저작이 다양한 영역에서 두각을 나타내고 여러 현상들을 결합해냈다는 데에는 논쟁의 여지가 없다. 토크빌은 습속(Sitten), 풍속(Gebräuche), 습관에 대한 경험적 고찰을 통해 민주주의를 경험과학적으로 바라본다.[1] 또한 민주주의를 단순히 정치체제로서만이 아니라 총체적 생활방식으로 이해한다. 이를 통해 토크빌은 좁은 의미에서 민주주의적 생활방식의 정치적 측면과 문화적 측면을 두 측면의 특수성을 살리면서 평등이론으로 문제화할 수 있었다. 하지만 또한 정치와 문화가 상호 결합되어 있다고, 아니 심지어 상호 종속되어 있다고 주장할 수도 있게 되었다. 토크빌은 이 종속성을 귀족주의자의 관점, 민주주의자의 관점, 사회학자의 관점에 따라 상이하게 보여준다. 이는 민주주의가 그 중심 가치

---

1 토크빌에게서 "경험과학적" 단초는 [아메리카에서 겪은] 새로운 경험과 규범적 실망에서 분명하게 발견된다. 이에 대한 평가를 위해서는 Bluhm und Krause (2016)을 참고하라.

인 평등의 일그러진 모습들에 의해 위협받고 있다고 진단한 논고에서 그가 내놓은 상이한 해석들 속에 나타나 있다. 이하에서 본고는 상이한 문제 해석들과 그것들에 조응하는 민주주의적 평등의 일그러진 모습들―동질성과 순응주의, 평준(Durchschnitt)과 평범(Mittelmaß)―을 분석한다.

민주주의적 소란, 정치적 열정, 완전가능성에 보내는 찬사

우선 아도르노와 호르크하이머가 인용한 다수의 압제라는 진단은 토크빌이 조숙한 대중문화를 다룬 맥락과 완전히 무관하다는 사실에 주목할 필요가 있다. 조숙한 대중문화에 관한 내용은 『아메리카의 민주주의』 2권(Tocqueville 1984 [1835/1840])에 담겨 있다. 반면 다수의 압제에 관한 진단은 1권, 즉 토크빌이 아메리카 사회에서 민주주의 통치가 지닌 장점과 단점을 고찰하는 맥락 속에 있다. 토크빌이 그려낸 다양한 관점의 민주주의 상을 정확히 이해하려면 그가 아메리카 사회의 법률에 대한 생각, 공공정신, 활동성(Geschäftigkeit)을 보면서 유리하게 끌어모은 논거들을 다시금 상기할 필요가 있다.

토크빌에 따르면, 민주주의는 귀족정(Aristokratie)에 비해 법의 목표를 설정하는 데 있어 인간성에 더 유익하다. 귀족정과 달리 다수의 이익에 이바지하기 때문이다. 민주주의의 이점은 "모두의 번영을 증진한다"는 데 있는 것이 아니라 "다수의 복리에 이바지한다"(같은 책: 269)는 데 있다. 물론 통치자가 실제로 공익을 지향케 하는 데 결정적인 것은 피치자에 의한 통치자의 통제다. 민주주의에서는 공직자의 개인적 과오 따위가 체제와 결부되어 발생하지 않도록 지속적 통제를 통해 예방될 것이다. 이를테면 국민은 통치자가—입법 과정에 긍정적 결과를 가져오면서—한눈팔지 않고 공익에 관심 두도록 만든다. 물론 안정된 계급이익에 따라 만들어진 귀족정의 법률에 비해 민주주의에서 공포된 법률은 "거의 언제나 결함투성이이거나 시의적절하지 않으며"(같은 책: 267), [민주주의에서] 권력은 통치 업무 교육을 받지 않은 무능한 사람들의 손에 자주 쥐어져 있긴 하다. 하지만 피치자들은 귀족정에서보다 "더식견이 높고 [이해관계에] 더 민감하다"(같은 책: 268). 토크빌은 국민(Volk)이 통치 사안에 관여할 경우 [통치자가] 일반적으로 공익, 즉 민주주의 통치의 **목적**을 지향하게 된다는 것 외에 또 다른 장점이 있다고 보는데, 이는 민주주의 통치의 **형식**과 관련한다. 국민은—귀족주의자는 제한된 시각 때문에 접근할 수 없는 방식으로—몹시 서투른 통치자의 지평마저 넓혀준다.

민주주의는 국민들에게 가장 유능한 정부를 제공해주지는 않지만 가장 유능한 정부도 흔히 못해내는 일을 성취해내는 것이다. 민주주의는 사회 도처에 쉴 틈 없는 활동성, 넘치는 활력, 그리고 상황이 호전되기만 하면 언제든 기적이라도 낳을 수 있는 에너지를 퍼트린다.(같은 책: 281)

토크빌에 따르면, 공적 사안을 다룰 때 분명 국민이 늘 가장 신뢰할 만한 심급은 아니다. 하지만 "국민은 공무에 관여함으로써 자신들의 사고의 폭을 넓히고 자신들의 판에 박힌 일상에서 벗어날 기회를 얻는다." (같은 책: 280) 실제로 그는 통치에 대한 피치자들의 활기찬 관심, 넘치는 활력과 에너지에 "합중국의 비밀"(같은 책: 272)이 숨겨져 있다고 보왔다. 그는 합중국에 퍼져 있는 전례 없는 정치 활동은 직접 눈으로 보지 않고는 완전히 이해할 수 없을 것이라고 말한다. 미국에서 입법 회의가 끊임없이 열리도록 하는 움직임은 "가장 밑바닥에 있는 국민들로부터 시작되어 연쇄적으로 모든 시민 계급에게 파급되는" 일반적인 소란의 가장 가시적인 면에 불과하다. 토크빌은 "[아메리카에서만큼] 사람들이 행복해지려고 더 열심히 일하지는 못할 것"이라고 말한다(같은 책: 279). 이러한 노력은 순전히 목적을 위한 수단만이 아니라 목적 그 자체다. "아메리카인이 알고 있는 가장 중요한 관심사이자 굳이 말하자면 유일한 즐거움"은 통치에 관여하고 그것에 관해 말하는 것이라는 점은 "가장 사소한 생활습관에서도 볼 수 있다."(같은 책: 280) 아메리카에 매혹된 관찰자 토크빌은 이곳의 평범한 사람이 국가의 이익을 위해 일하는 것은 "의무감이나 자부심뿐 아니라 (…) 열망에"(같은 책: 273) 의한 것으로 보았다. 타운홀 미팅, 지역자치, 정치결사체, 배심제, 자유언론은 이 정치적 열정의 습관화에 일조한다.[2] 정치적 열정은 누구나 통치에 참여함으로써 유지된다. 그렇기 때문에 귀족정과 비교하여 민주주의의 가장 중요한 장점은 "정치적 권리의 개념을 가장 낮은 계층의 시민들에게까지 확산"(같은 책: 275)시키는 것이다. 민주주의, 민주주의 법률, 민주주의 공직자, 심지어 국민 그 자체의 가시적 약점을 고려하여 정치적 권리를 제한해야 한다고 요구하는 것은 완전히 오도된 것이다. 실제로 정치적 권리의 민주화는 민주주의에 내재되어 있는, 이 약점의 유일한 해독제다(같은 곳 참조). 왜냐하면 법률에 대한 생각과 개인적 이익을 결속시킴으로써 "합중국의 주민"은 "별 어려움 없이", 더 정확히 말해 "다

---

2 토크빌은 특히 "다수의 압제"에 인접한 장들에서 이 모든 상이한 형태의 민주주의적 실천을 손수 고찰한다.

수가 만든 것으로서뿐 아니라 자기 자신이 만든 것으로서" 법률을 따르려 하기 때문이다. 합중국의 주민은 법률을 "자기가 한쪽 당사자인 계약"(같은 책: 277)으로 간주한다. 합중국의 주민은 계약 상대자로서 법률에 영향을 끼치기도 한다—이는 법률에 짓눌린다고 느끼면 바로 법률을 개정할 수 있다는 뜻이기도 하다(같은 책: 278 참조). 민주적으로 통치되는 공동체의 시민들은 법률에 복종할 때 생길 수 있는 악이 변화 가능하고 "일시적"(같은 곳)이라고 여기기 때문에 별 어려움 없이 법률에 복종한다. 이로써 완전가능성에 대한 생각이 민주주의 국가들의 삶에서 생겨난다. 민주주의의 약점처럼 보였던 법률의 불영속성이 이 관점에서는 민주주의의 우수성으로 보인다. 토크빌에 따르면, "만인이 활동하고 움직"이며 "개선과 진보에 대해 말하는 것"(같은 곳)은 자유의 징표다. 반대로 자유롭지 못한 나라는 "모든 것을 얻었고" 그저 "누리면서 쉬기만을" 바라는 듯하다. 그렇지만 "행복해지려고 끈질기게 노력하는 나라가 일반적으로 자기의 운명에 아주 만족해하는 듯 보이는 나라보다 더 부유하고 더 번영을 누리기 마련이다"(같은 곳).

다수의 압제라는 진단과 그 문화적 하부구조

그렇다면 활동성(Beweglichkeit)과 민주주의적 완전가능성에 대한 열렬한 찬사를 보냈던 토크빌이 어떻게 다수의 압제라는 회의 짙은 진단에 이르렀을까? [토크빌에게서 민주주의] 개선 및 사후 조정의 가능성, 그리고 특히나 끊임없이 성취 가능한 민주주의적 "기적"(Tocqueville 1984 [1835/1840]: 281)의 가능성은 어떻게 사라진 것이며, 그 가능성은 어떻게 스스로를 억누르는 방향으로까지 나아간 것일까? 이 점에 있어 토크빌의 입장은 전적으로 불분명하다―민주적 생활, 그리고 활동성으로 도달 가능한 자유에 대한 그의 긍정적인 서술은 갑자기 별다른 설명 없이 자유의 발현을 가로막고 순응주의가 지배하는 문화에 대한 묘사로 바뀌어버린다. 실제로 두 개의 장, 즉 "아메리카 사회가 민주주의 통치에서 얻어내는 실질적인 이점"에 관한 장과 "합중국에서 다수의 전능성"에 관한 유명한 장 사이에는 비약이 있다. 그래서 이 비약을 체계적 관점에서 메우려는―예컨대 두 개의 장이 동전의 양면을 서술하고 있다고 소개하는 식의―모든 시도는 상당한 난관에 봉착할 것이다. 왜냐하면 다수의 압제가 단지 자유의 광범위한 상실만을 뜻하는 것은 아니기 때문이다. 오히려―몇 페이지 앞에서 발군이라고 묘사된―정치적 생활에서의 활동성으로 다시 돌아가는 길은 독특하게 차단되어 있는 것 같다. 토크빌이 앞서 자유라는 민주주의 문화의 완전가능성과 민주주의의 장점이라고 본 생산적인 끊임없는 움직임은 다수의 전능을 통해, 즉 차이를 헛된 것으로 치부하는 정신의 획일화로 인해 완전히 사라진 것으로 보인다. 토크빌은 아도르노와 호르크하이머로 인해 유명해진 다음 구절에서 이렇게 말한다.

군주들은 말하자면 물리적인 폭력을 구사했다. 반면에 오늘날의 민주 공화정들은 인간의 육체보다 인간의 의지를 통제하고자 하면서 심리적인 차원에서의 폭력을 구사한다. (…) 지배자[민주주의적 다수]는 '너는 나처럼 생각해야 한다. 그렇지 않으면 너는 죽을 것이다'라는 식으로 말하지 않는다. 그는 다음과 같이 말한다. '너는 자유롭게 나와 다른 생각을 가질 수 있다. 너는 네 생명과 재산 모든 것을 누릴 수 있다. 하지만 오늘부터 너는 우리들에게 이방인이다. 너는 시민으로서의 권리를 누릴 수 있을지 모르나 너에게는 아무 쓸모없을 것이다. (…) 목숨을 살려줄 테니 조용히 사라져라. 하지만 차라리 죽느니만 못할 것이다.'(같은 책: 295)

이렇게 전제정의 효과를 내는 다수는 분명 단순히 사람이 많다는 것과 혼동되어서는 안 된다. 오히려 그것은 개개인에게 비개인적으로 나타날수록 더 냉혹한 모습을 보인다. 이러한 다수는 비개인적이고 비가시적인 다수로 등장함으로써 그 사회적 힘을 발휘한다. 그것은 이름도 얼굴도 없는 형태의 복종을 야기하기 때문에 실제로 전제군주가 있는 체제보다 더 전제적이다(Lefort 2000 [1992]: 44, 270 참조[3]; Urbinati 2014: 30). 따라서 다수가 외견상 늘 동일한 입장을 취하는 것처럼 보이게 하고 개개인보다 우선하여 다수와 다른 새로운 의지를 표명할 수 있는 가능성을 철저히 제한하는 사회 동학은 전제적이라고 볼 수 있다.[4] 앞서 열렬히 찬미된 민주주의적 정치 문화의 불영속성은 이 첨예해진 진단의 지평에서 완전히 다르게 조명된다. 실제로 민주주의적 정치 문화는 더 이상 자유로운 국가의 징표가 아니라 반대로 이 국가의 부자유의 징후처럼 보인다. 왜냐하면 민주주의적 정치 문화는 더 이상 고되지만 열정적으로 움직여서 얻어낸, "가장 낮은 계층의 시민들에게까지 확산"된 정

3 클로드 르포르는 마르틴 하이데거와 한나 아렌트에 기대어 새로운 사회적 힘을 "세인"(世人, man)의 사회적 힘으로 서술한다(Lefort 1988 [1986]: 177, 181 참조).

4 르포르 외에도 특히 모턴 호위츠(Morton Horwitz)가 이 새로운 다수의 힘을 비개인적— 그렇지만 민주주의적 주체의 특성을 지니고 자기책임적 또는 상당히 "자발적" 압제로 보이는—"만장일치의 압제"라고 묘사했다. "토크빌은 사람들의 행위를 규제하려고 할 뿐 아니라 바로 이들의 본성까지 주조하는 데 성공한 미국 여론의 '도덕적 힘'을 특히 두려워한다. 사람들이 어떻게 느끼고 무엇을 생각하는지 결정할 수 있는 대중이 조화와 통합을 잘 보장할지도 모른다. 하지만 이는 마음과 정신에 대한 압제라는—비록 '자발적' 압제라 하더라도—'쓰라린 값'을 치러야 한다."(Horwitz 1966: 302)

치적 활동성의 산물이 아니라 변덕스러운 준주관적(quasisubjektiv) 존재
의 효과임이 입증되었기 때문이다.

다수의 전능에 관한 장으로 넘어가면서 무언가가 다루어지지 않았다
는 것은 분명하다. 더 자세히 말해, 역사적 과정에서 수시로 변한다 할
지라도 다수의견은 시끌벅적한 정치적 활동으로부터 생겨난다는 것을
알려주는 정치적 의지형성에 관한 이론이 다루어지지 않았다는 것은
분명하다. 토크빌이 당대 민주주의 이론의 관점에서 전적으로 중요했
던 이 문제에 거의 주목하지 않았다는 것은 "서로 대등한" 사람들이 정
착한 "합중국에는 여러 주민들 사이의 이해관계에 아직은 자연적이고
항구적인 충돌이 발생하지 않았다"(Tocqueville 1984 [1835/1840]: 286)는
그의 평가와 결부되어 있을 것이다. 조건의 평등을 고려한다면, 다수라
는 것은 복잡한 의지형성 과정의—즉 누가 대체로 여론 형성에 관여하
고 무엇이 다수로, 그리고 다수의견으로 여겨지는지를 규명하는 것이
아주 중요한 과정의—산물로 보이지 않는다.[5] 이에 따라 토크빌은 여론
을 둘러싼 갈등의 장, 다수의 지위 자체를 둘러싼 논란의 발생 가능성,
그리고—늘 다수의 의지에 관한 결정인—다수의 이름으로 이루어지는
결정을 다시 의문시하는 제도적 · 비제도적 가능성에 어떤 주의도 기울
이지 않는다. 합중국 "주민들" 간에는 여론이 일치한다고 전제하기 때
문에 당연히 토크빌은 어떻게 여론이 급변할 수 있는지도 설명하지 않
는다.

5 근래의 민주주의 이론이 거듭 강조하는 바와 같이, 다수는 결코 그 자체로 나타나지 않
는다. 다수는 객체로 단순히 발견되는 것도 주체처럼 드러나는 것도 아니다. 오히려 다수
는 마치 어떤 환영(Phantom)과 같다. 다수는 인용될 수도 증거로 끌어다 쓰일 수도 불러
내어질 수도 있지만, 니클라스 루만의 표현대로 "여론으로 관찰되고 나타난 것"(Luhmann
2000: 286)과 다를 바 없다.

실제로 토크빌에게 합중국의 "주민들"은 이해관계에 별다른 갈등을 보이지 않는 상대적으로 획일적인 거대한 존재(Größe)다. 하지만 순응 압력이 개개인의 사상의 자유를 질식시킨다는 다수의 압제 테제가 급 진적 성격을 띠는 본질적 이유가 미국을 상당히 민주주의 사회와 흡사 하다고 본—마르셀 고셰(Gauchet 1990 [1980]: 129)의 표현처럼—토크 빌의 "환영"(幻影)에 있는 것 같지는 않다. 토크빌은 당대 합중국에서 수평적 권력분립 원칙이 불충분하게 실현되고 있다고 이의를 제기했 는데, 이는 합중국 "주민들"이 상당히 일치한다는 점을 고려할 때 다수 는—통치자뿐 아니라 이탈한 개개인도 그 불가항력적인 주권을 받아 들이는—거대한 존재가 분명하다는 그의 진단을 배경으로 한다.

> 따라서 합중국에서 다수는 엄청난 **사실상의** 권력을 행사할 뿐 아니라 이에 버금가는 상당한 여론상의 권력을 행사한다. 일단 어떤 문제에 대해서 다수가 마음을 정하고 나면, 다수가 앞으로 나아가면서 짓밟 은 사람들의 하소연에 조금이라도 귀를 기울일 시간을 줄 수 있도록 다수의 돌진을 막아서지는 못하더라도 잠시 늦출 수 있는 장애물은 어디에도 없다. 이러한 사태의 결과는 해로우며 미래를 위태롭게 한 다.(Tocqueville 1984 [1835/1840]: 286; 인용자의 강조)

다수의 압제라는 진단의 기저에는 문화적 하부구조(Unterbau)가 있다. 즉 순응주의의 형태로 나타나는 부자유는 다수의 권력이 이미 **문화적으 로** 받아들여진 곳에서 발생한다.

[다수의 압제라는 진단과 문화적 하부구조 간의] 연관성은 토크빌이 다수가—제도화된 정치체제의 어떤 것에도 거의 저촉되지 않는—"실

제 권력"을 갖게 되는 것은 **사실상 주어진** 합중국 "주민들"의 일치 때문이라는 진단의 층위를 계보학적으로 확장한 지점에서 진정 흥미로워진다. 왜냐하면 계보학적 관점에서 이 테제, 즉 민주주의적 다수의 압제에 대한 문화주의적 설명 또는 멘탈리티 이론의 설명을 뒤집어 [동질적 문화가 민주주의적 평등원칙을 창출할 뿐 아니라] 민주주의적 평등원칙의 정치적 관철 그 자체가 동질적 문화를 창출한다고 보는 이 테제는 압제적 획일성을 강화할 수 있는 잠재력을 가지고 있기 때문이다.

토크빌은 견문론 『황야에서 보낸 15일』에서 이 계보학적 연관성을 매우 인상적으로 서술한다.

하나의 사회만이 존재한다는 점에서 아메리카는 유럽보다 더하다. 아메리카 사회는 부유할 수도 빈곤할 수도 있고, 소박할 수도 있고 화려할 수도 있으며, 무역을 할 수도 농업을 할 수도 있다. 하지만 이 사회를 구성하는 것은 어디서든 같다. 모든 곳에서 동일한 수준의 문명을 따르고 있다. 뉴욕의 거리에서 헤어졌던 이를 서부의 외딴곳에서 다시 보게 된다. 같은 옷을 입고 같은 정신을 소유하고 있으며, 같은 언어를 쓰고 같은 습관을 가지고 있으며, 같은 유흥을 즐긴다. 시골스러운 것도 없고, 순박한 것도 없으며, 황야로 이주한 것도 없고, 우리네 시골에서 보았던 것과 비슷한 것조차 없다. 이 독특한 실태의 원인을 이해하는 것은 어렵지 않다. 가장 오랫동안 가장 완전하게 정주된 지역들은 높은 수준의 문명에 도달했다. 교육 수준은 일반적으로 높다. **하지만 평등의 정신으로 말미암아 특별히 획일적인 내면적 생활습관들에 물들어 있다.**(Tocqueville 2013 [1861]: 14; 인용자의 강조]

이 서술에 따르면, 합중국에서 다수의 권력은 주민들의 일치에 근간하여 단순히 주어지는 것이 아니다. 그것은 또한 민주주의 통치방식과 이 통치방식의 특수한 제도화를 통해 강화되어 결국 전제자적 전능으로 발전한다. 오히려 주민들의 일치는 민주주의 통치방식이 문화에 미친 효과로, 더 정확히 말해 평등 교리가 정신에 전이된 효과로 보인다. 토크빌은 이 계보학적 연관성을 해석하는 두 가지 대안적 가능성을 제시한다. 평등 정신이 문화에 미친 효과에 대한 그의 입장은, 상당히 모순되게도 민주주의에 대한 귀족주의적 경멸의 형태와 독창적인 것(das Originäre)의 상실이 민주주의 자체에 위험을 야기한다는 민주주의적 논거로 뒷받침된 변형된 형태로 유보되어 있다.

예외에 대한 귀족주의적 옹호와 민주주의적 옹호

문화가 본질적으로 귀족주의적인 곳에서는 평등 시대의 문화 비평이 문화 관념의 상실을 경고하는 경향이 있다. 앞서 보았듯이, 토크빌은 정치적 권리의 동등한 배분을 일단 전적으로 장점이라 여겼다. 하지만 그는 정치 영역에서와 달리 문화 영역에서 평등이 관철되면 애초 단점만이 야기된다고 보는 듯하다. 왜냐하면 문화는—그의 주장에 따르면—명백히 평등이 아니라 차이의 무대이기 때문이다. 토크빌은 "아메리카 사회가 민주주의 통치에서 얻어내는 실질적인 이점"에 관한 장에서 "합중국에서 다수의 전능성"에 관한 장으로 넘어가는 데 있는 중요한 구절에서 정치적 이유로 민주주의를 선택하는 자는 문화적 관점에서는 범인(凡人)으로서 아무것도 가지고 있지 않다고 말한다. "습속을 정화하고" "생활양식을 고양하며" "예술을 찬란하게"(Tocqueville 1984

[1835/1840]: 282) 하려는 자는 그와 같은 목적에 구조적으로 반하는 민주주의 통치를 선택해서는 안 된다고 한다. 실제로 토크빌은 독자들에게 직접화법으로 귀족주의 문화와 민주주의 문화 사이에서 양자택일을 제시한다.

> 인간의 지적이고 도덕적인 활동을 물질적 생활의 필요로 돌려서 복리를 증진시키는 데 활용하는 것이 당신에게 유익해 보인다면, 천재성보다는 이성이 당신이 보기에 인간에게 더 이로워 보인다면, (…) 당신이 찬란한 사회에서 활동하는 대신 번영하는 사회에서 사는 것에 만족한다면, 그리고 당신이 정부의 주요 임무가 국민 모두에게 가능한 한 최대의 힘과 영광을 부여하는 것이 아니라 구성원 개개인에게 최대의 복리를 제공해주고 가능한 한 빈곤을 피하게 해주는 것이라고 생각한다면, 그렇다면 당신은 생활 조건을 평등하게 만들어 민주주의 통치의 토대를 다져야 한다.(같은 곳)

이 인용문에서는 대중에 비해 두드러져 보이는 탁월함이라는 생각과 고명한 기재, 정신적 영웅, 빛나는 천재에 대한 소망이 지배적이다. 평등의 정신에 비해 예외적인 것의 정신은 대개 남성인 개별 천재들의 형상으로 나타난다. 집합적 실천이 기적을 만들어낼 수 있을 것이라는 생각은 문화 영역에서 전혀 중요하지 않게 되었다. 민주주의의 비용과 편익을—이것은 정치적으로 장점이고 저것은 문화적으로 단점이라는 식으로—중립적으로 계산하는 것처럼 들릴지도 모르는데, 이는 비약이 있기 시작한 다수의 압제라는 진단에 비추어볼 때 이내 더 불가해한 것으로 드러난다. 왜냐하면 [정치적 장점과 문화적 단점의] 양 측면은 서로 유리될 수 없고 토크빌이 여기서 언급하는 문화적 단점이 도리어 직접적으로 정치적 결과를 낳기 때문이다. 여기서 토크빌은 한편으로 탁월함, 명성, 위대함을, 다른 한편으로 무디고 범상하지만 그 대신 이성적이고 흥분하지 않으며 평온한 실용주의를 다루고 있는 것만이 아니라, 평등의 이름으로 문화 민주화를 통해 이루어진 차이의 줄어듦이 종국에는 민주주의에서 당분간 중심에 놓일 바로 그 가치, 즉 개개인의 자유를 공격한다는 훨씬 폭넓은 테제를 다루고 있다.

민주주의적 평등원칙이 문화에 미치는 효과를 뒷받침하는 논거들은 『아메리카의 민주주의』 1권이 아닌 2권에서 전개된다. 귀족주의적 관점에서 문화 영역에서의 평등 가치에 유보적 입장을 보이는 것은 흥미롭게도 평등이라는 가치로 이끌어진 문화 민주화 그 자체보다는 특수한 것의 가치를 완전히 포기하거나 적어도 무용하게 만드는 것이 문제라는 완전히 다른 성질의 논거와 혼합되어 있다.[6] 토크빌로부터 존 스튜어트 밀, 랠프 월도 에머슨, 프리드리히 니체를 거쳐 아도르노와 호르크하이머에게까지 이르는 이 두 번째 계통의 논거는 민주주의 문화에 맞서서 귀족적이고 천재적인 예외를 옹호하는 것이 아니라 민주주의 문화의 필수 요소로서 이 예외를 옹호한다.[7] 이는 위대한 문화는 오로지 뛰어난 문화적 성과만을 지향하는 사회 조직을 필요로 한다는— 다수의 우둔한 나머지는 이런 성과를 낼 능력이 있는 소수의 예외적 인

---

6 미국에서도 이 특수한 성격들은 일단 점차 사라졌다. 토크빌은 고상한 정신을 여전히 가능케 하는 (남성의) 고결함을 고찰하면서 다음과 같이 서술한다. "아메리카에서는 정치 무대에 수많은 사람들이 밀려든다. 하지만 나는 이들 가운데서, 옛날의 아메리카인들에게서 나타나는 특징이자 장소를 막론하고 위대한 인물에게서 나타나는 특징이기도 한, 의연한 기백과 남성다운 독자적 사유를 보여주는 사람들을 거의 보지 못했다."(Tocqueville 1984 [1835/1840]: 298)

간들을 위해 헌신해야 한다고 할 정도로—생각과 관계된 것이 아니다. 그보다는 오히려 실제로 자유의 잠재력을 끌어내거나 또는 민주주의가 생산적 의미에서 끊임없이 개인과 사회의 완전가능성을 실현케 하려면 이상적인 귀족적 탁월함을 얻으려는 노력까지도 민주화되어야 한다는 생각과 관계된다. 완전주의에 대한 이런 이해에서 결정적인 것은 특수성의 가치가 평등에 비해 실질적으로 다양하다고 여겨진다는 것이 아니라 예외적인 것이—원칙적으로 모두에게 열려 있다는 바로 그 이유 때문에 민주주의 과정을 위한 생산적인 끊임없는 자극을 의미하는—이탈 잠재력의 구현으로 이해된다는 것이다.

하지만 개인 수준에서의 민주주의적 완전가능성과 관련해서만 예외적인 것의 역할을 옹호할 수 있는 것은 아니다. 오히려 이 역할은—특히 밀이 논증했던 바와 같이—전통이 질서를 보장한다는 생각에서 벗어난 사회에서도 중요하다(Mill 1988 [1859]: 77-102 참조). 밀이 냉철히 인지한 바대로 의견의 다양성은, 민주주의 사회처럼 인간은 불완전하기 때문에 (즉 최종적 진리를 담지하고 있지 못하기 때문에) 인간의 사회질서도 신적 완전성의 상태에 이르지 않을 것이라는 통찰이 지배적인 곳에서 환영받는다(같은 책: 78 참조). 이런 의미에서 밀은 인격의 자유로운 발전뿐 아니라 남다른 천재의 비순응주의도 민주주의 사회에서의 후생을 위한 주요 조건들 중 하나로 보았다. 여기에서도 동일화 압력은 민

7 토크빌, 밀, 니체의 계통에서 이탈자와 훼방꾼의 생산적 역할에 관해서는 Thomä (2016)를 참고하라. 또한 제임스 코넌트(James Conant)는 니체를 본디 민주주의적이고 실제로 에머슨으로부터 영감을 얻었으며 "위대한 인간들"이 개개인의 삶에서 모범적 역할을 한다고 본 사상가로 재구성했다. [니체에게 위대한 인간이란] 거리를 두기 위해 주춧돌로 삼는 예외적 인간들(Ausnahmenmenschen)이나 위버멘쉬들(Übermenschen)이 아니라, 더 높은 곳에 이르라고 우리를 고무시킴으로써 우리를 자기 자신과의 관계에 놓는, 끊임없이 활기와 불안을 불러일으키는 자극을 선사하는 인간이다(Conant 2014 참조).

주주의 사회의 자유에 결정적 위험으로 보인다. 밀은 토크빌을 명확히 원용하면서 평균으로, 즉 대중의 "수렴된 범상함"으로 끌어당기는 어떤 힘이 특수한 것과 보편적인 것의 상호작용을 방해한다고—더 자세히 말해, 그로 인해 이 힘이 개인성과 개별 시민들의 자율성을 "말살"하고, 토크빌과 유사하게 밀이 말한 대로, 그런 일이 발생한 곳에서는 각각의 압제를 독재(Despotismus)로 평해야 한다고—보았다(같은 책: 88 참조).[8]

민주적 정신생활에 보내는 찬사

하지만—차이와 예외의 문화를 민주주의로 옹호하는 노선에서—문화 민주화 그 자체가, 즉 문화 민주화에서 평등 원칙의 효력이 발생하는 것이 문제되지 않는다면, 도대체 무엇이 문제인가? 토크빌은 직접 『아메리카의 민주주의』 2권에서 문화 민주화가 반드시 동질화와 범상화(Mediokrisierung)로 종결되는 것은 아니라는 몇 가지 단서를 제공한다. 이는 그가 거리를 두고 있지만 매료된 민주주의에서의 언어 사용에서 분명하게 나타난다(Tocqueville 1984 [1835/1840]: 550). 토크빌이 밝혀낸 바대로, 민주주의에서의 관용적 표현에는 자주 익숙하지 않은 새로운 의미가 주어져 있다—그리고 "단어의 의미를 확정할 수 있는 공동 중재

---

8 스티븐 빌라코비치(Bilakovics 2012)도 변형된 정동이론을 토대로 민주주의적 이유를 들며 귀족주의적 예외를 옹호한다. 민주주의 사회의 문제는 귀족주의자들의 퇴폐주의(Dekadenz)와 쾌락주의(Hedonismus)를 민주적으로 확산했다는 데 있지 않고 그것들을 보편적 "아둔함"과 차분함을 위해 포기했다는 데 있다. "욕망마저도 평범하고 쾌락 추구의 열정마저도 없는 민주주의적 인간은 그저 재미없이 물질적 행복을 추구하는 것에서만 즐거움을 찾는다. 민주주의적 인간은 너무 유하고 따분해서 제대로 도락에 빠질 수조차 없다—너무 점잖아서 진정 퇴폐적일 수 없다."(같은 책: 42 이하 참조) [민주주의 사회의 이런 문제가] 사유뿐 아니라 공상에까지 영향을 끼칠 수 있다는 점과 관련해서는 이 책에 실린 르포르의 글을 참고하라.

자나 상설 재판소가 없는 까닭에"(같은 책: 551) 그 의미는 가변적이다. 물론 귀족주의자로서 토크빌이 이를 항상 좋게만 여긴 것은 아니다. 즉 토크빌은 민주주의에서 주요 개념들의 재의미작용(Resignifikation) 경향을 언어의 신뢰를 떨어뜨리고 그 의미를 불확실케 하는 "커다란 위험"으로 본다. 비규정성으로부터 불확실성이 생겨난다는 것이다. 이는 특히 평등 개념과 같은 추상명사들에도 적용된다. 이미 토크빌마저 언어의 가변성을 만들어내는 민주화 움직임의 소용돌이에 휘말려 있다. 그가 인정하듯이, 그조차도 "종종 평등이라는 단어를 절대적인 의미로 사용해왔다. 더구나 [그는] 여러 곳에서 평등을 인격화해서 표현했다." 가령 그가 "평등은 이러저러한 것들을 해냈으며 다른 것들을 해내지 못했다"(같은 책: 553)고 서술하고 있을 때 그러하다.

이처럼 귀족 출신인 토크빌이 일단 개념의 불명료함과 의미의 불확실성 정도로 인지하고 그것 때문에 비판한 발전의 징후들이 이미 그에게서도 발견된다. 하지만 그는 이 발전이 그가 긍정적으로 평가한 완성에 이르려는 민주주의적 노력의 구성요소라고 판단하지 않을 수 없었다. 토크빌이 볼 때, 언어의 유동성은 계층특수적 언어들이 점차 분화되지 않도록 하는 민주화 움직임에—이런 맥락에서 그가 십분 인정하면서 서술한 바대로 "사유의 형태 속에 들어 있는 순전히 인습적인 것과 자의적인 것을 없애는"(같은 곳) 움직임에—기초해 있다. 토크빌이 "[아메리카] 민주주의는 영어를 어떻게 변화시켰는가"라는 장에서 이 현상에 대한 관찰로부터 민주주의적 소란 속에서는 특히 평등의 의미가 논쟁적이라는 결론을 끌어낸 것은 분명 아니다. 하지만 이 관찰은 민주주의가 정신에 미치는 환영할 만한 효과를 기술한 다른 구절들과 연결되어 있다. 그가 말한 대로 "신분제도가 사라지고 계급들이 합쳐짐에 따라, (…) 새로운 사실들이 나타나고 새로운 진리들이 부각됨에 따라, 옛 의견들이 사라지고 다른 의견들로 대체됨에 따라, 이상적인 동시에 항상 변화하는 어떤 완전성이라는 이미지가 사람들의 머릿속에 떠오르게 되었다."(같은 책: 518) 인간 정신에 아주 기초가 되는, 인간의 완성 능력에 관한 바로 이 생각이 귀족정에서는 제한되어 있다. 토크빌에 따르면, 귀족정 하에 사는 사람들은 "개선을 생각할 뿐 변화를 생각하지는 않는다. 이들은 앞으로 사회 상태가 나아지리라고 생각하지만 달라지리라고는 생각하지 않는다."(같은 책: 517) 반면 민주주의에서는 이런 생각의 제한이 없기 때문에 완성 능력이 "무한히"(같은 책: 518) 확장된다. 완성 능력에 제한이 없기 때문에 그것은 평온치 않은 정신생활(Geistesleben)을 함의한다. 토크빌은 민주주의의 정치적 열정을 다룬 『아메리카의 민주주의』 1권에서처럼 [2권에서도] 이 점을 인정하면서 평온치 않은 정신생활에 대해 생각한다. "정신의 작용에 관심을 가질 수 있는 사람들의 숫자가 점점 더 늘어날 뿐 아니라, 지적인 즐거움에 대한 취향은 귀족제 사회들에서라면 그렇게 시간도 능력도 갖지 못할 사람들에게까지 점차 확장될 것이다."(같은 책: 523)

민주주의 문화의 문제는 결코 경제, 문학, 예술에 대한 인간의 무관심에 있지 않다. 오히려 규정된 신분 차이와 특권을 포함했던 구 신분 질서의 부재가 우선 장점으로, 즉 정신생활이 무한히 확장될 수 있는 가능성의 조건으로 나타난다.

토크빌은 이렇게 문화를 위해 민주주의적 평등을 옹호하긴 하지만 이 정치적 생동성과 문화적 생동성에 반하는 어떤 기원을 찾아낸다. 때로는 귀족주의자로서, 또 때로는 민주주의자로서 토크빌이 가진 독창적인 것의 상실에 대한 두려움은 『아메리카의 민주주의』 2권에서 이후의 문화산업 테제에 특히 큰 영향을 미쳤을 그의 분석의 또 다른 층위와 결부되어 있다.[9] 평등이 수수께끼 같고 예측할 수 없게 직접 평등 자체에 좋지 않은 영향을 미치는 것은 아니다. 오히려 토크빌은 문화를 매개로 생동하는 평등에 위험을 가하는 외부 요인들을 죄다 서술한다. 시장 논리가 민주주의 대중문화의 분석 영역에서 퇴행을 비판하는 데 있어 주요 동학으로 거론된다는 것은 그리 놀랍지 않다. 여기서 귀족주의자의 관점과 민주주의자의 관점이 다시금 중첩된다.

구별짓기 이익과 사치라는 위선

토크빌에 따르면, 문화 생산이 시장의 이해관계와 엮인 것은 민주주의가 성취한 사회적 활동성 때문이다. 민주주의에는 선조들 때보다 더 많은 자산을 가진 수많은 사람들이 있긴 하지만, 이들의 자산 증대는 대개 그것에 반하는, 소비자 희망에 근간한 생산과 함께 나타난다(Tocqueville 1984 [1835/1840]: 534 참조). 사람들은 취득한 자산으로는 충당할 수도 없으면서 탐욕적으로 재화를 원한다. 바로 이런 상황에서 더 낮은 가격으로 소비자가 원하는 재화를 공급하여 그 탐욕을 충족시키는 생산이 이루어진다. 토크빌이 밝혀낸 바대로, 이는 "더 낮고 더 빠르며 더 능숙한 생산수단"을 고안하고 더 많은 상품을 더 낮은 가격으로 생산함

9 오페가 지적했듯이, 토크빌을 읽은 아도르노와 호르크하이머는 미국에 체류하면서 토크빌과 마찬가지로 "자유의 곤궁한 운명"을 연구하는 데 매진했고 이미 "놀라울 정도로 상당히 진척된 '문화산업' 이론"(Offe 2004: 7)을 발견했다. "미국"은 아도르노와 호르크하이머에게 근대적 자유 상실과 새로워진 노예로 가는 길뿐 아니라 이 길에서 벗어날 수 있는 가능성을 관찰하기 위한 "실험실의 조건"(Laborbedingungen)을 제공했다(또한 같은 책: 35 이하 참조). 아도르노와 호르크하이머가 토크빌을 어떻게 각색했느냐는 논쟁적인 문제에 관해서는 또한 Sommer (2005)를 참고하라.

으로써 이루어진다. 토크빌은 시계제조공을 예시로 들며 경제 논리가 신분 차이의 소멸과 역동적으로 얽혀져 있음을 설명한다.

부자들만 시계를 가졌을 때에는 모든 시계가 다 비싸고 좋았다. 지금은 좋은 시계가 별로 없지만, 누구나 시계를 하나씩 가지고 있다. 이렇게 민주사회는 인간 정신을 실용적인 기예로 향하게 할 뿐만 아니라, 장인들이 불완전한 제품을 대규모로 신속하게 만들도록 하며, 소비자가 이러한 제품에 만족하도록 한다.(같은 책: 535)

계속 인용하면,

민주사회라고 해서 필요한 경우 정말 놀라운 제품들을 만들어낼 기예가 없는 것은 아니다. 제품을 만드는 데 필요한 시간과 노고에 합당한 값을 지불할 구매자들이 존재한다면 충분히 가능한 일이다. 경쟁과 시험이 일상화되다시피 한 이 산업들의 격전장에서 작업 기술의 최고 경지까지 파고든 정말 훌륭한 기술자들이 양성된다. 하지만 이들은 자신의 실력을 발휘할 기회를 거의 얻지 못하며 자신의 능력을 조심스레 아낀다. 이들은 혼자서 감당할 수 있는 기술적으로 평범한 일에 만족하며, 달성하는 목표치를 넘어서까지 더 잘하려 들지 않는다.(같은 곳)

물론 이 예시에서 토크빌은 새로운 문화재 시장과 소비재 시장에 대한 귀족주의자의 멸시를 보이고 탁월함에 대한 귀족주의자의 기준을 고수하고 있다. 그럼에도 불구하고 이 예시는 신분 차이의 논리가 개인의 소비결정을 토대로 한 신분 투쟁을 통해 어떻게 소멸되어 가는지를 명료하게 보여준다. 동일하지 않은 지점에서 출발했지만 이제 다들 똑같이 이 신분 투쟁에 참여한다. "실력의 한계"가 아닌 노동시간, 원료비, 수요, 판매가 이제는 생산을 조직하는 척도가 된다. 그 결과 생산물은 불완전하더라도 더 조달 가능해지고, 개개인은 이전의 신분 질서와 달리 분에 넘치게 살 수 있으며, 모든 사람이 "사회의 사다리에서 끊임없이 올라가기도 하고 내려가기도"(같은 책: 534) 한다. 미세한 차이들이 존재하고 사람들이 타인의 구별짓기 이익을 선망하면서 모사함에 따라, 이전에는 불변의 위계질서에서 층층이 위치했던 모든 계급들이 갑자기 밀접하게 보이면서 잔존하고 있던 이들 간의 차이가 더 명확히 드러난다(같은 책: 523 참조).[10] 문화비관적 결론에 따르면, 민주주의에서는 결국 허상(Schein)의 체제가 문화적으로, 그리고 전통의 힘으로 보증된 완전함을 대신한다. 모든 사회가 사람들이 실제보다 더 많이 가지고 있고 다르게 보이려 한다는 문제를 인식했던 데 반해, 민주주의 사회에서, 즉 사회적 활동성의 조건 하에서 이 문제는 새로운 국면에 이른다.

민주 시대에 사는 장인들은 자신들이 만든 실용적인 제품들을 모든 시민이 사용할 수 있도록 하려고 애쓸 뿐 아니라, 그 제품이 갖추지 못한 탁월한 품질을 자신들이 만든 모든 제품에 부여하려고 애쓴다. 모든 계급이 서로 뒤섞이는 시대에는 누구나 현재의 자기 모습 이상으

---

10 이 역동성은 특히 사회과학에서 "토크빌의 역설"로 묘사된다—또는 가령 오페는 이와 관련하여 "평등은 여전히 더 많은 평등을 이루려는 열정을 불러일으키며, 가장 작은 차이마저 가장 큰 분노를 야기한다"(Offe 2004: 31)고 기술했다. 구별짓기의 개념과 구별 짓기 이익의 논리에 관해서는 피에르 부르디외(Bourdieu 1982 [1979])의 관련 연구를 참고하라. 이와 결부된 선망의 구별짓기 효과에 관해서는 이 책에 실린 요하네스 빌츠의 글을 참고하라.

로 보이기를 희망하며 또 그렇게 보이기 위해 온갖 노력을 다 기울인다. 물론 민주주의가 인간 심성의 아주 자연스러운 발현일 따름인 이러한 감정을 만들어내지는 않지만, 민주주의가 인간의 심성을 물질적인 것으로 향하게 하는 것은 사실이다. 덕망이라는 위선은 모든 시대에 존재하지만, 사치라는 위선은 민주 시대에 특히 잘 나타나는 것이다.(같은 책: 536)

토크빌이 이어서 서술했듯이, 민주화의 논리와 시장화의 논리는 좁은 의미에서의 예술이 만들어낸 산물을 예외로 취급하지 않는다. 전통적으로 아름다운 예술의 완전한 산물을 애호한 귀족주의자들은 가난해져 간다. 반면 사회적으로 올라서려는 민주주의자들에게는 이전에 없었던 예술에 대한 애착이 생겨나지만 이들은 아직 부유하지 않다. 문화 소비자는 늘었지만 "돈이 많고 섬세한 감각을 지닌 구매자"(같은 곳)는 드물어졌다. 그리하여 결국 문화 영역에서도 작품의 복제가 이루어지고 개별 작품들의 질이 저하될 것이라고 토크빌은 진단한다. 질의 저하와 함께 위대함과 유일무이함이 하찮고 복제 가능한 형태로 대체된다. "귀족시대에는 몇 가지 위대한 작품들이 만들어졌지만, 민주 국가에서는 그저 그런 수많은 작품들이 만들어진다. 귀족 시대에는 청동상이 세워졌지만, 민주 국가에서는 석고상을 주조한다."(같은 곳) 여기서 토크빌은 위대한 작품과 그저 그런 작품의 위계적 비교, 청동과 석고의 대조가 꽤 설득력 있는가에 대해 말하는 것이 아니다. 그가 말하고자 하는 바는 민주주의 문화가 한정된 수단으로 귀족주의 문화를 모사하는 곳에서는 전자가 후자에 어떤 독창적인 것도 더하지 못하고 그저 후자의 실체를 탈취할 뿐이라는 것이다. 이런 맥락에서 보면, 평균적이고 평범한

쪽으로의 동화로 인해 문화가 동질화된다고 비판하는 토크빌은 여전히 귀족주의적 문화 관념을 따르고 있다. [어떻게 보면] 귀족주의적 가치는 그 상이한 질과 탁월함에서 벗어나는 만큼만 민주주의에서 살아남는다. 그러므로 민주주의 문화는 무엇보다 귀족주의 문화의 저급한, 그야말로 싸구려 복제품이며, 그저 예외적인 것의 허상만을 담고 있을 것이다. 귀족주의 문화를 기준으로 보는 토크빌에게 싸구려 잡화점의 다이아몬드, 위대한 작품의 하찮은 판본, 싸구려 석고상을 지닌 민주주의는 분명 저급하다.

토크빌에게서 발견되는 민주주의 예술생산의 독창성—가령 아름다운 것과 숭고한 것에 대한 귀족주의적 지향을 이전에는 미적인 것의 영역에서 배제된 평범한 것(das Gewöhnliche)에 대한 관심으로 대체하고, 이를 통해 아주 새롭고 민주주의적인 예술양식, 즉 리얼리즘의 예술양식의 토대를 다져낸[11]—에 대한 무시를 간과할 수 없긴 하다. 하지만 새로운 민주주의 예술의 독창성에 대한 그의 귀족주의적 몽매함에도 불구하고, 아니 아마도 심지어 그 몽매함으로 인해 토크빌은 모든 것을 덮친 문화 영역의 경제화에 대한 어떤 특별한 감각을 발전시켰을 것이다. 이는 구별짓기라는 새로운 동학이 천편일률적인 차이 표출을 야기

---

11 리얼리즘 소설을 바라보는 자크 랑시에르(Rancière 2010: 143 이하)의 시선에서 나타나듯, 리얼리즘 소설은 형식뿐 아니라 내용의 층위에서도 문학의 민주주의 혁명으로 해석된다. 문학적 리얼리즘은 평범한 사람들의 구체적인 삶에 관심을 기울이기 때문에, 소수의 사람들만이 줄거리 속에 산다고 정해져 있는 귀족주의적 줄거리 질서에서는 볼 수 없었던 세부묘사(Details)가 문학적 리얼리즘의 확산과 함께 문학에 넘쳐날 수밖에 없었다. 문학의 민주주의 혁명이 이해에 도움이 되지 않는 쓸데없는 세부묘사로 평범한 사람들의 삶을 설명할 가치가 있는 상태로 끌어올린다는 점에만 있는 것은 아니다. 이 혁명은 이런 세부묘사와 함께 줄거리와 무의미한 과도한 묘사 간의 대립이 없어진다는 점에도 존재한다. 초반 줄거리에 얼마간 온갖 과도한 세부묘사가 있을 수 있지만, 중요치 않은 일상의 루틴이 "심오한 열정"(같은 책: 145)으로 변할 수 있다.

함으로써 결국 민주주의 정신에 생기를 불어넣는 것이 아니라 오히려 그것에 제한을 가한다는 그의 관찰과 관련해서만 유효한 것이 아니다. 그것은 이처럼 경제적 명령에 예속된 생활방식에서 예술이 행하는 기능과 관련해서도 유효하다.

시간경제, 문화 소비, 대량생산, 규범화

토크빌은 귀족들의 독서 방식 변화를 배경으로 예술의 기능 변화를 인상적으로 서술한다. 문학적 재능이 있는 자들에게, 즉 예술에 무한정 열중할 수 있는 특권이 민주주의 조건 하에서 없어진 지난 시대의 귀족들에게 독서 시간이 현저히 적어졌다. 이전에 이들에게는 생활방식의 특권과 마찬가지로 폭넓은 독서를 할 수 있는 특권도 주어져 있었다. 하지만 이제는 독서 습관이 문화적으로 쇠퇴했고 빠듯하게 책정된 시간이 새로운 기준으로 정립되었다. 독서는 이제 빠르게 즐기는 데 맞춰져 있다. 독서가 새로운 소비 대중의 오락상품으로 이용되어야 하기 때문만은 아니다. 그것은 무엇보다 [이전부터 책을 읽어온] 오랜 독자들이 끊임없이 쏟아지는 새로운 읽을거리의 유혹에 사로잡혀 있기 때문이기도 하다. 토크빌에 따르면, 여전히 "문학을 아는" 이들조차도 "은밀히 정신의 즐거움을 누리기 위해서는 (…) 기회가 있을 때만 시간을 낼" 수 있다(Tocqueville 1984 [1835/1840]: 544). 문학을 읽는 오랜 즐거움이 사라지고 문학이 "힘겨운 인생살이에서 필요한 일시적인 오락거리"(같은 곳)로 여겨진다는 점에서 민주화와 시장 논리는 완전히 결합되어 있다.

이들이 문학에 바칠 수 있는 시간은 아주 짧기 때문에, 이들은 그 시간을 완전히 활용하길 원한다. 이들은 쉽게 구입하고 빨리 읽고 학문적 연구 없이 쉽게 이해할 수 있는 책을 좋아한다. 이들은 저절로 드러나고 당장 즐길 편안한 심미적 내용을 요구하며, 특히 돌발적인 것, 낯선 것 따위를 선호한다. 일상생활에서의 알력과 무료에 길들여진 까닭에, 이들은 무언가 강하고 재빠른 감정, 촌철살인의 구절 그리고 진실이든 거짓이든 긴장감을 더해주고 독자를 마치 강압에 의해 이끌리듯이 주제로 몰입시키는 탁월한 내용들을 필요로 한다.(같은 곳)

이는 다수가 문학의 시장화에 가담하기 때문만은 아니다. 모든 이에게 똑같이 일어난 독서 시간의 경제화 때문이기도 하다. 천재가 민주화될 수 있다는 것이 시장화 논리의 한계라는 점이 독서를 시간집약적이고 도전적인 일에서 빠른 소비로 만드는 이 동학 속에 이미 드러나 있다. 게다가 시장화 논리는 문화 생산자들을 어떤 심급, 즉 그 권위로 말미암아 문화 생산자들의 생산이 다소 잠재적으로 미리 규정되어버리는 어떤 심급에 묶어둔다. 토크빌은 문학과 관련해서 이 연관성을 한 번 더 설명한다. 그에 따르면, 민주사회에서는 전통적으로 어떤 것도 주어져 있지 않고 전통의 규정에 따른 구속도 존재하지 않기 때문에—그 안에서 작가까지 배출되고 그들의 손에 작가가 내맡겨지는—"이질적이고 들떠 있는 다중"의 인정을 받는다는 것 말고는 각각의 문학적 생산을 정당화하는 다른 토대가 없다(같은 책: 543). 하지만 바로 이것이 토크빌이 이미 『아메리카의 민주주의』 1권에서 "다수의 압제"라고 부른 것의 주요 증상들 중 하나다. 해당 부분에서 그는 "아무리 대단한 명성을 지닌 작가라도 동료 시민들에게 칭찬을 늘어놓아야 할 의무를 피할 수 없다"고 말하고는 "사유의 자유 없이는 문필의 천재가 있을 수 없는데, 아메리카에서는 사유의 자유가 없다"(같은 책: 296)고 결론지었다. 민주주의 문화가 귀족 사회의 질적 기준과 결정적으로 괴리되어 있는 곳에서 작가는 이 문화에 종속되어 있는 것처럼 보인다. 민주주의 문화에는 기준 자체가 없다. 어떤 세대에서 왜 저 문학적 규정이 아니라 이 문학적 규정이 인정을 받는가라는 물음은, 규범성의 문제 또는 문학에서 질적 기준을 둘러싼 근거 있는 논쟁의 문제가 아니라 그저 변덕스럽고 정당성 없는 분위기 변화의 징후일 뿐이다.

토크빌이 문학 비평과 예술 비평에 관한 민주주의 담론에 분명 거의 주목하지 않았음에도 불구하고, 민주주의 문화 생산에서 소비와 판매의 실제 의미를 배경으로 한 그의 논거가 중요성을 띤다는 점을 부인할 수는 없다. 토크빌에 따르면 "민주주의는 생업에 종사하는 이들에게 문학에 대한 취향을 불어넣어줄 뿐 아니라 문학에 생업의 의미를 주입하기도 한다."(같은 책: 546) 작가는 대중지향적 판매시장에 예속되고 경제적 성공에 의해 추동되며 일군의 독자들의 요구를 충족시키는 "재치를 파는 장사꾼"(같은 곳)이 되었다. 실제로 대중여론에 자극을 주는 이들은 동시에 스스로 대중여론에 종속적이어서 대중과 구별되는 지위를 유지할 수 있으려면 적어도 부분적으로는 대중을 향할 수밖에 없다. 이러한 사정으로부터 토크빌을 따라 아도르노와 호르크하이머가 강조한 위험, 즉 대중에 적합해야 한다는 생각을 따르지 않는 모든 것은 주변화되는 위험이 발생한다―모든 것은 어떤 차이를 차이의 경제 논리로 만들었던 것들이다. 토크빌은 아메리카의 조숙한 민주주의 대중문화를 보며 한편에 주로 시장의 이해관계에 맞춰진 문화 생산을, 다른 한편에 규범성 문제를 지향하지 않으므로 결국 비정치적인 소비사회를 놓고 이들 간의 연관성을 분석한 바 있는데, 이 연관성은 의심의 여지없이

현재성을 거의 잃지 않았다.[12]

이 연관성은 상당히 중요하다. 평등의 민주주의적 가치가 동질성과 순응주의, 평준과 평범으로 일그러지는 위험에 대한 토크빌의 진단은 단순히 시장 논리로 환원되지 않는다. 오히려 사람들은 아도르노와 호르크하이머가 인용한 바로 그 구절을 다수를 지향하는 민주주의가 지닌 규범화 효과(normalisierende Effekte)를 중심으로 이해할 수도 있을 것이다. 또한 이 문제에 주목했다는 것은 실제로 다수의 압제라는 토크빌의 핵심 표현이 가지고 있는 본래의 성과일 것이다. 보다 정확히 말해, 다수의 압제라는 표현을 통해 (의심의 여지없이 이 표현과 결부된) 정치 문화의 시장화뿐 아니라—결국 여론 형성에까지 영향을 미치는—"정상적인 것"(Normales) 자체의 규범적 힘도 시야에 들어오게 된다.[13] 규범화의 힘이 시장에 의해 조정된 의견형성 과정에서만 기원하는 것은 아니다. 그 힘은 또한 이 과정에서 지향해야 할 본보기를 서서히 익히는 와중에도 생겨난다. 낡은 권위, 낡은 위계질서, 낡은 가치 척도가 효력을

12 토크빌의 문화산업 비판은 실제로 아도르노와 호르크하이머를 넘어 포스트민주주의를 둘러싼 최신 논쟁으로까지 확장될 수 있다. 이미 셸던 윌린(Sheldon Wolin)이 토크빌과의 연관 속에서 새로운 "연성" 독재의 변종으로 포스트민주주의의 위기를 진단했다(Wolin 2003: 561 이하 참조). 또한 특히 올리버 이달고(Hidalgo 2016)가 민주주의와 시장 논리의 결합 속에서 생겨난 포스트민주주의적 함의를 잘 지적했다. 반면 빌라코비치(Bilakovics 2012)는 토크빌과의 연관 속에서 특히 포스트민주주의에서의 탈정치화의 계기(moment)를 강조한다(또한 Urbinati 2015 참조).

13 토크빌이 19세기 아돌프 케틀레(Adolphe Quetelet) 등이 발전시킨 사회통계 이론들을 어느 정도 정확히 인식하고 있었는지는 확실하지 않다. 정규분포, 통계적 평균, 또는 "평균 인간"이라는 사회통계적 생각들이 근대 사회의 정상 상태를 취합하는 데 있어 어떤 관심을 가졌었고, 이 생각들이 토크빌 고유의 고찰과 어느 정도로 조응하는지에 관해서는 Gamper (2007: 324-334)를 참고하라. 더 보편적인 관점에서의 정상 상태(Normalismus)라는 개념에 관해서는 Link (2013 [1996])의 연구를 참고하라. 여론을 정치의 기초로서 설문조사와 통계 수집의 결과들과 동일시하는 것에 대한 비판에 관해서는 Rancière (2002 [1995]: 112)를 참고하라.

상실하고 인간의 자유를 발전시킬 새로운 잠재력이 열리는 바로 그곳에서 다양한 기원들로부터 규범의 방향이 새로이 설정된다는 토크빌의 발견은 여전히 결정적이다. 이 잠재력을 수호하고자 한다면 이 기원들을 알아야 한다.

번역_김주호

참고문헌

Bilakovics, Steven 2012: Democracy Without Politics. Cambridge: Harvard University Press.

Bluhm, Harald und Skadi S. Krause 2016: Tocquevilles erfahrungswissenschaftliche Analyse der Demokratie. Konzept und Reichweite seiner »neuen Wissenschaft der Politik«, in: dies. (Hg.): Alexis de Tocqueville. Analytiker der Demokratie. Paderborn: Fink, 53–81.

Bourdieu, Pierre 1982 [1979]: Die feinen Unterschiede. Kritik der gesellschaftlichen Urteilskraft. Übers. von Bernd Schwibs und Achim Russer. Frankfurt a. M.: Suhrkamp.

Conant, James 2014: Friedrich Nietzsche. Perfektionismus & Perspektivismus. Konstanz: Konstanz University Press.

Elster, Jon 1993: Political Psychology. Cambridge: Cambridge University Press.

Gamper, Michael 2007: Masse lesen, Masse schreiben. Eine Diskurs- und Imaginationsgeschichte der Menschenmenge 1765–1930. Paderborn und München: Fink.

Gauchet, Marcel 1990 [1980]: Tocqueville, Amerika und wir. Über die Entstehung der demokratischen Gesellschaften, in: Ulrich Rödel (Hg.): Autonome Gesellschaft und libertäre Demokratie. Frankfurt a. M.: Suhrkamp.

Hidalgo, Oliver 2016: Tocqueville im Spiegel aktueller (Post-)Demokratietheorien – Ambivalenz, Agonalität, Antinomien, in: Harald Bluhm und Skadi S. Krause (Hg.): Alexis de Tocqueville. Analytiker der Demokratie. Paderborn: Fink, 323–341.

Horkheimer, Max und Theodor W. Adorno 1969 [1944]: Dialektik der Aufklärung. Philosophische Fragmente. Frankfurt a. M.: Fischer.

Horwitz, Morton J. 1966: Tocqueville and the Tyranny of the Majority, in: The Review of Politics 28. 3, 293–307.

Lefort, Claude 1988 [1986]: Reversibility. Political Freedom and the Freedom of the Individual, in: ders.: Democracy and Political Theory. Cambridge: Polity Press, 165–182.

Lefort, Claude 2000 [1992]: Writing. The Political Test. Durham: Duke University Press. —— Link, Jürgen 2013 [1996]: Versuch über den Normalismus. Wie Normalität produziert wird. Göttingen: Vandenhoeck & Ruprecht.

Luhmann, Niklas 2000: Die Politik der Gesellschaft. Frankfurt a. M.: Suhrkamp.

Mill, John Stuart 1988 [1859]: Über die Freiheit. Übers. von Bruno Lemke. Stuttgart: Reclam.

Offe, Claus 2004: Selbstbetrachtungen aus der Ferne. Tocqueville, Weber und Adorno in den Vereinigten Staaten. Frankfurt a. M.: Suhrkamp.

Rancière, Jacques 2002 [1995]: Das Unvernehmen. Übers. von Richard Steurer. Frankfurt a. M.: Suhrkamp.

Rancière, Jacques 2010: Der Wirklichkeitseffekt und die Politik der Fiktion, in: Dirck Linck, Michael Lüthy, Brigitte Obermayr und Martin Vöhler (Hg.): Realismus in den Künsten der Gegenwart. Übers. von Mario Horta. Zürich: diaphanes, 141–157.

Sommer, Dominik 2005: Marktvermittelte Massenkunst. Der Anfang von Horkheimers und Adornos Kulturindustriethese in Tocquevilles Kunstdiagnose demokratischer Gesellschaften, in: Berliner Journal für Soziologie 15. 1, 25–36.

Thomä, Dieter 2016: Puer robustus. Eine Philosophie des Störenfrieds. Berlin: Suhrkamp.

Tocqueville, Alexis de 1984 [1835/1840]: Über die Demokratie in Amerika. Beide Teile in einem Band. Übers. von Hans Zbinden. München: dtv.

Tocqueville, Alexis de 2013 [1861]: Fünfzehn Tage in der Wildnis. Übers. von Heinz Jatho. Berlin und Zürich: diaphanes.

Urbinati, Nadia 2014: Democracy Disfigured. Opinion, Truth, and the People. Cambridge: Harvard University Press.

Urbinati, Nadia 2015: The Tyranny of the Moderns. New Haven und London: Yale University Press.

Wolin, Sheldon S. 2003: Tocqueville Between Two Worlds. The Making of a Political and Theoretical Life. Princeton: Princeton University Press.

민주주의적 개인주의[1]

나 디 아   어 비 네 이 티

알렉시 드 토크빌 덕분에 "개인주의"는 초기부터 정치적 범주로 정의
되었다. 토크빌은 개인주의라는 표현을 비판을 위해서가 아니라, 민주
주의 사회의 내적 변동을 이해하기 위한 분석 도구로 사용하면서 그것
이 갖는 규범적 의미를 확대하였다. 앞으로 보게 되겠지만, 이 신조어는
주목할 만한 것이었다. 왜냐하면 "개인주의"라는 개념은 그것이 등장할
때부터 개인과 사회의 부정적 상태를 하소연하는 데 사용되었기 때문
이다. 즉 이기주의, 무정부주의, 사회적 몰락의 상태 말이다. 이런 형태
의 개인주의 개념은 나폴레옹 이후 유럽에서 보수주의자, 공화주의자,
자유주의자 모두에게 동일하게 나타났으며, 19세기 말부터는 어떻게
사회가 개인들을 통해 유지될 수 있으며, 어떻게 개인들로부터 사회적

---

1 이 글은 어비네이티의 저작 *The Tyranny of the Modern* (2015) 중에서 4장과 7장을 편집한
것이다.

귀속성이 등장할 수 있는지를 설명하려고 했던 사회학적 탐구의 대상이 되었다. 에밀 뒤르켐이 토크빌의 분석으로부터 발전시킨 생각에 따르면, 실제로 "개인주의는 (…) 무정부주의가 아닐 뿐 아니라, 더 나아가 한 국가의 도덕적 통일성을 확립시킬 수 있는 유일한 신념 체계를 의미한다."(Durkheim 1986 [1898]: 62)

몽테스키외 전통 속에서 뱅자맹 콩스탕(Benjamin Constant)은 개인적 자유의 근대성에 대한 글을 씀으로써 인간 존재의 사적 차원에 대한 염려가 정치보다 우위에 있기 때문에 이러한 염려는 단순히 정치적 차원에 대한 염려와 구별되는 것이 아니라, 오히려 이에 대한 대안이라는 입장을 수립하는 데 도움을 주었다. 콩스탕이 1819년 연설에서 개인주의라는 단어를 사용하지는 않았지만, 과거와 현재의 차이에 대한 그의 묘사는 결정적으로 개인주의라는 개념에 의존한 것이었다(Constant 1972 [1819] 참조). 그에 따르면, 과거에는 공공의 행복을 인식하고 이를 추구했지만, 현재에는 거의 배타적으로 사적 행복에 (즉 "사적 독립성을 향유"하는 데) 몰두하고 있다는 것이다(같은 책: 393). 콩스탕의 정치적 저작에서는 개인적 독립성을 보호하는 것으로 사회적 권력을 제한하는 것이 권력분립을 통해 정부를 제한하는 것보다 더 중요했다. 콩스탕 이후 1830년대 프랑스 자유주의 사상가들 특히 프랑수아 기조(François Guizot)가 직면했던 문제는, 다수가 "항존하는 억압자"가 될 수 있는 "민주주의의 발흥" 시기에 평등 사회의 등장과 관련된 사회적 권력을 억제하는 일이었다(Zakaras 2009: 16).[2] 토크빌은 그가 미국 사회에서 발견했다고 생각했던 것들을 기술하면서 콩스탕과 기조의 통찰을 완성했다.

---

2 교리학파[자유주의 왕당파인 입헌파―옮긴이]에서부터 1830년 7월 혁명에 이르기까지 프랑스의 정치적 전통에 대해서는 Craiutu (2012: 220, 238) 참조.

즉 토크빌에 따르면, 개개인의 고유한 삶에 대한 가치부여와 자기규정은 개인주의를 단지 도덕적 개념이 아니라 정치적 개념으로 만들었다는 것이다.

토크빌의 『미국의 민주주의』에서 개인주의라는 개념은 결코 정태적 범주가 아니다. 앞으로 보게 되겠지만 그는 개인주의 개념을 하나의 신조로 이해하고 있었다. 이에 따르면 "정신적 독립성"의 출발점은 개개인 자신에 있고, 이는 시민적이고 정치적인 권리를 통한 보호를 필요로 하며, 개인의 경험만이 아니라 사회를 유지하는 데도 견인차 역할을 하는 경향이 있다(Tocqueville 1984 [1835/1840]: 491). 그러나 개인주의는 공고해지자마자, 이내 시민들의 정치적 에토스를 고갈시켜버리고 이기주의를 만연시키게 하였다. 물론 개인주의 현상들이 처음에는 이기주의로 혼동되지는 않았지만, 개인주의는 결국 이기주의를 촉진시키고 만다. 토크빌에게 개인주의가 배척적인 의미로 사용되지 않았고 이기주의적 "심장의 오류"와 동일시되지는 않았지만, 그럼에도 개인주의는 일종의 결함, 즉 민주주의 사회가 "잘못된 판단"을 통해 자연발생적으로 야기한 결함이었다. 그리고 개인주의는 이에 대한 대항력이 부재하기 때문에 시민들의 행위 의지를 무르게 만들고 만다는 것이다(같은 책: 585). 민주주의적 개인의 가치 있는 특징인 고독은 고립이 되고, "영혼의 평준화"는 무관심이 된다. 이런 모든 것들은 민주주의 사회에서 나타나는 개인주의의 극단적이고 대립적인 현상들이었다. 종합해본다면 "사적 독립성의 향유"에 대한 콩스탕의 감정은 과거의 민주주의를 파괴했던 혼돈과 무정부 상태라는 상황 앞에서 근대 민주주의를 손상시키지 않을 수 있었던 것 같다. 물론 이런 독립성은 정치적 열정의 고갈과 맞물려 있으며, "정신적 독립성"보다는 순응을 강화시켰다.

이기주의와 개인주의

토크빌은 "개인주의" 개념이 흥미로운 역사를 갖고 있음을 그의 책 2권 2부 2장 서두에서 몇 가지 직관적 어구로 묘사하고 있다.

> 개인주의는 새로운 표현으로서 새로운 표상으로부터 생겨났다. 우리 조상들은 단지 이기심만을 알고 있었다. 이기심은 자기 자신에 대한 격정적이고 지나친 사랑으로서 모든 것을 자기 자신과 연관시키고 특히 자신에게만 이익을 주려는 경향이다. 개인주의는 사려 있고 평화적인 감정으로서 모든 시민들이 대중들과 거리를 두며, 자신의 가족과 친구들과 함께 자신을 고립시키게 한다. 개인주의는 자신의 필요를 위해 작은 사회를 만들고 나면, 기꺼이 큰 사회는 내버려둔다.(같은 책: 584)

개인주의는 근대적인 것이었다. 이 단어를 창조해낸 동시대인들은 개인주의를 체험해보지도 않았지만, 이에 대한 두려움을 갖고 있었다. 왜냐하면 당시까지만 해도 아직 프랑스 사회는 개인주의를 자연스럽게 언급하고 있지는 않았기 때문이다. 이런 식의 왜곡을 강화시킨 것은 토크빌의 『미국의 민주주의』를 최초로 번역한 헨리 리브(Henry Reeve)였다. 그는 독자들에게 영어에는 해당되는 말이 없었던 개인주의라는 단어를 번역하기 위해 프랑스식 어법을 사용해야만 했던 점을 사과했다. "나는 정확히 이 표현에 해당하는 영어 단어를 알지 못한다."(Tocqueville 1840: 202) 『옥스퍼드 영어 사전』은 이 개념의 근대성만이 아니라, 특히 이 개념의 비영어적 기원을 뒷받침하기 위해 오늘날까지도 리브의 이러한 언급을 사용한다.

개인주의라는 단어의 함축적 의미는 본래 평가절하적인 것이었다. 왜냐하면 이 단어의 프랑스 고안자들이 이를 통해 묘사했던 것은, 그들이 두려워했고 거부했던 사회, 즉 개인의 안녕을 사회의 안녕 위에 놓거나 이보다 우선시하고, 팡타그뤼엘 식으로 유복함과 물질적 행복을 요구하는 독단적 고백을 조장하는 사회였기 때문이다(Leroux 1850 [1832] 참조).[3] 나중에 나는 절제되지 않은 "자기 자신에 대한 사랑"("이기심", 혹은 이기주의)과 "사려 있고 평화적인 감정"(개인주의)을 구별하는 데로 돌아갈 것이다. 즉 최대한 자기 자신을 위한 격렬한 요구와 사적 생활에서 평안함을 찾기 위해 사회로부터 조용히 물러서는 것을 구별하는 것 말이다. 우선 토크빌이 보여주었던 다른 측면, 즉 "개인주의"라는 복잡한 이념이 갖는 의미만이 아니라, 사회의 완전한 혁신인 민주주의(토크빌 시대의 미국 민주주의)가 갖는 의미가 만들어낼 역설에 대해 생각해보자. 프랑스인들은 자신의 나라에서 신뢰받지 못했고, 오히려 이기주의와 동일시되었던 상태를 규정하기 위해 개인주의라는 개념을 만들어냈다. 이에 비해 미국인들은 자신들의 사회 상태를 명명할 때 우선 평가절하적으로 도입되었던 프랑스식 어법에 의존할 수밖에 없었다는 것이 옳다면, 이들은 이를 전혀 의식하지 못한 채 실천적 의미에서의 개인주의자였던 것으로 보인다. 토크빌에 따르면 이런 역설은 8월 혁명

---

3 여기서 피에르 르루(Pierre Leroux)는 사회적 관심과 공동생활을 해치는 개인주의를 확산시킬지도 모르는 자유주의자(콩스탕과 기조 전통에서는 교리학파)를 공격한다. 그는 사회주의와 개인주의(자유주의와 같은 의미)를 대립시켰고, 이 때문에 막심 르루아(Maxime Leroy)는 그를 "사회주의"(1830년 7월 혁명 이후 프랑스어 어휘가 됨. Leroy 1948: 16) 개념의 아버지라 지칭했다. 르루의 저작에 근거하여 하이에크의 추종자들은 "사회주의"를 개인주의의 숙적으로 규정한다. Moulin (1955: 181) 참조.

시기의 비민주주의적 프랑스인과 민주주의적 미국인 사이에 근대 사회에 대한 태도 차이를 분명하게 했다. "미국은 따라서 데카르트의 이론을 가장 잘 모르면서도 이를 가장 잘 따르는 전 세계 국가들 중 하나이다."(Tocqueville 1984 [1835/1840]: 487) 달리 말한다면 개인적 의식에 도덕적이고 사상적인 우선성을 주는 것은 미국에서 정신적 습관이자 생활관습으로서, 이는 결코 철학적 원리로부터 끌어낸 것이 아니었다. 미국에서 개인주의는 평등과 마찬가지로 급진적이고 극단적인 의미를 갖지 않는다. 물론 철학자가 먼저 개인주의를 이론화하고 정치지도자가 이를 수용한 다음 자코뱅당처럼 이를 사회에 강요하려고 했다면 아마도 이런 의미가 개인주의에 내재되었을지도 모른다. 토크빌은 미국 여행 동안 도처에서 실용적 이성이 사회변동, 즉 그 자체로 가장 급진적인 변동을 위한 최선의 동맹임을 확인할 수 있었다. 왜냐하면 실용적 이성은 이념과 신념이 정립되고 풍습과 관례가 되기 위한 태도 변화 과정에 기여하기 때문이다. 이런 점은 개인주의가 갖는 통합력에 대한 토크빌의 이론을 이해하기 위한 토대가 된다.

토크빌은 개인주의의 근대성만이 아니라, 그것이 갖는 민주주의적 형태의 새로움을 주장했다. 그리고 그는 개인주의가 일으키는 격정적 거부감, 특히 낯선 사람들로 가득 찬 공간 같고 타인의 삶에 무관심하고 자신의 이익을 충족하는 데만 몰두하는 사회를 아무런 결속력도 없이 평등한 것으로 만들어낼 때 점증하게 되는 무정부적 무질서에 대한 공포를 드러냈다. 말하자면 이주자들을 위해 만들어진 것 같은 사회 말이다. 그러나 여행을 통해 토크빌은 미국인들이 개인주의적 상태를 긍정적으로 체험하고 있음을 관찰하였으며, 미국 사회가 결속력 상실을 면하게 하는 습속들을 통해 이러한 점을 설명하고 있다. 이는 역설적이게도 개인주의의 두 가지 토대를 형성했던 바로 그 습속들로서, 하나는 사회적 조건과 존중의 평등이고 또 다른 하나는 지역 정부에서 나타난 권리 정치이다. 그에 따르면 미국 사회는 개인주의에서 출발했고, 개인주의로 소급되는 두 가지 힘들이 낳은 예기치 않은 결과인 것처럼 보인다. 즉 개인적 이익 추구를 위한 단호함 속에서 표현되는 자긍심과 자존감, 이와 마찬가지로 공동체에 대한 강한 책임감, 다시 말해 정치적 권리와 물질적 복지가 키워냈고, 토크빌과 같은 외국인들은 불쾌해 할 수도 있지만, 시민들이 열렬히 품게 되었던 애국심이 그것이다(같은 책: 270 이하 참조). 이처럼 자기주장과 지역 생활이 갖는 결속력과의 혼합, 계급적대가 없는 무계급사회와 개인적 자율성의 결합은 토크빌에게 지속적으로 감명을 주었으며, 개인주의가 갖는 예전의 의미로는 미국 사회와 근대 민주주의를 이해할 수 없다는 믿음을 갖게 했다. 탈중심화에 대한 열정과 "지역적 관습"에 대한 충성(콩스탕이 명명했던 "유일한 진짜 애국심")은 미국 연방주의가 토대를 두고 있고, 또한 장려한 것으로서 (Constant 1972 [1814]: 283) 토크빌에게는 개인주의를 "좋은 의미의 개인적 이익 추구", 즉 더 이상 이기주의가 아니라 "개별적 이익"과 "보편적 이익" 사이의 조정으로 이해하게 하는 결정적 요소였다(Tocqueville 1984 [1835/1840]: 610). 그리고 이는 장 자크 루소와 자코뱅주의자들이 해결 불가능하다고 여긴 공화주의의 이원론을 해결한 것이었다(Jaume 2008: 41 이하 참조). 서구에서 개인주의는 반사회적이고 파괴적인 힘이거나, 그렇지 않으면 우리가 "시민적 (⋯) 민주주의"라고 부를 수 있는 것을 장려하는 통합적인 요소일 수 있었다(Rosanvallon 2013 [2008]: 269).

다음과 같은 두 가지 인용문은 특히 개인적 이익 추구와 좋게 이해된 개인적 이익 추구, 즉 이기주의와 개인주의가 의미론적으로 구분될 수 있음을 보여준다. 1843년 프랑스인이자 "전투적인 가톨릭 선전가"였던 루이 뵈요(Louis Veuillot)는 다음과 같은 간결한 문구로 개인주의에 대항하였다.

프랑스를 괴롭히는 재앙이 미지의 것은 아니다. 이 모든 것은 하나로 모이고 있으며, 이들에게는 "개인주의"라는 동일한 이름이 붙여진다. 개인주의가 지배하는 나라가 더 이상 정상적인 사회 상황이 아니라는 점을 이해하기는 어렵지 않다. 왜냐하면 사회란 정신과 이익의 통일이며, 개인주의는 무한한 분할이기 때문이다. 모두가 한 명을 위해, 한 명이 모두를 위해 존재하는 것이 사회이다. 그러나 각자가 자신을 위해, 따라서 각자가 모두에 맞서는 것이 개인주의이다.

이로부터 2년 전인 1841년 『미국의 민주주의』에 대한 익명의 서평자는 초월주의 잡지인 『보스턴 쿼터리 리뷰』(*The Boston Quarterly Review*)에서 완전히 다른 모습을 묘사하고 있었다. 즉 개인주의는 여기서 적극적인 삶의 태도였다. 개인주의는 개인들에게 장애가 되지 않는 한 "결국 인간 종과 동일한 것일 수밖에 없고, 근원적이고 영원한 질서의 영광된 현상들 모두를 만들어내는 불변적 법칙"의 지배 하에서 개인의 자신감을 자극한다. 다시 말해 "인간 자신 속에 존재하고 인간에게 생기를 주며 또한 인간을 지탱하는 유일한 질서" 말이다.[4]

프랑스 가톨릭 신자인 뵈요에게 개인주의는 바보 같은 것이거나 유아론과 동일시되었다. 즉 개인주의는 사회적 갈등, 의무감의 공동화(空

---

4 이 인용문은 룩스(Lukes)의 글에서 따온 것이다. Lukes 2006: 24, 38. 토크빌 시대의 프랑스 정치문화에 대한 역사적 개관은 Schleifer (1980) 참조.

洞化), 이기주의, 타인의 운명과 공공 안녕에 대한 무관심 같은 것이었다. 특히 개인주의는 위계적 질서의 해체였다. 왜냐하면 개인주의는 개인적 판단에 결정의 정당성을 내맡기고 있으며, 따라서 결정의 정당성은 개인 밖에 있는 보다 높은 권위들, 선과 정의에 대한 지식을 보존하는 것, 따라서 교회나 국가, 혹은 선조들의 전통 대신에 쾌락, 합목적성, 또는 단순한 개인적 견해와 같은 요소들에 압도되기 때문이다. 개인주의는 종교적 신앙만이 아니라 민족적 감정도 부식시키는 산성 용액과 같은 것이었다. 왜냐하면 개인주의는 개인적 양심에 우선성을 주었고, 따라서 순종으로부터 절대적 권위를 빼앗아가기 때문이다.

그러나 반대로 미국 청교도 신자인 서평자에게 개인주의는 도덕적 자율성의 표현이었고, 자유롭고 책임감 있는 노력을 의미했다. 개인주의의 과제는 무정부상태와 원자론을 촉진시키는 것이 아니라, 한 나라의 동료들이나 시민들 사이만이 아닌 모든 인류와 전체 피조물들 사이의 진정한 통일을 촉진시키기 위한 것으로 평가되었다. 특히 개인주의는 신앙심의 정직함을 확정해주는 것으로서 이는 생트뵈브와 루아예콜라르처럼 기독교를 양심의 자유와 시험정신에 토대를 둔 "유용한 사회적 실천"으로 간주했던 얀센주의자 토크빌에게 깊은 영향을 주었다. 앞으로 살펴보겠지만, 양심의 자유와 시험정신은 개인주의를 절제하게 만든 결정적인 힘이다(Jardin 1984: 44 이하; Bagge 1952: 130 이하). 존 로크처럼 토크빌 역시 신앙은 종교의 자유가 있는 곳에서만 위선적 형식주의와 다른 것일 수 있다고 생각했다. 그리고 토크빌은 얀센주의자들처럼 기독교가 시장이나 정치에서 자유로운 인간관계에 토대를 둔 신뢰를 강화할 뿐 아니라 시민정신의 토대가 되는 덕성을 확립하는 데도 적극적인 윤리적 역할을 한다고 생각했다.[5] 종교는 법적 문화의 "도덕적 깊이" 덕분에 절제된 역할을 수행할 수 있었고, 종교와 국가의 자유주의적 분리 덕분에 시민사회로 스며들어 통합적 힘을 발휘하는 데 이르렀다.[6]

겉보기에 대립적인 요소들, 즉 세속적인 것과 종교적인 것, 그리고 자유주의적인 것과 기독교적인 것 사이의 결합은 토크빌이 보기에 왜 민주주의 사회가 개인성을 존중하는지, 그리고 왜 개인주의가 예를 들어 정직성(따라서 헌법적 권력의 투명성과 통제를 보장하는 제도와 규칙 사이의 미세한 조정), 책임의식(따라서 모든 시민의 법 앞에서의 평등), 그리고 민족과 인류의 삶에 공감적으로 참여하는 것과 같은 적극적인 특성과 힘을 촉진시킬 수 있는지를 이해할 수 있게 한다. 토크빌에게 종교, 특히 기독교는 숨겨진 도덕 접합제로서 근대 사회를 질서 있는 사회로 만들고, 근대 사회의 개인들을 내적으로 자유로운 개인으로 만드는 것처럼 보였다.

다의적 개념

토크빌은 개인들이 "교조적 신념"(즉 합리적 분석의 결과로 "의심들"을 중화시키기 위한 유용한 선입견)을 필요로 한다는 생각과(Tocqueville 1984 [1835/1840]: 504), 전통주의적 사고를 연결시켰다.[7] 개인주의의 역사

---

5 토크빌의 문화적 배경 속에서 나타나는 얀센주의, 자유주의, 공화주의 사이의 결정적 연관(키케로적인 유용성과 정의의 결합)에 대해서는 Jaume (2008: 207 이하) 참조.

6 카를 마르크스도 유사한 태도를 보인 바 있다. 그는 (비록 상반된 이유에서이지만) 「유대인 문제에 대하여」(1970 [1844])에서 자유주의 국가가 종교를 권력으로 만들어 종교가 시민사회를 정복하게 될 수 있을 것이라 믿었다. 근대 사회에 대한 토크빌의 입장에서 나타나는 종교의 역할에 대해서는 Mitchell (1995) 참조.

7 파스칼처럼 토크빌은 개인적 결단을 위한 토대를 "신앙"에 두었고, 그는 또한 마키아벨리

는 이를 확인해준다. 흔히 개인주의 개념을 처음으로 사용한 것으로 언급된 사람은 반혁명주의 사상가이자 근대 반동적 사상의 창시자로 알려진 조제프 드 메스트르(Joseph de Maistre)이다.[8] 그러나 공식적으로는 1820년대 중반부터 생시몽주의자들이 그들의 잡지인 『생산자』(Le Producteur)에서 최초로 개인주의 개념을 사용하였다. 특히 철학적 실증주의의 창시자인 오귀스트 콩트는 "이기주의"라는 개념 역시 처음으로 사용하였다(Enfantin et al. 1830: 302[9]; Comte 1966 [1844]: 72; Lamennais 1836/1837 [1829]: 17). 메스트르뿐 아니라 콩트 역시 근대 사회에서 나타난 권위의 위기에 대해 탄식했으며, 이들은 이러한 상태를 프로테스탄트 종교개혁의 영향으로 보았다. 정직한 신앙이란 이름으로 일어난 루터의 불복종은 유럽 사회 깊숙이 묻혀 있는 무덤을 파헤쳐 대륙 전체의 윤리적이고 종교적인 통일을 붕괴시켰고, 종교적 권위의 무게 중심을 개인의 양심으로 이전시켰다. 다시 말해 치명적 구심력을 행사했던 주권의 중심을 말이다.

신교는 초월에 대한 최초의 일격이었으며, 인간을 통해 규범을 선점하기 위한 중요한 일보였다. 드 메스트르(그리고 비록 반혁명적 의도를 갖고 있지는 않았지만 이와 관련하여 토크빌)에 따르면 종교개혁의 결과는 불가피하게 민주주의, 법과 권력을 다수결의 원칙에 따라 근거지우려는

처럼 종교에 정치적 기능을 부여하였다. Jaume (2008: 93 이하) 참조. 그러나 토크빌은 마키아벨리와는 다르게 아무런 커다란 군사적 위험에 노출되어 있지 않을 때라도, 혹은 거대한 목표를 추구한다 하더라도, "아주 특정한 관념"이나 "교조적 신념"이 일상생활을 위해 불가피하다고 믿었다(Tocqueville 1984 [1835/1840]: 504 이하).

8 이에 따르면 이 단어는 1820년으로 추정되는 메스트르의 사적인 대화에 등장한다. Maistre (1886); Swart (1962: 78) 참조.

9 여기서 "개인주의"라는 개념은 로크, 리드, 콩디야크의 이론을 규정하기 위해 사용되었다. 왜냐하면 이들은 "개인적 의식"을 권위의 원천으로 간주하기 때문이다.

불합리한 요구, 그리고 서로 다른 견해와 경향을 통한 사회적 통일이었다. "같은 신념과 같은 목적을 가진 두 명의 친구가 그 무엇에 대해서도 일치하지 않는 시대가 도래했다."(Maistre 1886: 285)[10] 그의 논증에 따르면 따라서 로마 교회를 향한 반항은 민주주의의 산물이었으며, 역으로 구대륙의 통일을 파괴했던 개인주의적 (즉 여기서는 이기주의적) 힘의 결과였다.

드 메스트르와 콩트는 개인주의가 신이나 학문적 진리 같은 권위의 재생을 극복할 수 있는 무질서에 대해 도덕적으로 책임이 있다고 보았다. 1789년 혁명의 소용돌이가 지난 후 드 메스트르는 유럽의 주권자들에게 신학적 권력 원천, 즉 신적 토대로 되돌아갈 것을 제안하였다. 이것이 없다면 개인적 판단은 뭔가 불안정하고, 항상 불확실한 것일 수밖에 없는 권위체들을 떨쳐버릴 것이다. 이에 반해 콩트와 실증주의자들은 사회공학자와 같은 실력주의적 엘리트 양성을 요구했다. 즉 오늘날 비즈니스 매니저로 불릴 법한, 그리고 조직적 권능과 능력을 토대로 선발될 전문가들로 구성된 계급 말이다. 이들은 사회를 마치 기업을 운영하듯이 개인의 자유가 아니라, 전체의 이익을 촉진하기 위한 기능적 합리화를 통해 다스릴 수 있는 사람들이다.

어떤 경우에는 종교가, 다른 경우에는 과학이, 즉 모순을 단지 교정 가능한 잘못으로 허용할 수 있는 이 두 가지 형태의 진리가 이 두 명의 반(反)자유주의 사상가들이 근대적 악이라고 진단했던 사회적이고 정치적인 갈등과 개인적 판단의 주권성에 대해 스스로 제시했던 해법이

---

10 메스트르의 저작 *Du Pape*가 출간된 이후, 알레비(Halévy)가 기술한 바에 따르면, 콩트와 생시몽주의자들은 개혁과 계몽을 전통적 사회질서를 불안정하게 만드는 두 가지 요인으로 생각하기 시작했다. Halévy (1938: 43) 참조.

었다. 이 두 가지 경우 개인주의란 아주 나쁘게 조명되고 있었으며, 이들의 입장에 따른다면 그것도 다수결 원칙에 따라 표수를 세면서 일시적이고 논란 많은 해법을 위한 자리를 마련해주는 민주주의 정치 같은 아주 나쁜 조명을 받고 있었다. 따라서 개인주의의 적대자들은 개인주의와 평등 그리고 민주주의 정치를 동일시하는 아주 중요한 착상을 갖고 있었다. 이들은 개인주의의 본성이라는 점에서 토크빌의 진단과 일치했고, 개인주의를 도덕적 악습이 아니라 민주주의 사회의 존재 방식으로 간주했다.

요약하자면 개인주의는 정치신학적 범주이며, 주권성 못지않은 것이다. 드 메스트르는 개인주의를 "절대적 개인주의로까지 치달을 수 있는 정치적 프로테스탄티즘"(같은 책: 286)의 자리에 놓았다. 따라서 "정치적 프로테스탄티즘"은 개인적 권리를 통해 제한된 정치를 의미한다. 개인주의는 주권성 이론의 맹아였고, 결국 혁명을 정당화한다. 민주주의로의 진일보는 분명 작은 발걸음이었다. 드 메스트르의 결론은 권리의 개인주의가 자연스럽게 평등의 감정, "주권 없는 인간 공동체의 추구"(Maistre 2000 [1794-1796]: 107), 즉 주권자의 몸이 아니라, 내재적, 신적, 항구적 힘, 그리고 모든 머리와 법칙에 산재해 있는 힘으로 작용하는 사회적 정신 속에 통일된 자유로운 공동체의 추구를 위한 자양분이 되었다는 점이다(드 메스트르와 토크빌에게는 보편성에 대한 입장, 범신론, 그리고 민주주의가 서로 밀접하게 결합되어 있다).

복고시대의 프랑스 저널리스트들이 사회적 분열과 개인주의를 단죄했던 최초의 사람들은 아니다. 엄격하게 보자면 개인주의 범주의 역사는 본래 18세기 후반기 영국의 논쟁에서 시작되었다. 1789년 출간된 『경제 개혁에 대하여』에서 에드먼드 버크는 개인을 "국가가 (…) 존속하고 영원한" 것인 데 반해 일시적인 것에 불과한 "그림자"에 비유했다 (Burke 1796 [1780]: 147). 그러나 여기서 그는 개인, 즉 대륙의 "기계론적인 국가적 현자"가 상상했던 추상적 합리주의, 버크에 따르면 데카르트 이후 직접적으로 백과전서파와 자코뱅주의자들로 이어졌던 추상적 합리주의에 몰두한다. 즉 근대의 공리주의 이성의 빛이 야만인들에게서보다도 더 격한 "동물적 본성 그대로"를 깨워낸 개인 말이다. 왜냐하면 개인들은 자신의 이익을 쫓는 데 있어서 약탈을 즐기며, 자신의 권리를 요구함에 있어서 무절제하기 때문이다(Burke 1991 [1790]: 163 이하). 버크에 따르면, 이런 개인주의는 프랑스에서 귀족과 군주제를 몰아내고, 수 세기에 걸쳐 세대에서 세대로 전수되었던 관습들을 통해 공유되었던 전통과 규범을 무효화시켰던 집회 및 민주주의 망상의 출발점이다. 따라서 혁명과 단두대는 개인주의가 빚어낸 최후의 그러나 전체적으로 볼 때 논리적 귀결이었다. 개인주의는 역사적 전통이 아니라 이성과 자연권의 이름으로 공표되었으며, 따라서 모든 전통과 기존의 권위에 대항하는 무기, 즉 모든 역사적이고 사회적인 차별을 말소시킬 무기였기 때문이다.

이러한 개인주의는 평등을 동반했다. 개인주의는 다시 민주주의와 동일시되었지만, 이는 가장 나쁜 의미에서의 정치적 지배형태의 표시였다. 왜냐하면 민주주의는 수의 전제정치였고, 민주주의는 이름 없는 원자적 존재들의 축적이었기 때문이다. 민주주의는 이들을 이리저리 잡아당기고 호도하면서 흡사 자신들이 자유의지에 따라 복종한다고 가정하도록 만들었다. 버크는 자연법적 개인주의에 대한 예리한 비판을 통해 실제로 다른 식의 개인주의가 존재할 수 있고, 또한 존재하고 있음을 암시하였다. 즉 이기주의적 원자론과 동일한 것이 아니라, 이성적인 사적 지혜, 그리고 개인들을 가족, 직업, 조국, 정치 제도와 같은 사회적 역할로 나아가게 조종한다는 점에서 개인적 책임을 높이 사는 가치 질서에 속하는 개인주의 말이다. 이런 역할은 시민적 자유에 대한 사랑을 촉진시켰지, 동등한 권리와 민주주의적 자기 결정을 허락하거나 요구하는 것과는 무관한 것이었다. 이렇게 버크가 생각했던 무해하고 온건한 개인주의는 영국에서 1688년 명예혁명 전통의 그늘 속에서 군주제를 무너뜨리지 않고, 오히려 입헌적으로 만드는 변형태로 발전하였다.[11]

버크의 생각은 토크빌이 "좋은" 민주주의의 시민들이라 경탄하던 청교도들이 뉴잉글랜드에서 고취시켰던 이념과 일치하는 것으로, 이는 개인에 대한 존중과 전통적 이기주의를 구별할 수 있는 이념으로서 코튼 매더(Cotton Mather)의 『미국에서의 그리스도의 위대한 업적』(*Magnalia Christi Americana*)에 잘 나타나 있었다. 18세기의 중요한 설교자였던 매더는 식민지 미국의 역사를 개신교의 정신과 개인적 주권성, 그리고 공동체 감정과 독립적 판단 능력에 대한 자부심 사이의 현상적 결합으로 해석했다.

실제로 인간에서와 마찬가지로 동물에서도 익숙한 퇴화된 자유가 존재한다. 이는 하고 싶은 것이라면 무엇이든 하는 것이다. 이런 자유는 모든 권위에 대한 적이다. 이는 조급함 때문에 규칙들을 감내하기 어려워한다! (…) 그러나 시민적이고 윤리적인 자유가 존재한다. 이는 공동체로부터 힘을 얻으며, 국가 권력의 과제를 보호한다. 이는 올바른

11 자유를 윤리적 관습과 사회 규범을 따르는 사람들 사이의 자유로운 교류로 이해하는 것은 하이에크(Hayek)에서 다시 나타난다. Hayek (1948: 1-32; 1960: IX장).

모든 것을 내담하게 수행하는 자유이다. 이 신성한 자유는 모든 살아 있는 자들이 지켜주어야 하며, 필요하다면 이를 위해 우리 자신의 생명을 걸 수 있어야 한다.(Tocqueville 1984 [1835/1840]: 49에서 재인용)

모든 것을 허용하는 자유와 자신의 의무를 다하는 자율적 결정으로서의 자유가 있다. 전자의 경우 개인주의는 분명 인간 사이의 단결을 해체하며, 개인의 자의성이라는 전제적 의지를 통해 표현되었다. 그러나 후자의 경우 개인주의는 사회적 공동 노동의 접합제였다. 메스트르나 콩트 같은 프랑스 비판자들은 "나쁜" 개인주의의 수정이 과거의 사회적 피라미드의 복구에 달려 있다고 생각했다. 왜냐하면 개인주의는 독자적 결정 능력을 갖춘 개인에 종속된 것이기 때문이다. 그러나 이들도 두 가지 자유를 구별하는 해석에는 찬성했을 것이다. 따라서 계몽주의 비판자와, 구교와 신교 교도들은 이기주의와 반사회적 개인주의에 대해서는 의견 일치를 볼 수 있었으며, 이기주의를 억제하기 위한 종교의 권위와 반사회적 개인주의를 약화시키기 위한 사회적 견해를 필연적 해법으로 제시할 수 있었다. 아마도 토크빌은 이들과 함께 정치적 제도가 민주주의적 개인주의보다는 개인의 정신에 깊게 침투해 있는 "신념 내용들"과 "의견들"을 결합해준다는 점에 동의했을 것이다. 즉 한편으로 종교적 가르침 형태의 "교리"와 다른 한편으로 사회적 판단이 그것이다. 이 두 가지 형태들은 토크빌에게 종교적 신앙(민주주의 사회에서의 권위의 원천)을 명백히 표현하고 개인주의를 제한하는 힘이었다. 그러나 두 번째 것은 평등에 대한 신념으로서 특히 민주주의에 귀속된다("다수가 선지자 역할을 할 경우 보편적 견해에 대한 믿음은 일종의 종교적 형태를 띤다고 예견할 수 있다", 같은 책: 495).[12] "보편적 견해"는 아마도 토크빌의 이해에 따른다면 개인주의를 완화시키기에 충분한 것이었을 것이다.

고독과 고립

도덕적 결함인 이기주의가 종으로서의 인간만큼 오래된 것이고, 소유 욕망과 경제적 진보가 이로부터 도출된다면, 개인주의는 사회에 대한 무관심으로 나아갈 수 있는 정치적 구성물이다. 이기주의가 탐욕, 즉 개인을 고대 정치철학자들이 말하는 일종의 폭군으로 만드는 자기 선호적이고 자기중심적인 힘이라면, 개인주의는 근대 민주주의의 비가시적 개인, 즉 공적 영역이나 동료들을 자신의 이익에 종속시키려 한다는 의미에서가 아니라 정치 밖에서 도피처를 찾고 공동체 주변에 머물기 위해 공적 생활에의 참여를 회피한다는 의미에서 전적으로 사적인 존재를 특징짓는다. 근대의 폭군은 경제라는 사적 영역에서 발생했고, 다음과 같은 사적 개인의 두 가지 측면을 반영하고 있다고 말할 수 있다. 즉 다른 모든 것에 대해 우위를 갖는 자신에 대한 긍지(사회와 관련하여 개인을 우선적인 것으로 보는 것)와 공적 영역을 무엇인가 보다 더 중요한 것을 얻거나 보호하기 위한 수단, 다시 말해 개인적 재화를 축적하고 보존하기 위한 단순한 수단으로 보는 입장이 그것이다.

　이기주의와 개인주의가 비록 현상 형태와 작용이란 점에서 서로 구별되지만, 이 둘은 근대 사회가 경향적으로 산출한 공공성에 대한 거부

12　데카르트적 솔직성의 결함은 토크빌의 사고를 사회과학을 위한 매력적인 대상으로 만든다. 욘 엘스터는 대중사회의 개인이 갖는 이원론적 특성을 묘사하기 위해 토크빌의 의도적인 방법론적 결정인 "모순" 개념을 사용한다. 즉 일련의 해소되지 않는 모순적 충동들, 예를 들어 결정의 자유와 보편적 견해에의 적응, 속박을 참지 못함과 공동체의 귀속 필요 등에 의해 이리저리 끌려가는 개인의 특성 말이다(Elster 1990: 114 이하 참조).

성향의 두 가지 가능한 형태이다. 그러나 이런 차이 때문에 토크빌이 선취했던 (물론 이에 대한 정의까지 수행한 것은 아니지만) 민주주의적 개인주의와 비인격적 개인주의 사이의 차이가 드러난다. 즉 토크빌에 따르면 개인주의자들의 이상적 유형은 정치 영역 밖에서, 그리고 공공성에서 멀리 떨어져 가족생활과 공동체 관계로 회귀하는 사람들이다. 이런 개인상은 20세기 중엽 사회학자들이 본질적으로 아노미와 억압적 대중사회와 동일시했던 것이고, 근래에는 공동체주의자들이 개인 자신에 대한 배려와 개인적 성공의 조건으로 재사용했던 것이다.[13] 나는 본 논문의 마지막 부분에서 토크빌의 담론이 갖는 복잡성과 우리가 민주주의적 개인주의로부터 몇 가지 중요한 정치적 귀결을 도출해낼 수 있을지에 대해 논의해보려고 한다.

개인주의, 즉 사회와 관련해서 고독은 (타인의) 부재가 아니라 (자기 자신의) 현존으로 볼 수 있다. "고독" 개념은 근대적 개인의 사회적 상태와 관련해 볼 때 적어도 두 가지 의미를 가질 수 있다. 이 두 가지 의미는 정치적이지만, 서로 대립된 것이 아니라 서로 상이한 것이다. 한편으로 고독은 개인의 자율적 판단 능력을 지키기 위한 방패이며, 보편적 견해, 즉 개인의 주권보다 더 강력한 폭군적 견해에 의해 부과된 순응주의라는 잠재적 억압성에 대한 고발이다. 왜냐하면 고독은 간접적으로 모든 사람들의 협력에 선행하기 때문이다. 다른 한편으로 고독은 타인으로부터의 고립 상태, 즉 원자론적 상태를 표현한다.

고독을 방패로 묘사했던 최초의 사람들은 미국의 초월주의자들이었

---

13 자유주의적 대중사회에서의 개인주의에 대한 분석을 보여주는 두 가지 방향의 대표자로는 예를 들어 오르테가 이 가세트(Ortega y Gasset 2012 [1933])와 벨라(Bella et al. 1985)가 있다.

으며, 이 중 누구보다도 랠프 월도 에머슨과 헨리 데이비드 소로는 분명 고독을, 자연스럽게 동질성을 산출하고 기존의 지배적인 혹은 다수의 견해를 칭송하고 다양성을 처벌하고 보편적 관점에 찬성하는 사람들을 지원하는 경향이 있는 사회 속에서, 독립적인 판단 능력을 지원하는 필수적인 강화 수단으로 해석했다. 에머슨은 독자들로 하여금 공동체에 대한 요구를 의심하도록 열정적으로 일깨워주었으며, 어떻게 해서 개개인이 자신의 내밀성을 유지하기 위해 낯선 시각으로부터 자신을 보호하기 위한 정련된 전략들을 고안해내는지를 날카롭게 관찰했다. 고독, 예의 바름, 좋은 행동거지는 단지 우리가 우리 자신에게 두터운 "살갗"을 덧붙이기 위해 간혹 손대는 몇 가지 수단일 뿐이다.

> 어떤 사람은 고독을 통해, 다른 사람은 예의 바름을 통해, 그리고 또 다른 사람은 준엄한 세속적 방식을 통해 자신을 보호한다. 개개인은 자신이 할 수 있는 한 자신의 살갗의 얇음과 긴밀한 협동에 대한 자신의 무능력을 감춘다. (…) 그러나 고독의 필연성은 우리가 말했던 것보다 더 깊은 곳에 있으며, 일정한 규칙을 따른다. (…) 사람들은 아주 작은 통에 부어져야만 한다. 고독에 자부심이 있다면, 사회는 통속적인 것이다. 사회에서의 높은 장점이 개인들에게는 무능력으로 평가된다. (…) 문제가 되는 것은 사람들이 많거나 적거나 하는 상황이 아니라, 공감의 속도이다.(Emerson 1876 [1870]: 8, 17, 20; Kateb 1995: 4, 45 참조)

단조로운 일상에서 도망치고 더 이상 가상의 속임 속에서 "잠"들지 않기 위해 소로는 숲으로 가려고 결정했다. 거기서 그는 자신의 현명함이 명령하는 대로 살 수 있을 것이다. 그러나 소로가 추구한 단순함과 자연스러움은 결코 사회로부터의 분리 행위이거나, 비도덕적이며 전적으로 사적인 유토피아를 알리기 위해 "잘못된 질서"에 대해 도덕적으로 항변하는 것은 아니다. "나는 깊이 있게 살고, 모든 인생의 핵심을 말하고, 그것도 강하고 스파르타식으로 살면서 삶이 아닌 것은 그 무엇으로부터도 벗어나려고 한다."(Thoreau 2015 [1854]: 141) 그리고 그것이 어떤 옷을 걸치고 있든, 즉 그것이 타락한 것이든 숭고한 것이든, 초월적 권력이나 사회적 규약의 굴레에 종속됨 없이 "올바른" 존재를 받아들이려 한다. 에머슨과 소로는 오직 개인적 판단의 주권성에 의존하는 민주주의 사회에서의 개인주의가 갖는 결정적인 정치적 기능에 대해 생각해내려 했다.

물론 지금까지 언급했듯이 고독은 다른 방향으로도 나아갈 수 있다. 제러미 벤담은 고독을 비정상적인 고립력으로 이해했으며, 분명 이를 개인의 자유를 보장한 사회에서 일어날 가능성이 큰 자유의 결핍으로 인식했다. 파놉티콘―후에 푸코에게는 개인을 생산한다는 점에서 개성을 부정하는 규율사회 패러다임―에서는 보이지 않는 눈을 통한 감시가 총체적이고 영향력 있는 지배력을 행사한다. 왜냐하면 사람들은 이것이 눈에 띄지 않기 때문에 이를 통제하거나 제한하기 위해서 여기서 벗어날 수 없기 때문이다. 다른 한편 보이지 않는 눈을 통한 감시는 절대적이다. 왜냐하면 누구도 고독의 영역에서, 즉 개인적 다양성을 위한 약한 직감이나마 회복하기 위한 도피처에서 빠져나올 수 없기 때문이다.

안토니오 그람시는 『옥중서신』에서 이런 식의 고독에 대해 자세히 다루면서 이를 최대 고립, 즉 그가 혼자 있을 수 있는 사적 영역의 결여, 다시 말해 체험된 시간이 "거대한 기계처럼 (⋯) 으깨지고 평평해지며" "거대한 모래시계의 모래알처럼" 개개의 단위로 쪼개져 버리는 환경으로부터 벗어날 수 있는 사적 영역의 결여로 기술하였다. 사적 차원의 부정은 오웰의 유리집처럼 죄수들의 도덕적, 심리적 자율성을 파괴하고, 검열에 저항하고 폭동을 일으킬 수 있는 능력을 파괴하는 파시스트 감옥의 도구였다. 고독은 이를 통해 고립이 되고, 평등은 개인적이고 그 자체로는 아무것도 아닌 주체들 사이의 무관심한 동질화가 된다(Gramsci 1995: 68, 62).[14]

고독은 고립 상태와의 대립을 통해 적극적이고 결정적인 의미를 갖게 된다. 고독은 도덕적 자율성에 상응한다. 그리고 개인들은 타인의 견해에 대한 자신의 이해가 깊어질 때, 그리고 자기 자신에 대한 신뢰를 회복하고, 자신의 생각에 대한 용기를 얻고, 끝으로 타인과 동등하고 자율적인 존재로서 교류하려고 할 때 등장하는 아무 데도 소속되어 있지 않은 느낌을 극복하려고 할 때 이러한 자율성을 지속적으로 추구한다. 고독은 인간들의 대화적 본성을 부정하는 것이 아니라 오히려 확인하는 데 적합하다. 한나 아렌트는 고독과 고립을 구별하면서 고독을 근본적으로 사고의 고유한 전제로 본다. "혼자 있음은 자기 자신을 다루는 것이다."(Arendt 1989 [1978]: 184)[15]

중요한 기회로서의 고독과 우울하게 내버려짐으로서의 고립이라는 두 가지 가능성 중에서 토크빌이 강조한 것은 두 번째이고, 첫 번째에 대해서는 많은 이야기를 하지 않았다. 토크빌이 개인주의가 갖는 결정

---

14 그람시의 서술은 근대의 모든 제도들이 실행하고 있고, 개인성을 "강제되고 감시받는 고독"으로 대체시킨 탈개인화 체제에 대한 푸코의 분석을 선취하고 있다(Foucault 2008 [1975]: 258).

15 영어 원본에서는 고독에 대해 다음과 같이 서술하고 있다. "고독은 내가 나 자신을 친구로 삼는 인간적 상황이다."(Arendt 1978 [1971]: 185)

적인 정치적 잠재력을 끄집어내지 않은 것은, 개인들이 사회의 입장에 저항할 수 있는 충분히 강한 에너지를 자신 속에서 발견할 수 있다고 믿지 않았기 때문이다. 개인은 다수 논리에 피해를 입지 않기 위해 보다 더 "정신적"이고 "종교적"이 되어야 했다 ("영혼을 고양시키고, 영혼을 하늘로 향하게 (…) 하라")(Tocqueville 1984 [1835/1840]: 634). 우리가 출발점으로 삼고 있는 사회적 입장과 종교적 신앙이라는 이원론은 민주주의적 개인주의에 대한 토크빌의 생각을 이해하는 데 열쇠가 된다. 뤼시앵 좀(Lucien Jaume)이 서술하고 있듯이, 민주주의적 개인주의의 목적은 파스칼의 표현과 유사하다. 즉 "인간의 본성은 (…) 두 가지 방식으로 고찰[된다]. 첫째로 인간의 최종 목적을 보면, 인간은 위대하고 비길 데 없이 대단한 존재이다. 둘째로 인간을 거대한 무리로 본다면 (…) 인간은 사악하고 비열한 존재이다."(Pascal 2012 [1669]: 86)[16]

이와 유사한 이원론을 통해 토크빌은 무관심하고 순응주의적인 개인주의의 특수성을 시민적 책임을 다할 만큼 유순한 것으로, 그리고 근대 사회의 개연적인 산물로 가시화시켰다. 더욱이 그는 옛것과 새것이라는 콩스탕의 이원론을 분석적이고 사회학적으로 사용하면서 근대 사회가 고대 사회와 공통점이 거의 없는 이유는 시민들이 소유욕과 사적 행복을 추구하기 때문이 아니라(이런 점에서 고대 아테네 시민들은 다를 바가 없다), 오히려 사회 전체에 대해 아주 협소한 아량만을 보이면서 정치적 이력을 회피했기 때문이라고 생각했다. 이들의 정치에 대한 불신은 비이성적인 것이 아니다. 왜냐하면 정치란 민주주의에서 평균적인 사람들의 직업 영역이며, 명예로운 것이 아니기 때문이다. 다시 말해서 최상

16 이런 사고에 대한 분석은 Baird (1975: 58 이하) 참조.

이 아니라 최악이라는 것이다. 따라서 개인들은 적극적 정치 참여를 추구하는 것이 아니라 자신의 사적인 안전과 평온을 보호하려고 한다. 이렇게 정치가 적극적 시민권으로부터 분리되면 정치는 급진적이고 폭력적인 것이 되는 것이 아니라 기껏해야 수동성과 온순함으로 나아가는 경향을 보인다.

근대 민주주의는 평균적이다. 근대 민주주의를 표현하는 정치가의 경우를 보면 그렇다. 근대 민주주의는 온순하고 고상하기는 어렵다. 근대 민주주의가 내리는 결정을 보면 그렇다. 그리고 근대 민주주의는 무관심한 경향을 갖는다. 그러나 무정부적이지는 않다. 폭동이 창궐하지도 않고, 과도한 정치적 행동주의도 없다. 왜냐하면 민주주의 사회에서 사는 "시민 군중들"은 질서 있고, 온건하고, 평준화되고, 예방적이고, 자제하며, 따라서 좋은 의미의 이기심을 발전시킬 수 있기 때문이다(Toc-queville 1984 [1835/1840]: 612; 번역 수정 악셀 호네트).[17] 이런 본질적으로 긍정적인 속성은 당연히 개인적 권리의 문화만이 아니라 냉담함과 정치적 무관심 풍토의 자양분이 된다. 본질적으로 볼 때 민주주의가 갖는 최대의 결함은 바로 그것이 갖는 논란의 여지없는 장점, 즉 권리를 통해 보호되는 "개인적 판단의 주권성"이다. 여기에 민주주의적 개인주의 역설의 핵심이 있다. 즉 전체 시스템을 의문시하지 않고는 벗어날 수 없는 역설 말이다. 여기에는 개인주의가 이기주의로 회귀하는 것이 코드화되어 있으며, 일단 이기주의로 회귀한다면 이와 맞설 수 있는 수단은 정신적이고 도덕적인 것이지, 정치적이거나 사회적인 것은 아니다.

---

17 존 스튜어트 밀은 민주주의에 평균성과 순응주의를 부가한다는 점에서 토크빌과 대립한다. 오히려 이런 결함은 산업사회와 소비사회의 부상에 따른 중산층의 승리의 결과이다(Mill 1977 [1840] 참조).

왜 "민주주의 국가에서의 개인주의"가 새로운 이념이며, 이기주의와 구별되어야 하는지 그 이유를 설명하는 토크빌의 입장으로 되돌아가 보자. 이기주의와 개인주의의 차이는 민주주의적 시민 정신과 정치와의 관계 속에서 이해될 수 있으며, 또한 해석 가능하다. "이기심은 모든 덕성을 그 싹부터 말려버리고, 개인주의는 무엇보다도 공적 덕성의 원천을 고갈시킨다."(같은 책: 585) 이기주의는 비틀어진 열정, 즉 "자기 자신에 대한 열정적이며 과도한 사랑"이며, 모든 것을 자신과 연관시키고 다른 모든 것보다 자신을 선호하는 "맹목적 충동"이다. 이에 반해 개인주의는 "사려 깊고, 평화 애호적인 감정"(같은 곳)으로서 이는 정신적인 태도이지 열정은 아니다. 개인주의는 본능이 아니라 "잘못된 판단"으로부터 생겨나며, "타락한 감정"이 아니라 합목적적 계산으로부터 등장한다. 개인주의는 "사소한, 그리고 일상적인 만족"을 추구하지 않는다(같은 책: 814). 개인주의는 점차 "마음의 오점"이 되는 "정신의 결함"과 같이 성장한다(같은 책: 585). 모든 것이 어려움 없이 법률로 유지되기 때문에 자신의 권리가 보장되어 있다고 생각하는 데 익숙한 민주주의 시민들이 자신의 자유 자체를 통해 바로 이 자유를 보장하는 공적 영역에 대한 일종의 무관심으로 나아가는 일이 벌어질 수 있다. 그리고 이는 장기간에 걸쳐 이러한 권리 문화 속에서 점진적으로 악화될 수 있으며, 민주주의 시민들이 자신이 원하는 것이면 무엇이든 하는 것이 자유라는 잘못된 생각에 이르게 할 것이다. 즉 "나에겐 전적으로 상관없어" 식의 자유 말이다. 그리고 결과적으로 개인주의는 결국 사적인 것이든 공적인 것이든 모든 덕성을 공격하고 파괴하고, "그리고 (…) 마지막으로는 이기심에 [빠지게 된다]."(같은 곳)

개인주의가 모든 정치적인 외관을 버리고 출발점으로 돌아간다면 개인주의의 순환은 그치게 된다. 즉 콩스탕 이래로 근대 사회에서의 행복을 위한 본질적 조건과 동일시되었던, 정치로부터의 자유를 의미하는 개인적 자유 이념 말이다. 점차 더 많은 시민들이 공적 생활로부터 벗어나 (개인적 권리가 시민들의 목적에 기여한다는 점에서) 개인적 관심사에 몰두한다면, 점차 타인과의 단결심은 축소될 것이며, 이미 살펴보았듯이, 민주주의적 개인주의의 구성 성분에 속하는 공감의 성격이 점차 고갈된다면, 정치적 질서는 더욱더 정치의 과잉이 아니라 정치의 위축에 의해 만들어진 폭정의 위험과 자유의 제한에 노출될 것이다. 이러한 폭정은 정확히 민주주의 사회의 속성을 넘겨받는다. 이러한 폭정은 어떤 지배자나 독재자의 폭정이 아니라 선출된 정치인, 특히 공적 영역의 폭정을 말한다. 공적 영역의 항존적인 견해는 사회적 소화 기관을 작동시키고, 취향과 이념을 특징짓고, 차이를 극복하고, 개인의 특수성을 희석시킨다. 오늘날 정치학자들이 "청중 민주주의"라고 말한 것은 잠재적으로 볼 때 개인주의에 의해 작동된 정치에 대한 제동 효과에 포함될 것이다.

다른 한편 법 앞에서의 평등(민주주의 국가의 기본 원칙)은 평범한 시민들에게 감옥처럼 느껴지고, 개별적 시민들의 행위 동기에 대해 비인격적이고 거리감 있고 무감각한 정치에서는, 개인적 행위가 아무런 힘도 갖지 않고 국가 구조가 고유한 생명을 발휘하는 영역에서처럼 강력한 관료적 역설을 야기한다. 따라서 평등과 주권성 때문에 개인들로 하여금 흔히 가정하고 있듯이 자신들이 자유를 상실하지 않고도 (결국 개인들은 주권자가 아닌가?) 정치적 의무를 지양할 수 있고, 배타적이고 질투심 많은 헌신에 몰두할 수 있다고 믿게 하는 "도그마"가 발생할 수 있다. "민주주의는 사회적 구속을 풀어준다. 그러나 민주주의는 자연적 구속을 강화한다. 민주주의는 친족들을 더 강하게 결속시키면서 시민들을 서로 분리시킨다."(같은 책: 688) 개인들이 사회생활에 아무런 영향도 미치지 못하게 되면 될수록(왜냐하면 1인 1표 원칙은 투표 참여가 아무런 전망도 없다는 생각을 결과할 수 있기 때문에), 이들이 자립적으로 사고하고, 안정감을 느끼는 영역에서 자신의 개인적 삶을 영위하며, 무엇인가 영향력을 행사하고, 어떤 식으로든 자신의 결정과 검토의 영향을 시험할 수 있는 사적 주도성과 결단성이 커진다. 개인주의가 정치적이라면, 그것은 개인주의가 정치적 평등에 기초한 사회에서 개인적 무력감에 대한 신중한 인상으로부터 등장하기 때문이다. 다시 말해 시민 전체의 무게에 비해 결코 중시되지 않는 개별적 시민들의 보잘것없는 무게에 대한 인상 말이다. 선거 민주주의에 대한 최근의 연구가 보여주는 무임승차 논리는 토크빌이 말했던 "사려 깊고, 평화 애호적인 감정"(같은 책: 585)으로서의 개인주의가 낳은 결과이다. 그리고 투표 포기는 개인주의의 정치적 속성에 대한 증거이다.[18]

콩스탕은 근대의 "이성적" 자유가 이런 식의 정치 변화에 적합하다고 주장했다. 왜냐하면 "사적" 자유는 무엇보다도 타인들에 대한 "행동" 속

---

18 집단적 행위의 불가능성과 관련된 맨슈어 올슨(Mancur Olson)의 주장은 집단적 행위가 경제적 행위 논리로 간주되어야 한다는 가정에 근거한다. 즉 집단적 행위를 개인이 제공하려고 하는 지분 희생 개념과 개인이 유지하려고 하는 효용성 개념으로 본다는 것이다. 이런 주장은 앨버트 O. 허시먼이 주장하듯이(Hirschman 1984 [1982] 참조), 정치적 행위는 집단적 행위처럼 사적 경제 행위와 동일하며, 결국 장애와 희생을 불러올 것이라는 점에 근거한다. 이런 주장은 공적 삶에의 참여가 목적을 위한 "단순한 도구"가 아니라, 오히려 단순한 참여 수행만으로도 그 성과와 무관하게 만족과 불만족의 원천이 된다는 점을 간과하고 있다. 나의 공적 삶에의 참여가 사회를 변화시키는 데 기여한다고 말할 수는 없다. 그러나 이는 사회에 대한 나의 인식과 이를 통한 공적 삶에 대한 나의 태도를 바꿀 수는 있다. 그리고 그 결과 나의 행위는 간접적으로 나의 세계가 나의 사회에 즉응하는 데 기여할 수 있다.

에 있다기보다는 일종의 정신적 만족이기 때문이다. 이 타인들은 협회나 지역의 일원이며, 같은 이해관계와 같은 로비집단에 있는 친구나 동료와 같은 "이웃들"이다(Constant 1972 [1814]: 328). 타인과 함께하는 집단적 행동이 정치에 대한 무관심에서 출발한다면, 이는 친근감이나 이해관계와 견해가 서로 얽히면서 반(反)정치의 적극적 표현, 즉 사적 영역 속에 있는 것만이 아니라 사적 영역을 위해, 자신의 이해관계와 고유한 가치를 위해 존재하는 삶을 추구하는 것이 될 수 있다. 토크빌이 풍부한 고찰 끝에 도달한 결론은, 개인주의의 순환이 이기주의로의 회귀로 끝을 맺는다는 것이다. 즉 "평화 애호적 감정"이 자기 자신이나 자기 집단에 대한 "열정적" 애호로 변화하고(Tocqueville 1984 [1835/1840]: 585), 이 때문에 "모든 것을 자기 자신과 관계"시키고, 정치는 자신의 이익을 향하게 된다. 주권적 시민들의 사회생활에의 참여라는 정치의 역할은 협소해지지만, 반대로 개인주의자들은 정치로 돌아간다. 그러나 이런 정치는 이들이 자신의 친지들과의 관계로 만들어진 은신처를 확보하기 위해 움츠려 들어가던 세계와의 동일성이나 근접성에 토대를 둔 것이다. 즉 자신의 개인적 이해관계, "자신의 가족과 친구"(같은 곳), 자신의 공동체와 종교 집단—여기서는 순응성이 동지들에 대한 전투적 애호 형태를 갖는다.

반反정치적 에토스

이제 우리는 개인주의가 이기주의로 종결되는 순환 과정을 평가할 수 있다. 토크빌이 정치적 이기주의의 형태를 띤 개인주의의 위험성에 속하는 것으로 말한 것이 (완전히 공공성을 지닌 사적 경제 영역에서의) 가산

제(家産制)로의 회귀, (공공성이 사적 목적에 종속되는 다른 유형인) 지역공동체를 위한 일치된 찬성은 아니다. 다음과 같은 토크빌의 언급을 다시 기억해보자. "민주주의는 사회적 구속을 풀어준다. 그러나 민주주의는 자연적 구속을 강화한다. 민주주의는 친족들을 더 강하게 결속시키면서 시민들을 서로 분리시킨다."(Tocqueville 1984 [1835/1840]: 688) 민주주의는 특히 기억과 시간으로 짜인 직물을 풀어버린다. 민주주의는 "모든 사람이 자신의 조상을 망각"하게 할 뿐 아니라 "자신의 후손"도 망각하게 한다(같은 책: 587). 이 둘 모두는 동시대 사람들, 즉 현재 상황에서 우리와 관계된 유일한 주권자나 행위자들과 분리된다.

따라서 민주적 시민들의 결함으로 간주된 개인주의가 낳은 반(反)정치적 해법은, 버크가 시사하고 있듯이, 기억 속에 존재하는 정치적 시간성이 붕괴된 결과로 해석할 수 있다. 즉 자유와 신뢰를 함께 쌓았던 과거 세대의 기억 속에서 말이다. 이 자유와 신뢰는 현재 시민들이 자신의 사적, 공적 생활을 영위하는 데 토대가 되며, 그 과실을 개개인을 시간과 공간 속에서 통일시키는 기억의 연쇄를 통해 후손들에게 선사하고 있다. 버크에 따르면, 그렇기에 주권적 국가의 통일성이 형성된다. 그러나 이는 루소 추종자들이 생각하듯 동등한 개인 간의 사회계약에 의한 것이 아니다. "시간의 직물"을 찢고 현재주의는 개인적 삶의 상황이 된다. 토크빌이 지적하고 있듯이 이런 현상 속에서 민주주의적 전제정치, 즉 반(反)정치의 극단적 형태가 등장한다고 보아야 할 것이다. 왜냐하면 이는 협력에 대한 반감만이 아니라, 특히 현장에서의 문제를 기술적으로 해결하기 위한 관료제적 힘, 즉 공리주의적 근본주의로 정치 자체를 새로 형성하는 것에 대한 반감이기 때문이다. 이러한 근본주의는 삶의 현재성을 고양시키고 아무런 노력 없이도 단순한 일상적 행동에서 우리를 복종하게 만든다. 즉 시간과 에너지를 절약하게 만들지만, 동시에 주목하고 통제하고 비판하는 부담을 주는 기계적 행위를 통해서 말이다. 개인들은 자신이 누구에게도 빚진 것이 없고, "자신의 운명은 전적으로 (…) 자신의 손에 달려 있다"고 생각할 때 "완전한 개인적 독립성"이라는 환상을 갖게 되며, 이는 근대적 중앙집권국가의 관료독재로 가는 열려진 문임이 판명되었다(Tocqueville 1984 [1835/1840]: 586 이하; Villa 2008: 52 이하).

이제 우리는 이기주의와 개인주의의 차이, 더 나아가 사회적 입장과 종교적 신앙내용의 차이, 그리고 민주주의에서 도덕과 정치의 관계를 문제 삼는 차이 등이 가져올 귀결에 대해 더 잘 이해할 수 있다. 토크빌이 이기주의를 (개인의) 도덕적 "결함", 그리고 개인주의를 (시민의) 정치적 "결함"으로 정의한 것은 우연이 아니다. 개인주의가 정치적 결함인 이유는 이해와 판단의 주안점을 바꾸어 놓으면서 공적인 것에서 사적인 것으로 이동하기 때문이다. 개인주의는 자신이 그 기원에서부터 연결되어 있던 평등이라는 비행경로를 따라 움직이기 때문에, 민주주의와 함께 공동으로 강화되지만 정치와 자유에 대한 시민들의 관심을 파괴하도록 되어 있다. 토크빌에 따르면, 민주주의적 개인주의는 정치의 역할을 두 가지 방식으로 붕괴시키는 요인이라는 점에서 반(反)정치적이다. 즉 민주주의적 개인주의는 사적인 (추가한다면 공동 집단의) 이해관계를 위해 정치를 도구화시키거나, 그렇지 않으면 정치를 자의적인 개인적 판단이나 아무런 덕성도 능력도 갖추지 못한 사람들에게 내맡겨 놓는다(전자는 전통적 의미에서의 부패에 속하고, 후자는 민주주의의 특수성에 해당한다). 그러나 정치는 개인적 안전과 사적 이익을 문제 삼을 수 있다. 정치는—토크빌이 마키아벨리에 의거하여 생각했던 것으로—정치 활동을 민주주의적 개인주의에서 최고의 선(善)인 개인적 평온이나 편안함과 조화시킬 수 없기 때문이다.[19] 평범한 인간의 주권에 기초한 정치는 (토크빌이 공유하고 있는 고전적, 혹은 공화주의적 전통에서 말하는) 창조적 자유 실현으로부터 단순한 관리로 정치가 변화될 것을 예고하고 있다. 정치는 복지국가 비판가들이 고집스럽게 근대 민주주의와 연결시켰던 "아버지 없는" 가부장제의 출현을 의미한다(Lasch 1995 [1979]: 10장).[20] 즉 "정치적 자유가 변질되면 개개 시민들의 평온, 유산, 삶을 위태롭게 할 수 있음을 발견하지 못할 만큼 속 좁고 경솔한 사람은 없다." (Tocqueville 1984 [1835/1840]: 583)[21]

민주주의 사회에서 개인은 결코 이런 선을 약화시키려 하지 않는다. 여기서는 어떤 것도 개개인 각자가 자기 자신을 돌볼 수 있다는 보장보

---

19 토크빌의 공화주의적 자유 개념 속에 남아 있는 마키아벨리의 유산에 대해서는 Richter (2005) 참조.

20 중앙집권국가에 대한 토크빌의 경고가 근대 관료제에 대한 막스 베버의 분석과 매우 유사하며 그들이 민주주의 사회의 비당파성과 평등성이라는 신화에 동의하고 있다는 지적은 Mommsen (1974) 참조.

21 "사회적 조건의 평등"이 토크빌에게 무엇을 의미하는지와 관련된 포괄적이고 매력적인 이차문헌이 있다. 평등이라는 말을 우리는 법적, 정치적 평등만이 아니라 사회적, 경제적 평등으로 이해한다. 실제로 토크빌에 따르면 사회적 조건의 평등은 자손에 대한 균등한 재산 분배 형태를 띠고 있으며, 이는 모든 사회 체제의 민주화를 알리는 조치이다. 평등에 토대가 되는 것은 모든 개인이 동등한 관심을 받는 것이다. 왜냐하면 이들은 가족 재산의 해체로 인해 가문이나 칭호에 우선하기 때문이다. 이는 신분제도의 단절이며, 사회적 불평등의 종말이자 정치적 평등의 등장을 의미한다. 이런 해석은 초월주의 운동에 속하는 19세기의 몇몇 미국 저자들의 텍스트를 통해 강화된다. 특히 너새니얼 호손이 『일곱 박공의 집』에서 이상주의자 홀그레이브를 통해 말한 바에 따르면, 사회가 개인에게 이들에 상응하는 존중을 표하려 한다면, 모든 사람이 전통과 가문의 질식할 만한 무게에 숨거나 종속됨 없이 자신의 능력을 표현할 수 있는 기회를 주기 위해, 아마도 필수적으로 개인 소유의 집은 대략 50년마다 파괴되어야 한다. 상속이나 유산에 대한 과세는 19세기에 분배정의를 위한 조세정책을 둘러싼 논쟁에서 가장 중요한 주제의 하나였으며, 존 스튜어트 밀이 가장 격정적인 옹호자였다. 20세기에 이 주제는 민주주의 사회에서 일련의 다른 이론가들에 의해 부활되었다. 이 중에는 존 듀이와 존 롤스가 있다.

다 중요한 것은 없다. 이 때문에 토크빌은 개인주의에 대한 자신의 고찰을 해법 제시보다는 문제 제기로 끝맺어야 한다고 생각했다. 즉 그것이 도덕적 권리나 "인권"이라도, 권리를 통해 길들여진 정치는 정치에 대한 시민들의 무관심을 일깨운다는 사실을 볼 때, 과연 민주주의 정치가 무관심한 순응주의자들로부터 엄호를 받고 있는 중앙집권화된 관리 기구의 독재로 변하지 않고 유지될 수 있을까?

이런 토크빌의 항변을 받아들이려면 두 가지 논증을 내놓아야 할 것이다. 즉 첫째, 개인주의가 정치를 지워버릴 가능성이 있지만 개인주의는 또한 새로운 형태의 정치적 문화를 도입할 수 있다는 것이다. 그리고 둘째, 개인주의는 그것이 아무런 논란 없이 개인의 주권을 전제한다는 점과 상관없이 사회적 소통을 해체시키는 것이 아니라 반대로 이를 용이하게 할 수 있다는 것이다. 왜냐하면 개인주의는 평등과 권리 정치, 즉 배제에 대한 항구적인 비판을 자극하는 포용적 매체에 뿌리를 두고 있기 때문이다. 요약해본다면, (개인주의의 정치적 핵심인) "개인의 판단의 주권성"이 기존하는 것에 수동적으로 편입되는 것에—초월적 영성으로의 고양만이 치유할 수 있는 것에—필연적으로 기여하는 것은 아니다. 오히려 이는 그것이 무엇이든 입장의 다양성을 실제로 부추길 수 있다. 이 두 가지 논증 중『미국의 민주주의』에서 확실한 토대를 갖고 있는 것은 없다. 사실 이 두 가지 논증을 올바로 실행한 사람은 토크빌이 아니라 존 스튜어트 밀일 것이다.

번역_문성훈

참고문헌

Arendt, Hannah 1978 [1971]: The Life of the Mind. Volume I. San Diego u. a.: Harcourt Brace Jovanovich.

Arendt, Hannah 1989 [1978]: Vom Leben des Geistes. Band 1: Das Denken. Übers. von Hermann Vetter. München und Zürich: Piper.

Bagge, Dominique 1952: Les idées politiques en France sous la Restauration. Paris: Presses Universitaires de France.

Baird, Alexander William Stewart 1975: Studies in Pascal's Ethics. Den Haag: Martinus Nijhoff.

Bellah, Robert N., Richard Madsen, William M. Sullivan, Ann Swidler und Steven M. Tipton 1985: Habits of the Heart. Berkeley und Los Angeles: University of California Press.

Burke, Edmund 1796 [1780]: Edmund Burke's Rechtfertigung seines politischen Lebens. Übers. von Friedrich Gentz. Berlin: Friedrich Vieweg der Ältere.

Burke, Edmund 1991 [1790]: Betrachtungen über die Französische Revolution. Übers. von Friedrich Gentz, in: ders. und Friedrich Gentz: Über die Französische Revolution. Hg. von Hermann Klenner. Berlin: Akademie Verlag, 47–392.

Comte, Auguste 1966 [1844]: Rede über den Geist des Positivismus. Übers. und hg. von Iring Fetscher. Hamburg: Meiner.

Constant, Benjamin 1972 [1814]: Vom Geist der Eroberung und der Usurpation in ihrem Verhältnis zur europäischen Zivilisation, in: ders.: Werke. Band III: Politische Schriften. Übers. und hg. von Lothar Gall. Berlin: Propyläen, 231–406.

Constant, Benjamin 1972 [1819]: Über die Freiheit der Alten im Vergleich zu der der Heutigen, in: ders.: Werke. Band IV: Politische Schriften. Übers. und hg. von Lothar Gall. Berlin: Propyläen, 363–396.

Craiutu, Aurelian 2012: A Virtue for Courageous Minds: Moderation in French Political Thought, 1748–1830. Princeton und Oxford: Princeton University Press.

Durkheim, Émile 1986 [1898]: Der Individualismus und die Intellektuellen. Übers. von Maria Henriette Bertram, in: Hans Bertram (Hg.): Gesellschaftlicher Zwang und moralische Autonomie. Frankfurt a. M.: Suhrkamp, 54–70.

Elster, Jon 1990: Psychologie Politique (Veyne, Zinoview, Tocqueville). Paris: Les Editions de Minuit.

Emerson, Ralph Waldo 1876 [1870]: Gesellschaft und Einsamkeit, in: ders.: Gesellschaft und Einsamkeit. Übers. von Selma Mohnicke. Bremen: Kühtmann's Buchhandlung, 3–20.

Enfantin, Barthélemy Prosper, Hippolyte Carnot, Henri Fournel, Charles Duveyrier und Émile Barrault 1830: Doctrine de Saint-Simon. Exposition. Paris: Au Bureau de l'organisateur.

Foucault, Michel 2008 [1975]: Überwachen und Strafen. Die Geburt des Gefängnisses. Übers. von Walter Seitter. Frankfurt a. M.: Suhrkamp.

Gramsci, Antonio 1995: Gefängnisbriefe. Band I: Briefwechsel mit Giulia Schucht. Übers. von Elisabeth Schweiger, Peter Kammerer, Armin Bernhard, Eleonora Beltrani und Ursula Apitsch. Hamburg: Argument.

Halévy, Elie 1938: L'ère des tyrannies. Etudes sur le socialisme et la guerre. Paris: Gallimard.

Hayek, Friedrich A. 1948: Individualism and Economic Order. London und Chicago: The University of Chicago Press.

Hayek, Friedrich A. 1960: The Constitution of Liberty. London und Chicago: The University of Chicago Press.

Hirschman, Albert O. 1984 [1982]: Engagement und Enttäuschung. Über das Schwanken der Bürger zwischen Privatwohl und Gemeinwohl. Übers. von Sabine Offe. Frankfurt a. M.: Suhrkamp.

Jardin, André 1984: Alexis de Tocqueville. 1805–1859. Paris: Hachette.

Jaume, Lucien 2008: Tocqueville: Les sources aristocratiques de la liberté. Paris: Fayard.

Kateb, George 1995: Emerson and Self-reliance. Thousand Oaks und London: Sage Publications.

Lamennais, Félicité de 1836/1837 [1829]: Des Progrès de la révolution et de la guerre contre l'église (1829), in: ders.: Œuvres complètes. Band IX. Paris: Cailleux.

Lasch, Christopher 1995 [1979]: Das Zeitalter des Narzissmus. Übers. von Gerhard Burmundt. Hamburg: Hoffmann und Campe.

Leroux, Pierre 1850 [1832]: Trois discours sur la situation actuelle de la Société et de l'Esprit Humaine. Troisième discours: Aux politiques, in: ders.: Œuvres. 1825–1850. Paris: Société Typographique, 89–288.

Leroy, Maxime 1948: Les précurseurs français du Socialisme. De Condorcet à Proudhon. Paris: Édition du Temps Présent.

Lukes, Steven 2006: Individualism. Colchester: ECPR Press.

Maistre, Joseph de 1886: Extrait d'une conversation entre J. de Maistre et M. Ch. de Lavau, in: ders.: Œuvres complètes. Band XIV: Correspondance VI, 1817–1821. Lyon: Vitte et Perrussel, 284–286.

Maistre, Joseph de 2000 [1794–1796]: Von der Souveränität. Ein Anti-Gesellschaftsvertrag. Übers. von Claudia Oestmann. Berlin: Kadmos.

Marx, Karl 1970 [1844]: Zur Judenfrage, in: Marx-Engels-Werke. Band 1. Berlin: Dietz, 347–377.

Mill, John Stuart 1977 [1840]: De Tocqueville on Democracy in America [II], in: ders.: Essays on Politics and Society. Hg. von John M. Robson. Toronto: University of Toronto Press, 153–204.

Mitchell, Joshua 1995: The Fragility of Freedom: Tocqueville on Religion, Democracy, and the American Future. London und Chicago: The University of Chicago Press.

Mommsen, Wolfgang J. 1974: The Age of Bureaucracy: Perspectives on the Political Sociology of Max Weber. New York: Harper Torchbooks.

Moulin, Léo 1955: On the Evolution of the Meaning of the Word »Individualism«, in: International Social Science Bulletin 7. 1, 181–185.

Ortega y Gasset, José 2012 [1933]: Der Aufstand der Massen. Übers. von Helene Weyl. München: Deutsche Verlags-Anstalt.

Pascal, Blaise 2012 [1669]: Gedanken. Übers. von Ulrich Kunzmann. Stuttgart: Reclam.

Richter, Melvin 2005: Tocqueville's Brief Encounter with Machiavelli: Notes on The Florentine Histories, in: History of Political Thought 26. 3, 426–442.

Rosanvallon, Pierre 2013 [2008]: Demokratische Legitimität. Unparteilichkeit – Reflexivität – Nähe. Übers. von Thomas Laugstien. Bonn: Bundeszentrale für politische Bildung.

Schleifer, James T. 1980: The Making of Tocqueville's Democracy in America. Chapel Hill: The University of North Carolina Press.

Swart, Koenraad W. 1962: »Individualism« in the Mid-Nineteenth Century (1826–1860), in: Journal of the History of Ideas 23. 1, 77–90.

Thoreau, Henry David 2015 [1854]: Walden oder Leben in den Wäldern. Übers. von Emma Emmerich und Tatjana Fischer. Zürich: Diogenes.

Tocqueville, Alexis de 1840: Democracy in America. Band 3. Übers. von Henry Reeve. London: Saunders and Otley.

Tocqueville, Alexis de 1984 [1835/1840]: Über die Demokratie in Amerika. Beide Teile in einem Band. Übers. von Hans Zbinden. München: dtv.

Urbinati, Nadia 2015: The Tyranny of the Moderns. New Haven und London: Yale University Press.

Villa, Dana 2008: Public Freedom. Princeton und Oxford: Princeton University Press.

Zakaras, Alex 2009: Individualism and Mass Democracy: Mill, Emerson, and The Burdens of Citizenship. Oxford: Oxford University Press.

선망羨望의 전환들
토크빌과 에머슨, 민주적 열정의 역설에 대하여

요 하 네 스 뷜 츠

시인이며 미국 초월주의 철학자이자 이 이념의 주창자인 랠프 월도 에머슨은 1841년 「자신감」(Self-Reliance)이라는 에세이의 유명한 대목에서 다음과 같이 쓰고 있다. "인간교육에서 선망은 무지, 모방은 자살행위라는 확신이 드는 어떤 지점이 있다. 인간은 좋든 싫든 간에 자신을 운명으로 인정해야만 한다."(Emerson 1982 [1841]: 145)

「자신감」은 에머슨의 다른 많은 저술들이 그러하듯이 일종의 선언문이다. 그것의 절반은 자기 시대의 미국사회와의 청산을, 또 다른 절반은 새로운 인간유형에 근거한 사회조직의 예언적 비전을 보여주는데, 말하자면 자신감이 넘쳐흐르고 다수의 적응압박에서 벗어난 개인에 의거한 사회조직에 대한 비전 같은 것 말이다. "인간이고 싶은 자는 비(非)순응주의자여야 한다."(같은 책: 148)라고 에머슨은 자신감의 요구를 자명한 어법으로 표현하고 있다. 자신감을 갖춘 사람들은 이와 같은 경고를 전혀 필요로 하진 않겠지만, 그래도 그들은 이미 확고부동한 정직함 혹은 에머슨이 표현하듯이 "끼니에 걱정이 없고 귀족처럼 뭔가 얻기 위해 아부하길 거부하는 청년의 무사태평을 가지고" 신념 있게 행동한다 (같은 책: 147).

역사가가 (앤드루 잭슨의 대통령 임기 기간인 1828-1836년에 따라) '잭슨 시대'라고 부른 1830년대에서 40년대까지 미국사회는 '일반시민'의 이상을 양산하고 그때까지 당연시되었던 뉴잉글랜드 교양엘리트의 권위를—그것을 이전에는 존 애덤스가 '자연적 귀족층'이라고 불렀다—내세운 민주화의 추동을 겪었다. 이에 대해 에머슨은 회의적이었지만, 그렇다고 민주주의를 거부한 것은 아니었다. 정반대로 1903년에 존 듀이가 에머슨을 그의 100주년 탄생일을 맞아 '민주주의 철학자'라 부른 것은 전혀 잘못이 아닌 것이다(Dewey 1979). 하지만 에머슨은 평등의 이상이 가속적으로 침투하는 미국사회에서 무엇보다 먼저 빠르게 확산되는 대세순응주의를 알아차렸다. '선망', '무지', '모방', (영적) '자살', 이 모든 것은 그에게 자유, 평등, 자주와 결합한 민주주의 규범들에 어긋나 보이는 민주적 평등주의의 징후들이었다.

민주주의 시대에 나타나는 평등과 자유의 긴장, 이것이 바로 에머슨이 자기 에세이에서 열중한 것이라면, 그의 생각은 『미국의 민주주의』(1984 [1835/1840])에서 나타나는 알렉시 드 토크빌의 숙고와 대화를 펼쳐볼 단초로 볼 수도 있다. 에머슨의 토크빌과의 광범위한 연관성은 오늘날까지 연구된 바 없다. 비록 「자신감」이 포함된 최초의 에세이집이 출간되고 나서야 비로소 이루어진 일이라 해도, 그가 토크빌의 『미국의 민주주의』를 읽었다는 사실을 우리는 알고 있다. 『미국의 민주주의』 제2권에서 다룬 미국 범신론에 대한 토크빌의 상세한 논의들은 특히 에머슨과 관련이 있다고 우리는 간주할 수 있는데, 왜냐하면 범신론은 주로 그것이 조롱투는 아니었다 해도 미국 초월주의 학파를 지칭한 개념이었기 때문이다. 또한 우리는 에머슨의 일기책과 편지들에서 그가 1848년 두 번째 유럽 여행 동안 파리에서 토크빌을 방문했다는 기록을 발견할 수 있다.

그러나 이러한 직접적인 연관성보다 더 주목할 만한 것은 민주주의적 평등의 모순성과 관련해 이 두 사유가 수렴하는 지점이다. 더 나아가 무엇보다『미국의 민주주의』제2권에서 전개된 미국문화에 대한 토크빌의 고찰은 에머슨 및 초월주의자들과 관련지어 읽어볼 만하다. 그러니까 에머슨은—적어도 사후적인 재구성으로 볼 때—토크빌의 대화 파트너이면서도 그의 연구대상인 셈이다.

에머슨과 토크빌에게 있어 민주주의적 평등의 역설적 포텐셜은—말하자면 자유를 대가로 하여 확산되고, 그럼으로써 민주주의를 파괴하지는 않을지언정 무력화하는 평등의 경향성은—민주적 열정과 감정의 영역에서 특히나 간명하게 드러난다. 알렉시 드 토크빌이『미국의 민주주의』제1권의 서두에서 미국 여행 동안 각별하게 자신을 사로잡았던 현상으로서 강조한 "사회적 조건들의 평등"은 정치시스템보다 훨씬 더 폭넓게 그의 분석에 각인되어 있다. "이 평등은 여론을 조성하고, 감정을 불러일으키며, 풍습을 무르익게 하는 한편 자기가 만들지 않은 모든 것을 변형시킨다."(같은 책: 5) 에머슨에게 있어서도 또한 민주주의가 표출되는 것은 열정과 감정이다. 그가 민주주의의 부작용을 퇴치하기 위해 격정적인 것의 영역에 자리한 해독제—자신감—를 겨냥한 것은 괜히 그런 것이 아니다.

민주적 열정들 중에서—토크빌은 제2권의 서두에서 "선망, 증오, 이

웃에 대한 경멸감, 자부심, 도를 넘는 자신감"을 꼽는다(같은 책: 491)—특히 민주주의의 내적 모순을 일목요연하게 보여주고, 그래서 민주주의에 대한 위협을 의미하는 것이 선망이다. 나는 우선 토크빌의 '선망'과 '질투'에 대한 논의를 조명하고—그것은 『미국의 민주주의』 1·2권을 관통한다—그 뒤를 이어 선망에 대한 에머슨의 생각을 논할 것인데, 그것은 에머슨이 1830년대 초에 일기에서, 또 보스턴의 하층민 교회에서 목사로 마지막 설교한 것들 중에서 개진된 것이다. 이러한 순서에 따라 에머슨은 토크빌의 대화파트너로 나타나며, 게다가 토크빌의 눈을 통해 새롭게 이해될 수 있을 것이다.

그러나 무엇보다도 토크빌과 에머슨을 비교하는 이 재구성은 선망의 개념으로 특징되는 부정적 격정이 민주주의에 도전하는 위협 이상의 것임을 깨닫게 해준다. 에머슨은—낭만주의적 전례에 따라—인간의 심미적 지각에 새로운 활력이 부여되길 기대함으로써 민주주의에 대한 일종의 구제 계획을 발전시켰음을 나는 보여줄 것이다. 다만 이 계획은 「자신감」 에세이에서 암시된 목적, 곧 선망의 "추한 감정"(Ngai 2005 참조)을 완전히 제거하는 일과 피상적으로 결합되었을 따름이다. 사실 에머슨은 자기 자신을 선망의 부정성 위에 구축한다. 그래서 토크빌의 관점에서 보면 그의 해결 시도는 그저 평등의 사회적 조건들의 징후에 다름 아닌 것이다. 하지만 에머슨의 시각에서 보면 선망의 동원은 토크빌이 희망을 걸었던 지역적인 정치적 자치의 치유적 힘들보다 다수의 폭거에 대항하는 보다 전도유망한 수단이다.

I.

토크빌의 사상 전개에서 차지하는 선망의 입지는—그에겐 통상 그러하듯이—모순이 없는 것도, 연관지점이 명확한 것도 아니다. 어떤 경우에는 귀족정에서 민주정으로 변혁이 이루어지는 혁명적 단계에 관찰될 수 있는 열정의 문제이다. 이때 미국 혁명은 (적어도 토크빌에게는) 부르주아 혁명이 아니었기 때문에, 이 독법에 비추어보면 선망은 미국에서 별 역할을 못한다. 그와는 달리 또 다른 대목에서 선망은 민주정이 귀족정의 전복으로 발생했느냐의 여부와는 상관없이 평등의 조건들과 결부된 열정이다. 따라서 이 두 번째 설명 모델에서 선망은 미국사회의 특징이거나 혹은 바로 미국사회를 가리키는 것이기도 하다.

제1권 '영국계 미국인의 사회질서'라는 장의 말미에서 토크빌은 선망을 정당화된 평등의 열정에 대비되는 "퇴폐적 평등벽(癖)"으로 묘사하고 있다.

실제로 평등을 위한 강력하고 정당한 열정이 있는데, 그것은 강해지고 존중받길 원하는 모든 인간에게 자극을 준다. 이 열정은 서열이 낮은 사람을 높은 서열로 끌어올린다. 하지만 인간의 마음속에는 강자를 자기 계층으로 끌어내리도록 약자를 자극하는 퇴폐적 평등벽도 또한 살아 움직인다. 그것은 인간을 자유 속의 불평등보다 예속 속의 평등을 더 선호하도록 유혹한다. (…) 자유는 [민주주의적 사회질서 속의 국민에게는] 소망의 본질적이고 지속적인 목표가 아니다. 그들이 결코 소멸하지 않을 사랑으로 신봉하는 것은 평등이다. (…) 그들은 평등 없이 결코 만족하지 않을 것이며, 평등을 포기하느니 차라리 죽을 준비

가 되어 있을 것이다.(Tocqueville 1984 [1835/1840]: 62)

그러니까 선망은 평등을 위한 열정과 하나의 짝을 이루는 대응물이 아니라, 그 변이들 중의 하나인 것이다. 토크빌은 선망을 비교하는 정서 혹은 차이의 지각에 대한 반응으로 묘사한다. 평등의 조건들이 외견상 불평등의 현실로 표출되자마자 평준화를 조성하는 것이 선망의 주된 사안이다. 증오와는 달리 선망은 타자의 배제를 노리지 않는다. 변해야 할 것은 오히려 자아와 타자 그리고 예컨대 인정 혹은 물질적 유복에 존재할 수 있는 특별한 자산 간의 상관적 지위다. 이 상관적 관계로 알 수 있는 것은 선망이란 평준화를 열망하는 두 가능성 중의 하나라는 점이다. 토크빌에 따르면 평준화의 정당한 형식은 위를 추구하는 반면, 선망은 아래를 향한 균등화를 통해 차이를 만회하려 애쓴다. (덧붙이자면, 오늘날 심리학 연구에서 이와 유사한 구별이 이루어지고 있는데, 여기에서 나타나는 두 가지 변주들이 '선망'으로 간주된다. 요컨대 네덜란드 심리학자 닐스 판더 벤Niels Van de Ven은 '부드러운 부러움'benign envy과 '악의의 부러움'malicious envy으로 나눠 이야기한다. Tierney 2011 참조.)

위를 향한 평준화에서 자아는 다른 사람이 이미 소유한 재산을 획득하고, 그럼으로써 그와의 간격을 좁힌다. 아래를 향한 평준화에서 타자는 자기로부터 분리된 재산을 상실해야하는데, 그것은 재산의 파괴 혹은 극단적인 평가절하를 전제로 할 수 있다. 그런데 위를 향하든 아래를 향하든지 간에, 토크빌에 따르면 차이의 균일화 형식은 둘 다 평등에 대해 끝없는 사랑이 현현한다는 점에서 서로 일맥상통한다.

이 두 가지 평등 추구 중의 하나가 어떤 조건 하에서 관철되는지 묻기 전에, 우리는 평등의 조건들은 평등을 위한 열정을 불러일으킨다는 토크빌의 주장이 과연 무엇을 뜻하는 것인지 먼저 해명해야만 한다. 이에 대한 토크빌의 의사표명은 매우 단정적으로 들리지만, 오해를 불러일으키기도 쉽다. 제2권(1840)에서 토크빌은 자주 인용되는 2부의 1장을 "무엇 때문에 민주적 국민은 자유보다 평등을 더 열정적이고 완강하게 사랑하는가"라는 물음에 할애하는데, 그곳에는 다음과 같이 적혀 있다.

> 사람들은 민주주의 시대의 인간들이 평등 속에서 살아가며 발견한 독특한 매력도, 사회가 제공하는 다른 많은 재산들보다 이토록 끈질기게 더 평등에 집착할 수 있는 각별한 이유도 묻지 않는다. 평등은 그들이 살아가는 시대의 특징이다. 그들이 그 외 다른 모든 것들보다 평등을 더 선호한다는 것을 설명하는 데에는 이것으로 충분하다.(Tocqueville 1984 [1835/1840]: 582)

이 말을 토크빌의 몇몇 최고 독자들은 곧이곧대로 받아들인다. 피에르 마넹은 다음과 같이 쓰고 있다.

> 민주주의 사회는 모든 것을 서로 경쟁하도록 유혹하지만, 민주주의 정신이 철폐하려 하는 것이 바로 이 경쟁이다. 왜냐하면 경쟁을 받아들인다는 것은 일종의 불평등 가능성과 정당성에 동의하는 것을 뜻하기 때문이다.(Manent 1996: 62)

이런 식으로 토크빌의 말을 받아들이면, 여전히 대답을 필요로 하는 중요한 질문들이 남게 된다. 왜냐하면 평등이 시대의 특징이라고 해서 그것이 민주주의 시대의 인간들이 평등을 사랑하는 이유가 되기엔 충분치 않기 때문이다. 민주주의에서 사람들은 불평등을 싫어하는 까닭에 서로 간의 경쟁을 거부했다는 마넹의 주장에는 본래 촉구된 질문, 곧 왜 그들은 불평등을 혐오하는지에 대한 답이 빠져 있다.

토크빌이 정반대의 결론에 도달한다면, 오히려 더 설득력을 띨 것이다. 말하자면 사람들이 평등 그 자체를 사랑해서가 아니라, 불리한 방향의 불평등을 막기 위해 평등을 비호하는 것이라고 말이다. 전적으로 마넹은 옳다. 실제로 토크빌이 말한 "모두에게 개방된 경쟁의 무한한 싸움터"가 한때 안정성에 기여한 신분질서의 자리에 들어섰다(Tocqueville 1984 [1835/1840]: 639). 그러나 경쟁은 토크빌의 민주주의자들에게 결코 평등의 이상에 어긋나서 불편한 것이 아니다. 오히려 그들은 자기 지위의 우연적 성격을 깊이 의식하고 있고, 시장을 그 휘발성에 비추어 불신하고 있는 것이다. 토크빌은 '사랑에서 물질적 안녕으로'라는 장에서 다음과 같이 쓰고 있다.

> 나는 여전히 미국에서 부자의 향유에 희망과 선망의 시선을 던지지 않고 운이 집요하게 따라주지 않는 재산을 상상 속에서 먼저 움켜쥐어 점유하지 않을 가난한 시민을 본 적이 없다. 또 다른 한편 나는 아메리카 합중국 미국 부자들에게서 가끔 극히 부유하고 방탕한 귀족층에게서 볼 수 있는 복지의 거만한 경멸을 느껴본 적이 없다. 이 부자들은 대부분 가난했었다. 그들은 빈곤의 고통을 느낀 적이 있었다. 이들은 오랫동안 적대적 숙명에 맞서 싸웠으며, 승리를 쟁취하는 바로 지금에는 투쟁을 수반한 열정들이 계속 고조되고 있는 것이다.(같은 책: 619)

부자든 가난하든 곧바로 장밋빛 미래를 선취하지 않는 한, 다른 사람이 자신과의 간격을 좁히거나 따돌릴 수 있다는 것을 사람들은 두려워한다. 따라서 민주주의는 관계로 측정된 개별자 정체성의 긍정적 가치를 위협한다. 그러한 점에서 민주주의자들이 애호하는 것은 평등이 아니다. 그들은 평등의 극복만큼 그토록 좋아하는 것도 없다고 토크빌은 논변을 폈어야 했다. 말하자면 평등의 극복이 자아를 타자로부터 **긍정적으로** 돋보이게 하는 한에서 말이다.

자세히 들여다보면 정확하게 이것이 바로 "평등을 위한 열정"이라는 말 뒤에 숨어 있는 것이다. 이미 인용한 바 있는 1836년 '무엇 때문에 민주주의 국민들은 자유보다 평등을 더 열정적이고 완강하게 사랑하는 가'와 관련된 노트에는 다음과 같이 적혀 있다.

> 만약 모두가 동시에 위를 오르고자 한다면, 저마다의 욕구를 최상으로 충족하는 것이 평등의 법칙이라 판명되는 것은 아주 자연스럽다. 수천 명의 주자들이 같은 목표를 두고 있다. 그들은 저마다 맨 먼저 목표에 도달할 것을 열망한다. 이를 위해 앞질러 달릴 거리를 확보하는 것이 이득이다. 하지만 만약 내가 그렇게 하면, 다른 사람도 그렇게 하지 않으리라고 과연 누가 나에게 확언해주겠는가? (…) 그러면 어떻게 해야 할까? 유일한 해법은 어떤 이득 마련을 저지하고 그 대신 해법을 자연스러운 수단으로 제한하는 것이다. (…) 그러니까 그들은 평등을 실제 사랑하는 것이 아니다. 다만 그들에겐 평등을 내세우는 것 외에 달리 방도가 없을 뿐이다.(Tocqueville 2010 [1835/1840]: 873)

민주주의자들이 평등을 단지 빈곤에서 끄집어내 열정으로 만든 것은 왜 선망이 두 평준화 전략보다 더 유망한 것인지에 대한 해명도 또한 제공한다. 민주주의 사회의 시민은 때때로 모범에 따른 성장에 활력을 얻는다는 것이 어쩌면 맞는 말일 수도 있다. 그런데 토크빌의 개인은 비용-이익 산출법에 지배를 받는 열정들에 경도된다. 타자의 경탄을 통해 이루어지는 평준화의 관용적 제스처는 자아가 위를 향한 자기변화 속에서 타자에 의해 추월당할 위험부담을 그 자체로 안고 있다. 그 까닭은 인간의 발전 포텐셜이 위를 향해 열려 있기 때문이다. 따라서 소모는 열매를 맺지 못할 것이며, 자아는 열등의 지위에 갇힐 것이다. 이렇게 보면 아래를 향한 수세적 균등은 자기 열등함을 막는 보다 확실한 방법인 것으로 보인다.

물론 이러한 전략에 대해 민주주의적 자아는 상당한 비용을 치른다. 말하자면 스스로가 불행한 존재로 선고받는 것이다. 왜냐하면 그것은 애초부터 본래 자기의—토크빌에 의해 인간학적으로 근거지어진—인정욕망의 충족을 와해시키기 때문이다. 그것은 그 누구에게도 열등해지지 않는 것이 결코 아니라, 오히려 대중으로부터 우뚝 솟아오르는 으뜸패 전략이기 때문이다.

> 인간의 제도들은 바꿀 수 있어도 인간은 바꿀 수 없다. 시민들이 동등한 권리를 갖고 같은 형태를 띠도록 사회가 일반적으로 얼마나 애를 쓰든지 간에, 개별자의 각별한 자부심은 늘 평균적인 것에서 벗어나려 하고, 또 어떤 곳에서는 그에게 유리한 불평등을 조성하려 할 것이다.(Tocqueville 1984 [1835/1840]: 707)

그러니까 토크빌은 엄격하게 관계상 다른 사람에게 귀속되는 인정으로 산정되는 인정추구에서 출발한다. 자아가 인정을 받았다고 느낄 때는 타자에 대해 대등하게(≒등가적으로) 인식될 때가 결코 아니며, 오히려 유일한 것으로 인식될 때이다. 추구하는 방향은 평등이 아니라 그것을 넘어서는 것이며, 말하자면 위로, 특출함을 향해서 넘어서는 것이다(Fluck 2012 참조).

그런데 민주주의에서는 인간들이 자기 본래의 소망을 포기하는 것으로는 충분하지 않다. 그들은 다른 모든 인간들을 자기 수준으로 끌어내리는 일에도 여전히 실패한다. "시민들은 저마다 가까운 사람들이 자기를 능가하는 점들을 항상 주시할 것이며, 고집스럽게도 오로지 이 측면에만 시선을 주리라는 것을 예견할 수 있다."(Tocqueville 1984 [1835/1840]: 627)

토크빌에 따르면, 그로부터 얻게 되는 결론은 일종의 평등 딜레마이다. 조건의 평등이 가장 현저한 차이를 평평하게 만들기 때문에 사람들은 작은 차이를 더욱더 명확하게 인지하게 된다. 완벽한 평등이 도달될 수 없다면, 그와 동시에 가장 작은 차이에 대한 의식이 점점 더 갈수록 높아진다면, 아래를 향한 균등화는 평등에 대한 소망을 점점 더 부채질함으로써 끝없는 절망을 낳게 된다. "평등이 크게 증가하면 할수록 그에 대한 소망은 더욱더 충족될 줄 모른다."(같은 곳) 최근 심리학 연구, 곧 선망의 감정은 부러움의 대상이 되는 것에 대한 높은 주의력을 수반한다(Tierney 2011)는 견해에 따른다면, 민주주의적 선망도 또한 의식의 강화로 이어질 것이다. 여기에서는 물론 개별적인 부러움의 대상에 대한 것이 결코 아니라, 불평등의 형태 일반에 관한 것이다.

불평등에 대한 이 날카로워진 감각으로 민주시민은—토크빌에 따르면—우울에 빠질 위험에 노출된다. 그는 평등의 목표를 거의 눈앞에 두고도 계속해서 놓친다. 이로부터 토크빌이 내린 결론은 이렇게 계속되는 실패는 민주적 주체에게 삶을 의미로 채우는 일이 불가능함을 뚜렷하게 보여준다는 것이다. 인간이 염원하는 평등이 아주 가까워도 결국에는 도달할 수 없는 것으로 머문다.

> 민주주의 나라 주민들 사이에서는 물질적 권태에 둘러싸여 때론 편리하고 평온한 생활 한복판에서 우울이 확산되고 있다. 프랑스에서 사람들은 자살 증가로 한탄하고 있다. 물론 미국에서 자살이 나타나는 경우는 드물지만, 다른 어떤 곳보다 광기가 더 많이 발생하는 것은 분명하다.(Tocqueville 1984 [1835/1840]: 628)

선망, 평등에 대한 절망적 탐색, 우울한 탈진상태, 이것들은 말 그대로 민주주의에서의 삶을 혐오하게 만드는 수레다. 이러한 진단은 후기자본주의에 대한 오늘날의 이론과 연결시켜 재구성될 수 있다(가령 Menke/Rebenrisch 2010; Neckel/Wagner 2013 참조).

II.

26살 나이의 토크빌이 미국 여행 동안 2살 연장자인 에머슨을 알지 못했던 까닭은 무엇보다도 에머슨이 1836년 『자연론』 출간에 이르러서야 비로소 크게 명성을 얻었기 때문일 것이다. 게다가 에머슨에게는 토크빌의 미국 방문기 동안—1931년 4월 초에서 1832년 2월 말까지—사회 접촉을 행할 여유가 거의 없었다. 그래도 1831년 2월 자신의 처 엘렌의 죽음을 맞아 상(喪) 중이었을 때, 이 상실감을 생의 급진적 전환점의 계기로 삼을 결단을 내렸다. 그리하여 그는 1832년 9월―성찬식을 벌이길 거부한 자신의 일로 오랜 기간 유니테리언 교회의 책임자와 다툰 끝에―보스턴의 하층민 교회 목사직을 내려놓고, 그때부터는 오로지 기회가 닿을 때에만 설교를 수행했으며, 그 대신 자유 문인 및 연설가로 활동했다.

교구목사직에 있을 때 그는 1832년 5월 20일, 정확하게 토크빌이 프랑스로 돌아가고 난 두 달 후에, 마지막 설교를 고린도전서 13장 '사랑은 열중하지 않는다'라는 텍스트에 할애했다. 킹 제임스 성경의 번역에 따르면 'Charity envieth not'―사랑은 시기하지 않는다―이다. 설교에서 에머슨은 성경의 그리스도교적―또는 그리스도론적―해석을 넘어선다. 그것은 가장 핵심을 찌른 문화비판적 텍스트들 중 하나이다. 에머슨은 선망을 초역사적인 인간 죄악이 아니라, 현대사회의 병으로 이해한다.

애초부터 그는 선망의 문제를 현재 시의성의 관점에서 바라본다. 그는 우선 소유권은 진보된 문명에서 선망의 감정이 마음껏 펼쳐지는 데 있어서는 억압적으로 작용한다고 주장한다. 만약 선망을 "다른 사람의 이점을 자기 것으로 하고 싶은 소망―생각 속의 절도"로 이해한다면, 우리가 맞닥뜨릴 일은 거의 없으리라는 것이다(Emerson 1992: 148). 하지만 이러한 의미에 에머슨은 토크빌의 선망 개념, 곧 아래를 향한 평준화라는 그 두 번째 의미를 대비시킨다.

만약 선망이 우리가 차지할 수 없는 이득을 없앨 수 있길 소망하는 것이라면, 우리는 이웃이 이루어낸 성공은 일어나지 않은 사건으로 만들길 소망할 것이다. 이 이웃이 무언가 나쁜 일을 당했으면 하고 소망한다. (…) 만약 선망이 우리가 우아한 스타일, 드높아지는 명성, 유복한 가족 또는 우리와 동등한 사람들의 득이 되는 결합을 경멸적으로 바라보는 시선에 있다면, 그리고 누군가 너무나도 많은 칭찬을 받는 것에 대해 우리가 차갑게 반응한다면—간단하게 말해 선망이란 우월에 대한 증오에 있는 것이라면—질투를 느끼지 않는 사람이란 없다고 하마터면 나는 말할 뻔했다. 선망은 너무나도 명백한 것이며, 도처에 있는 것이다.(같은 곳)

그 결과 에머슨은 선망으로 가득한 사회의 파노라마를 펼쳐놓는데, 그것은 놀랍게도 현행적인 것으로 보인다. "애국주의라는 외양 속에서 이러한 시기하는 감정은 나라 전역으로 확산되고 있다"고 그는 쓰고 있다(같은 책: 149).

어떤 이해관계가 유행한다면, 그것은 이해관계가 부당하게 장려된다는 뜻이다. (…) 어떤 제도가 훌륭한 운영을 통해 성공한다면—그것이 설령 교육 제도나 자선 시설일지라도—어디선가 고소와 위협의 목소리가 생겨난다. (…) 누군가 찬란하고 흠결 없는 명성을 지니고 있다면, 그것은 이미 부패와 이기적인 것에 달을 보고 짖어대는 개처럼 고함을 터트릴 충분한 이유가 된다. 모든 것은 우리가 갖지 못한 어떤 우위를 획득했던 이들에게 반감을 품어야 하는 것으로 귀착된다.(같은 곳)

설교의 근거를 이룬 일기 기록을 보면, 에머슨이 이러한 민주적 선망 문화가 앤드루 잭슨(미국적 특성을 지닌 현대 포퓰리즘의 선조) 및 그 민주당에 구현된 것으로 봤다는 사실이 분명해진다. "잭슨당은 선망으로 가득하다"고 에머슨은 자기 동생의 말에 동의하며 인용하고 있다(Emerson 1964: 20). 다만 여백에 토크빌도 또한 잭슨을 민주주의의 가장 심각한 우려가 현실화된 "촌놈 질투의 대변자"로 간주했다는 사실이 언급되어 있다. "잭슨 장군은 다수의 노예다. 그는 다수가 원하는 바를 따르고, 그들의 소망, 그들의 반쯤 숨어 있는 충동을 따르거나 아니면 오히려 그것들을 미리 짐작해 서둘러서 선두에 나선다."(Tocqueville 1984 [1835/1840]: 456)

에머슨이 사람들은 저마다 질투를 느낀다(앞서 인용했듯이, 이 말을 그는 '하마터면' 하고 싶었을 따름이다)는 주장을 펴는 데 뭔가 망설인 것은 예수 그리스도에 대한 경의로 이해할 수 있을지도 모른다. 유니테리언 설교에는 그것이 적합했을 것이고, 실제로 그는 설교가 끝날 때쯤 예수를 명확한 반례(反例)로 제시했다. 그와 반대로 에머슨 자기 자신은 일기 기록에서 명확하게 드러나는 것처럼 예외로 삼지 않은 것으로 보인다. "누가 질투를 느끼는가? (…) 내가 나에게 상처를 준 사람이나 나를 웃음거리로 만든 사람에게 시기심을 느낄 수 있다는 것을 아는 건 어렵지 않다."(Emerson 1964: 20)

에머슨이 자기 자신을 선망의 문화비판에 포함시킨 것은 겸허함의 제스처 이상의 것이다. 이 고백을 진지하게 받아들이면, 에머슨이 글을 개진하는 과정에서 완성한 대항 프로그램을 이해하는 데 큰 도움이 된다.

도입부에서 이미 볼 수 있었던 것처럼, 이 대항 프로그램에서 선망은 자신감으로 대체되어야 한다. 이 변형에 도달하기 위해 에머슨은 두 가지 서로 연관된 조치를 겨냥한다. 하나는 개인이 선망의 대세순응주의 문화에 등을 돌리는 것이다. 또 다른 하나는 그때 자기 고유의 지각을 되찾고, 이 활성화된 **아이스테시스**(Aisthesis), **곧 감각적 지각**의 도움으로 자신을 세상에 위치시키는 것이다.

선망을 제치기 위해 다른 사람으로부터 등 돌리는 일은 진정성이라는 이상에 깊이 사로잡힌 에머슨과 같은 낭만주의적 사상가에게는 쉽게 생각할 수 있는 일이었을지도 모른다. 자기 자신에 아주 집중할 수 있는 사람에게는 다른 사람이 그 어떤 선망을 유발해도 아무런 상관이 없을 것이다. 에머슨의 용어 선택은 물론 설교의 몇몇 대목에서 선망과 자신감이 이와 같은 도식적 대립을 암시한다기보다는 오히려 훨씬 더 가깝게 병존함을 가리킨다. 등 돌리는 것—반감—은 이미 인용했듯이 선망의 정수(精髓)다. "모든 것은 우리가 갖지 못한 어떤 우위를 획득했던 이들에게 반감을 품어야 하는 것으로 귀착된다." 나중에 『자신감』 에세이에서 우리는 새롭게 반감의 형상에 맞닥뜨리게 된다. 여기에서 물론 중요한 것은 대세순응주의와 자신감 간의 관계다. "The virtue in most request is conformity. Self-reliance is its aversion."(Emerson 1979 [1841]: 29) 고트프리트 크리거의 번역에서 이 대목은 이전 설교에서 나타난 선망 분석에 아주 잘 맞아떨어지는 것처럼 들린다. "대부분 요청되는 미덕은 대세순응성이다. 이 성질에게 자신감은 혐오다."(Emerson 1982 [1841]: 148) 우리가 반감을 단순하게 강력한 감정이 아니라 운동의 형상으로 이해하면—등을 돌리는 것으로서—그때에야 비로소 자신감이 선망에서 발전될 수밖에 없다는 점이 분명해진다.

대세순응적 자아가 혐오감을 느끼며 자신감의 생각으로부터 등을 돌리기란 그렇게 간단한 일이 아니다. 오히려 자신감에서 등을 돌리기 위해 대세순응적 자아가 수행하는 운동은 동시에 독립성의 문을 여는 그러한 운동이다. 스탠리 카벨은 섬세한 감각으로 반감을 에머슨 자신의 것으로 동일시함으로써 핵심을 짚었다. "그의 반감은 연속적으로 사회에 등을 돌리는 데 있기 때문에 그것은 동시에 끊임없이 사회로 맴도는 순환이다. 계속해서 이리저리로, 일종의 유혹의 운동인 것이다."(Cavell 2003: 166)

반감을 유혹으로 해석한 카벨의 핵심은 대세순응주의 자체가 유혹으로 행세한다는 데 있다. 그래서 우리는 우리를 다른 유혹들(이것을 카벨은 "일치들, 비동질성들"이라 부른다. 같은 곳)에서 벗어나게 해주는 유혹과 관련이 있는데, 다만 그것이 끊임없는 반감의 현혹들 모두 다 유혹의 논리를 유지함으로써 그렇다는 것이다. 달리 말해, 자기 자신을 신뢰하는 자아는 선망과 대세순응주의를 최종적으로 제쳐버릴 수 있는 것이 아니라, 영원한 순환운동 속에서 끊임없이 이들로 회귀할 수밖에 없다.

이로써 선망의 기능이 변한다. 그것은 더 이상 토크빌이 기술하는 것처럼 정체적이고 무기력하게 작용하는 것이 아니라, 반감에 의해 자아의 영구적 변화의 충동이 된다. 그와 동시에 자아가 등을 돌리는 것은 사회만이 아니라 자아의 그때그때 상황에서도 그러하다. 이로써 '자신감'은 결코 이전의 튼튼한 자아의 진정한 핵심으로 가는 퇴각이 아니라, 이 핵심을 지금까지의 자아를 제쳐버린 것으로서 새롭게 정의내리는 자기관계이다. 순환은 앞도 뒤도 모르기 때문에, 심지어 일치의 측면이 여전히 자신감의 측면과 구별될 수 있는지도 의문이다. 왜냐하면 그 어떤 자신감의 고수도 그 측면으로 보면 새로운 대세순응주의이기 때문이다. 에머슨의 생각은 (오로지 독일어로만 활용 가능한) 신뢰(Vertrauen)와 친밀성(Vertrautheit) 간의 구별을 경유해 재구성될 수 있다. **자신감**(self-reliance)이 자아의 친밀성으로 변질되자마자 자신감은 새로운 대세순응주의로 이행한다.

순환만으로는—비유적으로든 아니면 말 그대로 이해하는—선망이 자신감으로 변형되는 과정을 파악하기엔 여전히 충분치 않다. 에머슨에게 있어 자신감으로 들어서는 길은 세계의 변화된, 심미화된 지각을 경유한다. 이 지각은 우리 개개 세계의 감각적 차원에 초점을 맞추며, 이러한 새로운 방식으로 보는 세계 지각이 비로소 인간에게 본래 의미에서의 지식에 도달하는 것을 용인한다. 이것이 바로 에머슨이 『자신감』에서 선망을 무지와 연결시키는 이유이기도 하다. 도입부에서 이미 우리가 읽을 수 있었던 것처럼, 인간은 언젠가 "선망이 (…) 무지라는 (…) 확신에 이르게 된다"는 것이다(Emerson 1982 [1841]: 145).

여기에서 에머슨은 낭만주의적 전망을 추가하여 토크빌을 보완한다. 어원상 *in videre* (보지 않다)에서 유래하는 선망은 토크빌이 아주 애석하게 생각했던 것처럼, 특히 인간 혹은 사물 간의 차이를 예리하게 관찰하는 재능이 된다. 그런데 이러한 적확한 지각은 동시에 양화하고 비교하는 절차적 행위를 통해 일종의 맹목성을 띠기도 한다. 이와 반대로 자신감은 보통의 사물들을 그 유일성 속에서 파악하는 지각방식을 전제한다. 에머슨적 주체의 심미적 시선은 결코 개별주의에 머물지 않는다. 개별적인 것을 본다는 것은 오히려 자연의 개별적 사실들 간에 유비 형성을 포함하는 것이다. 이러한 유비들은 결코 차이들을 배분하는 것이 아니라, 공통성들을 드러내면서 비교한다. 이러한 유비들은 보다 높은, 신적인 정신 속에 나타나는 공통의 근원을 가리킨다고 에머슨은 확언하고 있는데, 설령 후자가 오로지 지속적으로 변하는 자연의 물질성 속에서만 드러난다 하더라도, 오로지 유비의 이미지 속에서 연습한 이들에게만 또다시 인식될 수 있다는 것이다. 그는 『자연론』에서 다음과 같이 쓰고 있다. "인간 그 자체는 유비를 구하고, 모든 것에서 관계를 구한다. 그는 모든 현존자들의 중심에 서 있으며, 밝게 비추는 관계의 빛은 각 현존자에서 현존자에게 간다."(Emerson 1982 [1836]: 103)

시샘 비교의 민주주의적 대세순응주의에 대립되는 에머슨의 낭만주의적-관념론적 인식론에서는 민주주의적 격정이 그 자체로 표현되고 있다. 왜냐하면 "밝게 비추는 관계의 이 빛이 **각** 현존자에서 현존자에게 가는 것"을 인식하는 일은 각 개인과 마찬가지로 시대 전체도 같은 단계로 올려놓기 때문이다. "왜 우리도 우주와의 근원적인 관계를 향유해선 안 되는 것일까?"라고 바로 『자연론』 서두에 쓰여 있다(같은 곳: 85). 이로써 에머슨이 선망에서 등 돌리고 새로운 시각으로 옮겨가는 것은 그로서는 평준화의 논리로 나타나며—그것은 "왜 나도 아닌가? 왜 우리도 또한 아닌가?"라는 논리다—이것은 선망과 밀접하게 관계가 있다. 토크빌에 따르자면 이 논리는 위를 향한 평준화로 묘사될 수 있다. 『미국의 학자』라는 에세이(1838)에서 에머슨은 무(無)선망의 새로운 시각을 18세기 민주주의 혁명에서 직접 도출할 정도까지 나아갔다. 그 결론은 탈위계화의 민주주의 미학이다. "최근에 숭고나 아름다움 대신 가까운 것, 저급한 것, 평범한 것이 탐지되었고 문학작품으로 변형되었다."(Emerson 1971 [1849]: 67) 그러니까 가까운 것, 저급한 것, 평범한 것에서 에머슨이 알아본 것은 일상적인 것의 감각화인데, 그 속에서 (아도르노와 벤야민의 심미화 비판적 입장을 일깨우자면) 문화산업의 대중기만이나 정치의 파시즘적 심미화가 통용되었다는 뜻이 아니라, 민주주의의 온갖 경향에도 불구하고 평등의 역설로 점차 파멸에 이르는 평등의 민주주의적 이상이 물질화된 것이다.

III.

에머슨과 토크빌은 평준화의 두 형태 구분에 있어서뿐만 아니라, 이 두 형태를 나누는 가치의 차이에 있어서도 역시 서로 견해를 같이하는데, 말하자면 아래를 향한 평준화의 선망은 두 사람 모두 두려워하지만, 위를 향한 평준화의 자기 확장은 그 가치를 인정한다. 이러한 공통점에도 불구하고 간과할 수 없는 것은 미래 민주주의 문화에 대한 에머슨의 대항 구상이 토크빌이 사회조건의 평등이라는 문화적 선언으로 작업한 것을 훨씬 일목요연하게 보여준다는 점이다. 말하자면 토크빌은 평등시대에 시인과 사상가는 개인을 중심에 내세우거나(이에 대한 전거로 자신감을 중심 가치로 받아들이는 철학자보다 더 좋은 예가 어디 있겠는가?) 아니면 인류 전체, 우주를 자기 대상으로 삼는 경향을 보인다고 결론짓고 있다(실제로 가끔 에머슨은 마치 개인이—다소 공격적으로 표현하자면—일반 정신의 기체상태 구름으로 해체되어야 하는 것처럼 말한다). 심지어 에머슨이 자신의 철학을 시학의 방향으로 몰아간 언어적 비형식화조차도 토크빌은 파악했으며, 에머슨 자신이 그랬던 것과는 전혀 다르게 해석했던 것으로 보인다. 에머슨의 시학적 상론에 미루어 판단해보면, 그의 부정확한 언어와 비체계적인 사유는 모든 자연의 특징인 끊임없는 변화의 흐름을 나타내는 표현이다. 에머슨이 『몽테뉴』 에세이에서 다음과 같이 쓸 때에는 언어를 마치 소재, 더군다나 신체적인 것처럼 다루고 있다. "이 말들을 절단하면, 그것은 피를 흘릴 것이다."(Emerson 1987 [1850]: 95) 끊임없이 변하는 자연에 한몫을 차지하는 언어의 이와 같은 참여는—어쨌든 초월주의적 자기기술(記述)에 상응하여—민주주의적 권한 부여의 효과를 지닌 우연의 시학으로 독자를 안내한다. 즉 그것은 독자를 수동적인 소비자 신분에서 능동적인 공동 작가로 등용시키는 것이다. ("창의적 읽기도 창의적 쓰기도 존재한다"라고 에머슨은 『미국의 학자』에서 적고 있다. Emerson 1971 [1849]: 58.) 토크빌의 민주주의 작가 언어분석에는 이와 유사한 기술이 발견되지만, 그 결론은 너무나도 다르다.

한 작가가 표현의 근원적 의미를 조금씩 왜곡하기 시작하고, 이 변화에 따라 그는 표현을 자기 대상에 가능한 한 적응시킨다. 그러고는 표현에 다른 의미를 부여하는 다른 작가가 출현한다. (…) 거기엔 공동의 재판관이 없고, 또 말의 의미를 궁극적으로 고정시킬 수 있는 상설 재판소도 존재하지 않기에, 의미는 가변적인 것으로 남는다. 그 결과 작가는 결코 하나의 생각만을 고수할 수 없으며, 오히려 마치 늘 더 많은 관념들을 추구하고 또 그것이 무슨 뜻인지 독자가 판단하도록 맡긴다. 이것은 민주주의가 초래한 불쾌한 결과이다. (…) 명료한 표현방식이 없이는 훌륭한 언어도 없다.(Tocqueville 1984 [1835/1840]: 552)

이러한 두 사상가의 비교에서 중요한 것은 둘 중 하나를 민주주의에 더 적대적이라거나 혹은 후진적인 사람으로 질타하는 데 있지 않다. 오히려 여기에서 문제는 토크빌의 시각에서 보면 에머슨의 선망에 맞선 전략이 선망을 또한 불러일으켰던 평등의 동일 조건들의 징후라는 점이 드러난다. 그러니까 토크빌의 전망에서 보면 에머슨의 민주주의 프로그램은 평등의 역설에서 해방될 수 없다는 사실에 시달린다. 그 결과 토크빌에게 있어 평등의 자기 파괴적 동력은 에머슨의 수단으로 저지될 수가 없다. 이는 오로지 민주주의 속의 인간으로 하여금 교육과 교양을 수단으로 공익에 대한 계몽적 이해관계를 발전시키도록 할 때에만 달성할 수 있다.

　이와 반대로 에머슨의 경우 계몽적 합리성의 수단으로 자기 모순성의 얽힌 그물에서 민주주의를 해방시킬 가망성은 적다. 유혹, 자기모순의 심미화와 역동화는 그가 평등의 자기 파괴적 힘들과 싸울 뜻이 있는 수단들이다. 평등의 규범적 역설은—민주주의적 이상규범으로 이해할 때, 그것은 민주주의의 위협으로 기우는 경향이 있다—민주주의의 오점으로 간주되어서는 안 된다. 왜냐하면 이러한 역설은 또한 자신감이 순응성(≒일치)으로, 순응성(≒일치)이 자신감으로 바뀔 가능성으로도 볼 수 있기 때문이다. 바로 이러한 격변의 잠재력 속에서 에머슨은 평등의 규범이 실천으로 옮겨갈 기회를 본다. 에머슨에게 있어서는 오로지 순응성과 자신감 사이를 오고가는 것만이 유혹과 유혹의 민주주의적 무도를 가능하게 한다.

번역_고지현

참고문헌

Cavell, Stanley 2003: Aversive Thinking. Emersonian Representations in Nietzsche and Heidegger, in: David J. Hodge (Hg.): Emerson's Transcendental Etudes. Stanford: Stanford University Press, 141–170.

Dewey, John 1979: Emerson – The Philosopher of Democracy, in: Jo Ann Boydston (Hg.): The Middle Works of John Dewey. Band 3. Carbondale: Southern Illinois University Press, 184–192.

Emerson, Ralph Waldo 1964: Journals and Miscellaneous Notebooks of Ralph Waldo Emerson 1832–1834. Band 4. Hg. von William H. Gilman. Cambridge: Belknap Press of Harvard University Press.

Emerson, Ralph Waldo 1971 [1849]: Nature. Addresses and Lectures, in: ders.: The Collected Works of Ralph Waldo Emerson. Band 1. Cambridge: Belknap Press of Harvard University Press.

Emerson, Ralph Waldo 1979 [1841]: Essays. First Series, in: ders.: The Collected Works of Ralph Waldo Emerson. Band 2. Cambridge: Belknap Press of Harvard University Press.

Emerson, Ralph Waldo 1982 [1836]: Die Natur, in: ders.: Die Natur: Ausgewählte Essays. Hg. von Manfred Pütz. Übers. von Manfred Pütz und Gottfried Krieger. Stuttgart: Reclam, 83–142.

Emerson, Ralph Waldo 1982 [1841]: Selbstvertrauen, in: ders.: Die Natur: Ausgewählte Essays. Hg. von Manfred Pütz. Übers. von Manfred Pütz und Gottfried Krieger. Stuttgart: Reclam, 143–178.

Emerson, Ralph Waldo 1987 [1850]: Representative Men. Seven Lectures, in: ders.: The Collected Works of Ralph Waldo Emerson. Band 4. Cambridge: Belknap Press of Harvard University Press.

Emerson, Ralph Waldo 1992: The Complete Sermons of Ralph Waldo Emerson. Band 4. Hg. von Wesley T. Mott. Columbia: University of Missouri Press.

Fluck, Winfried 2012: Fiction and the Struggle for Recognition, in: Amerikastudien / American Studies 57. 4, 689–709.

Manent, Pierre 1996: Tocqueville and the Nature of Democracy. Lanham: Rowman and Littlefield.

Menke, Christoph und Juliane Rebentisch (Hg.) 2010: Kreation und Depression. Berlin: Kadmos.

Neckel, Sighard und Greta Wagner (Hg.) 2013: Leistung und Erschöpfung. Burnout in der Wettbewerbsgesellschaft. Berlin: Suhrkamp.

Ngai, Sianne 2005: Ugly Feelings. Cambridge: Harvard University Press.

Tierney, John 2011: Envy May Bear Fruit, but It Also Has an Aftertaste, in: The New York Times, 10. Oktober. ‹http://nyti.ms/1AJNuoa›.

Tocqueville, Alexis de 1984 [1835/1840]: Über die Demokratie in Amerika. Beide Teile in einem Band. Übers. von Hans Zbinden. München: dtv.

Tocqueville, Alexis de 2010 [1835/1840]: Democracy in America. Historical-Critical Edition of De la Démocratie en Amérique. Hg. von Eduardo Nolla. Indianapolis: Liberty Fund.

2부

2부 논단 / 오늘날 사회의 모순들

소아성애
1970년대 학문적 담론에서 아동과 성

마 이 케   조 피 아   바 더

서론 및 출발점

최근 독일에서는 아동 및 청소년에 대한 성폭력이 몇 차례에 걸쳐 공적으로 논의되었다. 2010년에는 가톨릭 기숙학교, 그리고 혁신교육을 표방한 오덴발트 슐레(Odenwaldschule)에서 벌어진 학대 사례들이 공개되었다. (특히 후자의 사례들은 이미 1990년대 말에 처음 알려졌으나 당시에는 거의 주목을 끌지 못했던 것이기도 하다.) 연방의회 선거운동이 있던 2013년에는 녹색당이 자당(自黨) 소속의 유럽의회 의원인 다니엘 콘-벤디트(Daniel Cohn-Bendit)에게 상을 주려던 계획 때문에 비난을 받았다. 콘-벤디트에 대한 이 거센 비난은, 그가 1975년에 출판했던 글 때문에 불거졌다. 이 글에는 그가 프랑크푸르트의 보육시설에서 보낸 시간을 회상하는 불쾌한 구절들이 포함되어 있었기 때문이다. 교육자로서의 자신과 어린이들 사이에서 벌어진 에로틱한 상호 관계를 그린 콘-벤디트의 묘사는 상상의 결과인 것으로 밝혀졌다. 그럼에도 불구하고 그는 이런 묘사가 "참기 어려운 도발"에 해당한다는 것을 인정하고 잘못을 시인했다(Denkler 2014).

이런 사건들이 공적으로 널리 알려지게 되면서 이 주제에 관한 연구 또한 강화되었는데, 이런 연구에서는 역사적 차원도 중요한 역할을 했다. 독일어권에서는 청소년 운동의 역사 및 혁신교육의 역사에 관한 연구가 특히 주를 이루고 있다. 그럼에도 불구하고 이런 연구들의 경우, 성과 관련된 역사는 거의 주목받지 못했다(Baader 2012a und 2016b 참조). 제도화된 각 기관에서 벌어진 성폭력에 관련해 성 규범이 갖는 권력이 강조되는 데 그칠 뿐이었다(Myer 2011 참조). 가톨릭 수도원에서 벌어진 성폭력에 대한 논의들은 동성 집단 내의 사회화나 헤게모니적 남성성 등을 주제로 다룬다(Mosser, Hackenschmied und Keupp 2016 참조). 독일 녹색당에서의 소아애호 논쟁은 1968년부터 1989년까지의 정당사 및 정치사 연구의 일환으로 이루어졌다(Walter, Klecha und Hensel 2015 참고). 그러나 이때도 성의 역사적 측면은 전혀 추적되지 않았다. 마찬가지로 심리학자 및 사회교육학자이자 성 연구자인 헬무트 켄틀러(Helmut Kentler)가 1970년대에 베를린에서 수행했던 프로젝트도 연구의 대상으로 상정되었다. (1977년부터 하노버의 라이프니츠 대학의 사회교육학과 교수로 재직했던 켄틀러는 베를린 상원의 지원을 받아서 당시 베를린 거리에 살았던 13세부터 17세까지의 남자아이들을 소아성애자 남성들의 집에 머물게 하는 프로젝트를 진행했다. 이에 관해서는 괴팅겐 민주주의 연구소Institut für Demokratie-forschung Göttingen 2016년 자료를 보라). 또한 오늘날의 안티페미니즘 담론에서 소아애호(Pädophilie)라는 카테고리가 어떻게 소환되는지를 잘 보여주는 연구로는 Kämpf (2015) 등이 있다.

이 글은 교육, 성, 사회과학이 1970년대에서 1990년대까지 소아성애 (Pädosexualität)에 관한 입장에 그리고 각 분과사적, 학문사적, 지식사적 수준에 어떻게 관여했는지에 초점을 맞춘다. 혁신교육에 참여하고 있었으면서도 1903년 자신에게 위탁된 학생을 폭행해 죽게 만든 개인 교사 디폴트(Dippold)의 사례를 다룬 하그너(Hagner)의 연구는, 교육 기관은 물론이고 학문 역시도 그들의 역사 안에서 성폭력 문제에 깊이 연루되어 있다는 것을 보여준다. 하그너는 1900년경 성을 연구하는 학문이 교육 폭력을 정당화하는 데 어떻게 기여했는지, 그리고 이런 담론 구조가 해당 소년들이 처한 환경 안에서 어떻게 폭력 행위를 승인하는 데 기여했는지를 보여준다(Hagner 2010: 36 이하).

오늘날 교육학이 "성적 폭력을 규명하는 데 여전히 어떤 고유한 기여를 할 수 있어야 한다"(Andresen, Böllert und Wazlawik 2016: 621)는 요구를 받는다면, 이는 단지 여러 교육적 행위의 영역, 제도, 전문가들에게만 관련되는 것이 아니라(Fegert und Wolff 2006 참조) 직접적으로 각 분과 학문들 그리고 학문 내재적인 입장들에도 관련되는 것이다. 이 글은 독일연구재단(DFG)의 지원을 받은 프로젝트(BA 1678/6-1)에 기반한 것으로서, 1970년대의 각종 학문들 역시도 소아성애에 대한 담론적 입장들에 깊이 연루되었음을 보여줄 것이다. 이는 성과학, 심리학 또는 임상 치료, 철학, 교육학, 그리고 또 아동 연구에 관련된다. 특히 뤼디거 라우트만(Rüdiger Lautmann 1994)의 논문들 때문에 사회학 역시도 이 맥락에 연관되어 있는 것이 사실로 밝혀졌지만, 본 글에서는 이를 다루지 않을 것이다.

이 글에서는 성폭력 사례들과 담론 입장들을 구분하고, 후자만을 다룰 것이다. 그리고 소아성애에 대한 담론 입장 중에서도, 소아성애를 정당화하고 소아성애의 보호 연령 폐지에 동의하는 입장들에 관해서만 논의할 것이다. 이런 담론 입장들이 어떤 정당화의 패턴들을 통해서 그리고 어떤 맥락 안에서 전개되는지가 이 글의 주요 논점이 될 것이다. 그리고 이 글은 소아성애라는 개념이 분석적으로 적절한 개념이라는 전제 하에서 전개될 것이다. 이 개념은 어린 아이를 대상으로 하는 성적 욕망—그것이 실제로 성적인 행위로 이어지는지와 무관하게—을 가리킨다. 독일에서 이 개념은 역사적으로 1980년경에 출현했다.

이 글에서 나는 특히 1970년대의 자료들을 분석 대상으로 삼는다. 그런데 이 자료들에서는 [소아성애 개념이 아니라] 당시로서는 잠정적인[확고한 학문성을 아직 띠지 못한] 개념이었던 소아애호라는 용어가 사용되고 있다. "paedophilia erotica"라는 개념은 1896년에 이 범주를 도입했던 심리치료사이자 법의학자인 크라프트-에빙(Krafft-Ebing)에게서 유래한 것으로, 19세기까지 거슬러 올라간다(Krafft-Ebing 1997 [1886]). 오늘날까지도 ICD-10 혹은 DSM의 국제적인 범주표에서는 소아애호라는 개념이 사용되고 있다. 이 범주표에 따르자면 소아애호라는 개념은 성적인 행위와 상관없이 사춘기 초기 단계의 혹은 사춘기 이전의 어린이를 대상으로 하는 성적 욕구를 가리킨다. 이 모호한 정의는 비판을 받고 있다(Becker 2017 참조). 이것이 바로 [소아애호에 비해] 소아성애라는 개념이 분석적으로 더 선호되는 이유이다. 성폭력 사건과 관련해 강조해야 할 점은, 가족 내외의 성폭력 사례 대부분은 ICD 또는 DSM의 의미에서 소아애호자에 의한 것이 아니라는 점이다(같은 글 참조). 리처즈에 따르면, 아동에 대한 성폭력이 주로 소아애호자들에 의해 발생한다는 가정이야말로 오해의 핵심에 해당한다. "모든 아동 범

죄자가 소아애호자인 것은 아니며, 반대로 모든 소아애호자가 아동 성
범죄자인 것도 아니다."(Richards 2011: 422)

또한 이 글은 담론 분석 및 성역사적 접근 외에도 초국가적인 관점을
따른다(Paternotte 2014 참조). 이 글은 각각의 개별 행위자가 아니라 담
론 및 그 맥락에 초점을 맞출 것이며, 또한 특히 1970년대 소아성애 담
론에 특유한 맹점에 대해 논할 것이다. 첫 번째 장에서는 소아성애를
정당화했던 성과학 및 교육학의 담론이 제시될 것이다. 그리고 두 번째
단계에서는 1970년대의 아동 이론적 입장들에 대해 논할 것이다. 이어
서 1968년 말의 보육시설들에 관한 보론이 덧붙여질 것이다. 그리고 마
지막으로는 이런 담론들의 결함들을 제시하고, 전체 논의를 개괄하면
서 끝맺을 것이다.

1970년대 성과학 및 교육학 담론에서 소아애호의 정상화

1973년 교육학 잡지 『주제: 교육』(betrifft: Erziehung)에서는 『소아성애:
희생자 없는 범죄』라는 제목의 책자가 출판되었다. 이 잡지는 1967년
창간되었고 1970년대 초에 독일에서 매우 많은 발행부수를 자랑하는
등 교육학 잡지 그 자체였다. 〈교육 연구를 위한 막스 플랑크 연구소〉
진영의 무수한 저자들이 이 잡지에 글을 기고했다는 사실이 이를 잘 증
명해준다(Ostkämper 2008; Kalb 2010 참조). 젊은 세대의 비판적인 교육
연구자들 및 교육 개혁자들을 위한 포럼이기도 했던 이 잡지는 1970년
대의 교육 연구, 교육 개혁, 교육학적 시도들이 접합되는 인터페이스에
위치해 있었다. 이 잡지의 부제는 "최신 교육학 잡지"(Das aktuelle pädago-
gische Magazin)였다. 1973년, 이 잡지의 편집인 9인 중에서는 단 한 명만

이 여성이었다. 『사회적 노동에서의 감정』(1973)의 저자였던 로레 게르하르트(Lore Gerhard)가 바로 그녀이다. 그 외의 성원들로는 교육학자이자 아동 연구자인 위르겐 치네커(Jürgen Zinnecker)와 위르겐 치머(Jürgen Zimmer) 등이 있었다. 치머는 1965년부터 〈교육 연구를 위한 막스플랑크 연구소〉의 소장이었던 헬무트 베커(Helmut Becker)의 연구조교였다. 헬무트 베커는 『주제: 교육』 잡지의 출간인이었고, 무엇보다도 오덴발트 슐레에 관한 연구로 1945년 이후의 교육사에서 중요하게 평가받는 인물이다(Brachmann 2016: 23, 158 이하, 357 이하 참조). 치머는 1971년부터, 미취학아동을 연구 대상으로 삼았던 뮌헨 소재의 〈독일 청소년연구소〉에 소속되어 있었다.

『소아성애: 희생자 없는 범죄』라는 책자는 서로 다른 학문 분과에서 기고된 일곱 편의 논문들로 구성되어 있는데 이 논문들의 저자는 모두 남성이었다. 이 책자에 담긴 핵심적인 논문인 「소아애호 - 질병인가?」는 임상 심리학자인 프리츠 베르나르트(Frits Bernard)가 자신의 연구, 「아동과의 섹스」(1972)를 바탕으로 작성한 것이다. 베르나르트는 30개 문항에 답한 피시험자들의 이야기를 바탕으로 다음과 같이 설명한다. "아동과 소아성애의 체험을 한 피시험자들의 사회적 태도와 심리적, 기능적, 신경학적 장애는 네덜란드 인구의 평균에서 벗어나지 않는다." (Bernard 1973 : 23) 베르나르트의 입장과 연구를 단호하게 비판하는 논문은 단 두 편에 불과했다. 그중 하나의 논문은 심리치료적-심리분석적 관점에서 논한 한스 뵈링거(Hans Böhringer)의 것이었고, 다른 한 편은 형법 이론의 영역에서 나온 귄터 카이저(Günter Kaiser)의 것이었다. 그에 반해 성 과학자인 에버하르트 쇼르슈(Eberhard Schorsch)는 베르나르트의 입장에 무제약적인 긍정을 표했다. 쇼르슈는 소녀들의 성적 학대 빈도(24%)에 대한 데이터를 인용하면서, 이를 "온전한 환경에서 자란 건강한 어린이는 아무런 트라우마도 겪지 않고 성인과의 비폭력적인 성적 경험"을 소화한다는 증거로 해석한다(Schorsch 1973: 24).

이렇게 베르나르트도 쇼르슈도 경험적인 데이터를 언급하는 방식으로 성적 학대의 정상화를 꾀한다. 이 두 저자들은 1960년대 이후 성에 관한 학문들에서 나타나기 시작한 경험적인 전환, 즉 과거의 민족주의적이고 인간학적인 정향으로부터의 이탈이라는 전환을 지지한다(Herzog 2017). 쇼르슈는 자신의 논의 전개에서 킨제이 등에 의해 수행된 미국의 경험적 연구들(Kinsey et al. 1954 [1953])의 통계를 전거로 삼았다. 베르나르트의 연구가 남성들의 개인사를 분석하는 데 반해, 쇼르슈는 전체적으로 소아성애를 정상화하고 정당화하기 위해서 소녀들에게 행사된 성적 남용의 정상화를 꾀한다.

1972년 출판된『섹스 안내서』의 공동저자 중 한 사람인 성교육자 페터 야코비(Peter Jacobi)는『주제: 교육』에 실린「성적 교육의 시민 선동」이라는 글에서 성적 교육에 관한 각종 저작들에서 피력되는 공포와 인류 범죄자들에 대한 불쾌한 묘사를 비판한다. 그는 청년기 시절 자신이 체험했던 소아애호자와의 긍정적인 성적 경험에 대해 보고하면서 가족 안에서 겪었던 심리적 폭력―"뺨을 맞았던 트라우마, 스푼과 채찍으로 맞았던 트라우마"―을 중요한 것으로 간주한다(Jacobi 1973: 26 이하). 저널리스트 위르겐 로트(Jürgen Roth)의 논문, 「보육원의 예―아동의 성: 서독의 사냥 장면들」은 1970년대 보육 캠페인의 일환으로 분류되어야 하는데, 이 논문에서 로트는 연구 대상으로 설정된 130곳의 보육원을 중심으로 아동의 성에 대한 입장을 주제로 다룬다. 여기서 그는―무수히 많은 폭력적인 양육 관행 외에도―특히 가톨릭 보육원에서의 아동

빛 청소년들의 자위행위를 대하는 방식에 초점을 맞춘다. 그는 보다 많은 "부드러움, 어루만짐, 귀여워함, 입맞춤, 스킨십, 기초적인 인간적인 태도 형식들"을 지지한다. 그리고 보육원의 양육 환경 안에 이런 형태의 신체적 상호작용의 친밀함이 부재하다는 사실에 대해 불만을 표한다(Roth 1973: 35).

1970년대의 텍스트들에서 소아애호를 정당화하는 논증에서 확인되는 키워드들은 합의, 비폭력, 무해함, 그리고 소아애호를 비범죄화하려는 경향이다(Baader 2017; Friedrichs 2017). 이런 경향이 1950년부터 1970년까지의 논의를 지배했던 '인륜성을 저버리는 범죄자'라는 상에 대립되는 것이었음은 분명하다. 이전까지는 이런 상이 지배적이었다는 사실은 가령 1968년 가족부의 팸플릿 『위험에 처한 아이들, 인륜적 범죄자』에서 잘 확인되며, 1976년의 바덴-뷔르템베르크 주의 내무부에서 만든 『아동의 성적 학대에 반대하는 팸플릿: 두려워하지 말라』 등에서도 잘 확인된다.

쇼르슈는 모든 곳에서 익히 받아들여졌던 인륜적 범죄자라는 상에 반대하면서 이는 성을 아동에게 단지 위험한 것으로만 맞세우는 사회, 즉 "쾌락에 적대적인 사회의 성적 이데올로기"로 간주했다(Schorsch 1973: 25). 그 밖에도 이 논문들은 동성애자가 접촉할 수 있는 청소년의 연령을 21세에서 18세로 낮추되 이성애적 접촉보다 동성애적 접촉의 보호 연령 한계선은 계속해서 더 높게 유지하고자 했던 1973년의 형법 개혁에 관한 논쟁과의 연관 안에서 고찰되어야 한다. 20세기 초 이래로 독일에서 이성애적 접촉의 보호 연령은 14세 혹은 16세로 설정되어 왔다. [이성애와 동성애를 이처럼] 차등적으로 다루는 조처는 1872년 이래 동성애를 범죄화한 175조의 역사와 관련이 있다. 1969년 최초의 성형법 개정에서 동성애 접촉에 대한 동의 연령은 21세로 설정되었다. [이성애와 동성애에 대한] 궁극적인 균등 대우는 독일 통일 이후인 1994년 175조의 최종 폐지와 함께 비로소 이루어진다. 이성애와 동성애에 접근할 수 있는 보호 연령의 한계선을 차등 설정한 까닭은, 동성애와 소아애호를 암묵적으로 동일시하는 가운데, 남자 청소년들을 유혹으로부터 보호하고자 했기 때문이다.

동성애와 이성애를 균등하게 다루는 조처가 뒤늦게 이루어진 이유로 남자 청소년을 보호하려는 의도를 꼽을 수 있다. 전후 1969년까지의 시기에 175조를 고수해야 한다고 주장했던 이들이 들었던 주요 논거는 결국, "남성들은 일반적으로 양성애적 기질을 가지고 있기 때문에, 청소년기에 특히 동성애적 행위에 빠지기 쉽다"는, 동성애 혐오적인 가정이었다(Herzog 2013: 36). 1969년과 1973년의 성형법 개정 이후에도 이런 주장이 연속성을 유지했다는 사실은 동성애 접촉에 관한 보호 연령이 계속해서 높게 설정되었다는 데에서 잘 드러난다. 이를 통해 남성 청소년들이 이성애적인 남성성을 갖추고 성장하도록 [동성애에 빠질 위험이] 예방되어야 했다. 여기에는 이성애적 남성성, 헤게모니적 남성성, 그리고 이성애적 질서에 대한 사회적 관심이 반영되어 있다.

성적 접촉에 관한 이런 차등적인 보호 연령 한계선을 둘러싼 1970년대와 1980년대의 비판들, 그리고 그것의 철폐를 요구했던 이 시기의 담론적 공간들을 연 것은 소아애호자들의 네트워크 및 1979년 설립되어 1983년까지 존재했던 〈소아애호를 위한 연구공동체〉(DSAP)와 같은 단체들이었다. 차등적 보호 연령 한계선은, 보호 연령의 폐지를 요구했던 1970년대와 80년대의 게이 운동이 보여준 분명한 친화성의 배경이기도 하다(Feddersen 2012).

『주제: 교육』잡지에 기고된 논문들을 통해 우리는 특히 교육 기관에서의 체벌권 폐지에 관한 논의가 이 논쟁과 깊이 연루되어 있었음을 알 수 있다. 교육 기관에서의 체벌권은 1973년 폐지되었다. 반면에 체벌에 대한 부모의 권리는 여전히 유지되었고, 부모에 의한 심각한 신체적 폭력만이 예외적으로 처벌의 대상으로 상정되었다. 이런 배경 하에서 야코비는 소아성애자의 아동 접촉을 가족 내에서의 체벌 교육과 비교한다. 그는 심각한 트라우마를 불러오는 가족 내의 신체적 폭력에 비해 소아애호는 훨씬 더 무해하다고 말한다. 같은 호에 실린 풍자만화에서도 동일한 유형의 대비가 이루어졌다. 이 풍자만화의 한 컷에는, 한 남자가 땅에 누워 있는 한 아이를 구타하고 있고 이 아이의 얼굴이 고통스럽게 일그러져 있는 장면이 그려져 있다. 반면 다른 컷에서는, 한 소녀가 한 남자의 무릎에 앉아 남자의 목에 사랑스럽게 팔을 두르고 있으며 남자의 손은 소녀의 무릎과 엉덩이를 감싸고 있다. 그리고 남자와 소녀는 모두 몽상에 잠긴 듯한 표정으로 눈을 감고 있다. 구타를 하고 있는 남자를 그린 앞의 컷 아래에는 "3개월 징역(집행유예)"이라는 글귀가 적혀 있고, 소녀를 무릎에 앉힌 남자가 그려진 다른 컷 옆에는 "집행유예 없는 5개월 징역"이라는 글귀가 적혀 있다.

이처럼『주제: 교육』의 편집진은 전반적으로, 마침내 터져 나온 '소아성애 터부의 철폐', 소아성애의 무해성 및 소아성애의 복권을 주장하는 관점을 지향했다. 이 잡지는 네덜란드에서는 프리츠 베르나르트(Fritz Bernard)에 의해서, 그리고 독일의 교육학 진영에서는 에케하르트 폰 브라운뮐(Ekkehard von Braunmühl)의 책『안티 교육학: 양육의 철폐를 위한 연구』(1975: 258)에서 긍정적으로 받아들여졌다. 이 두 사람은 모두 〈소아애호를 위한 연구공동체〉(DSAP)의 회원들이었다.

자연화를 통한 정상화 그리고 아동 이론적 담론에서의 동양화東洋化

1970, 80년대에 소아애호는 베르나르트, 쇼르슈, 보르네만(Siegfried 2015) 그리고 켄틀러 같은 남성 인물들에 의해서 정당화되었다. 이 외에도 1970년대에는 또한, 소아애호 경향에 대해 아동 이론적으로 논의하는 담론 역시도 형성되었다. 가령 같은 시기에는 '아동기의 본질은 무엇이며 이는 무엇으로 구성되는가'에 관한 비판적인 논의가 국제적으로 전개되기도 했다. 이 논의에 중요한 자극을 준 사람은, 아동기의 역사적 변화 및 근대 초 아동의 성에 대한 다른 태도를 시사한 바 있는, 프랑스의 역사학자 필리프 아리에스(Philippe Ariès 1975 [1960])였다. 루드비히 13세의 생애에서 얻은 자료들을 토대로 그는, 아동의 성적 기관을 접촉하는 것, 그리고 어린 아이의 맨살의 부드러움, 아동과 입맞춤을 주고받는 것 등이 어른의 기쁨으로 이어진다고 보고한다. 프랑스의 이 정신사가는 자신의 책의 한 챕터인 「수치심 없음으로부터 무지로」에서, 아동과 어른의 성적 접촉 및 스킨십에 대한 금기를 부르주아 시대의 고안물로 묘사한다. 여기서 그는 어린 아이들은 어른들의 성적 기쁨과 연관된다고 쓰고 있다(같은 책: 175 이하).

양육학자이자 교육학자인 하르트무트 폰 헨티히(Hartmut von Hentig)는 아리에스의 『아동기의 역사』에 대한 자신의 서문에서 이 책이 "편견 없이 자유롭게 표현된 성적 삶"을 묘사하고 있다는 사실을 치하하고 있으며(Hentig 1978: 14), 성과학자이자 사회교육학자인 켄틀러 역시 자신이 편찬한 논문 모음집인 『성적 존재 인간』(1984)의 서론 격으로 실린 논문에서, 아리에스가 묘사한 것과 동일한 모습의 유아 접촉을 다룬다. 그리고 부르주아 사회가 성에 대한 적대감을 통해서 그리고 "자위

행위에 대한 엄격한 반대"를 통해서 양육에 영향을 미치기 이전의 전근대 사회에서는 "성적 존재로서의 아동들과 당연히 교류"할 수 있었음을 강조한다(Kentler 1984: 23). 그리고『슈피겔』또한 1976년에 아리에스의 책에 대한 서평에서, 근대 초에는 아동의 성에 문제없이 접근할 수 있었다고 말하면서, "당시 아동의 성은 심지어 궁정에서도 (오늘날의 보육시설에서보다) 더 손쉽게 접근 가능했다"고 썼다(Der Spiegel 1976: 177).

지배적인 아동기 규범과 세대 질서 및 나이의 위계적 측면 등을 의문에 붙였던 1970년대 이후의 국제적인 아동 이론 담론은 아리에스의 연구에 뒤이어 진행된 것들이었다(Baader 2014 und 2016c 참조).『교육학 별책』(Päd. Extra, 1978)이라는 잡지에서 아동성을 게토로 묘사했으며—이 문맥에서 마찬가지로 아리에스의 연구를 참조하면서—전근대 시기에는 아동과 전혀 다른 양태로 성적 접촉을 할 수 있었음을 보고한 성이론가 에르네스트 보르네만(Ernest Borneman)도 이 담론 안에서 출현했다(Borneman 1978a; Baader 2017 참조).『교육학 별책』은 교육학 잡지로서, 독일에서 "아동에 대한 새로운 관심"(Rutschky 1979)을 둘러싼 논쟁이 가장 강력하게 벌어진 것은 바로 이 잡지를 통해서였다. 보르네만은 특히『아동 문화에 대한 비판적인 키워드들』(1978b)이라는 편람의 책임자였다. 이 편람은 근대 초의 아동 접촉 관행에 관련해 소아애호를—비단 아리에스의 연구를 기반으로 정당화했을 뿐 아니라—자연화하고 동양화하는 관점에 의거해 정당화했다. 즉 이 편람은 가령 남태평양과 같은 다른 지역의 문화들을 거론하면서, 그리고 브로니슬로 말리노프스키와 마거릿 미드의 인류학 연구를 참조점으로 제시하면서 소아애호를 정당화했다(Baader 2017 참조).

보르네만 또한 역사, 인류학 및 아동심리치료 상의 경험적 데이터들을 참조하면서 아동과 성인의 성행위가 그 자체로 해롭지 않다는 정당화 패턴에 호소한다(Borneman 1978b 참조). 프랑스의 철학자 르네 셰러(René Schérer)도 자신의 책 『길들여진 아이』(1975 [1973])에서 특히 미드와 말리노프스키의 인류학과 인간학을 참조하면서, 아동기, 섹슈얼리티 및 교육에 대한 근대적 이해를 급진적으로 비판한다. 셰러는—자신이 보기에 부르주아 시대의 성, 아동, 양육의 이해를 전형적으로 보여주는 것으로 간주되는—루소의 1772년 작 『에밀』과 비판적으로 대결한다. 미래의 시민이 되기 위해서 어린이 에밀은 "순진무구의 길"을 가야만 하며, 이는 오직 "감각적 욕망의 자발성을 포기할 때에만 성사될 수 있다"(같은 책: 29). 셰러는 아동기 성에 관한 정신분석 모델, 잠복기(Latenz) 개념(같은 책: 82 참조), 그리고 사춘기 이전과 사춘기 이후의 발달을 나누는 프로이트의 이분법적 시기 구별 모델을 비판했다.

성 이론가였을 뿐 아니라 인류학자이기도 했던 보르네만은 1973년 3권의 책으로 이루어진 『아이의 해방을 위한 연구』를 내놓았다. '아동의 성해방'이라는 슬로건은 특히 서독의 탈권위주의적 보육원 운동에서 핵심적인 역할을 했다(Sager 2008 und 2015; Baader und Sager 2010 참조). 그리고 이 슬로건은 학문 분과들 안에서만 거론되었을 뿐 아니라, 반(反)문화적인 환경에 속해 있던 각종 교육 행위 영역들 안에서도 나타났다. 이 슬로건은 또한 코뮌의 남성 소속원과 4살짜리 소녀 사이에서 이루어졌던 교육 상황에서 성인과 아동의 성적 경계가 위반되었던 베를린 코뮌 2(Berlin Kommune 2)에서 1969년 발간한 성교육에 관한 보고서의 배경이기도 했다(Sager 2008 참조). 이 텍스트는 『코뮌에서의 아동교육』(Kommune 2 1969)이라는 제목으로, 신좌파의 자기이해를 표현한 기관이었던 Kursbuch에서 처음 출판되었다. 이 텍스트는 단지 여러 아동보육기관 중 한 곳에서 만들어진 것이 아니라 그를 둘러싼 환경세계로부터 나온 것이었고, 1970년대에 여러 차례 논쟁을 불러일으켰다(Seifert 1970: 57 참조). 그리고 이 텍스트는 1969년과 1971년에 『부르주아적 개인을 혁명화하기 위한 시도』라는 제목으로 훨씬 더 포괄적인 틀 속에서 다시 출간되었다(Kommune 2 1971 [1969] 참조). 이 제목을 통해 강조된 바는, 아동과 성을 다루는 것 또한 안티부르주아적 혁명 프로젝트의 일부라는 사실이다. 1984년에 이르러 이 텍스트는 헬무트 켄틀러의 콜렉션인 『성적 존재 인간』에 다시 한 번 실리게 된다.

아동보육원에서의 아동의 성의 해방과 자연화

독일연구재단의 지원을 받은 프로젝트(BA 1678/4-1)에서 우리가 연구했던 '독일의 반권위주의적 아동보육원 운동'은 다양한 유형으로 구별될 수 있는 다수의 제도들을 포괄했으며 매우 이질적인 일련의 구상들을 특징으로 하는 것이었다(Baader, Ronneburger und Sager 2012; Baader 2014 참조). 1974년에는 서베를린에만 300개가 넘는 아동보육원이 있었다. 많은 보육원에서, 특히 정신분석학적인 성격을 띠는 보육원에서는 성적 양육(Sexualerziehung)에 큰 의미가 부여되었다. 아동기의 섹슈얼리티가 존재한다는 것이 이 기관들의 출발점이었다. 그들에 따르면, 아동들은 섹슈얼리티를 충분히 누릴 권리, 그리고 전통적인 제도들 아래서는 방해받았던 경험들을 축적할 권리를 가진다.

그들은 프로이트의 정신분석보다는 빌헬름 라이히에 기댄다(Sager 2008; Kauders 2014 참조). 라이히의 "자기조절"(Selbststeuerung) 개념과 "자기규제"(Selbstregulierung) 개념은 아동보육원에 관한 구상들 전반에서—

즉 성의 향유에 관해서만이 아니라, 가령 공간구성이나 식사예절, 공격성의 분출 등에 관련해서도—핵심적인 역할을 했다. 아동보육원 활동가들은 라이히 및 다른 이들이 내놓았던 생각, 즉 아동기 초기에 성이 억압될 경우 자유로운 성인이 될 수 없다는 생각을 공유했다. 그래서 그들은 어린이의 성적 욕망이 표현되고 실현될 수 있도록 촉진하고자 했다. 그 결과, 부모와 보육자들 스스로가 "자아의 치료(Therapeutisierung des Selbst)"(Maasen et al. 2011)라는 견지에서 아동의 성적 곤란, 경직, 억압된 욕망이 해소될 수 있도록 노력해야 한다는 요구를 받았다. 그리고 이는 해당 집단 안에서 아이들을 지속적으로 대면하는 과정 안에서 이루어져야 했다(Seifert 1970: 55 이하 참조). 이러한 맥락에서 다음의 사실을 보고하는 텍스트들이 생겨났다. 즉 아동들은 자신의 성기가 어루만져지기를 원했으며, 보육자들은 이에 순응함으로써 아동의 성이 자연스럽게 발달하는 것이 제한되지 않도록 해야 한다는 요구를 받았다(Baader 2017 참조).

프랑크푸르트 유아원(Frankfurter Kinderschule)의 설립자이자 라이히의 이론에 기반을 두고 정신분석 분야에서 훈련을 받은 모니카 자이퍼트(Monika Seifert)는 성인들에게 비판적 자기성찰을 촉구했으며 스스로의 성에 관심을 갖도록 요구했다. 그녀는 다른 누구보다도 개혁적 교육학자인 알렉산더 닐(Alexander S. Neill)을 참조했다. 이 사람 역시 보육에서 아동의 성을 자유롭게 대하는 것이 갖는 커다란 의의를 강조했다.

우리 성인들은 아동기 초기에 망쳐졌다. 우리는 성에 관련된 질문에서 결코 자유로울 수 없다. (…) 아마도 성인들에게는 어떠한 구원도 없을 것이다. 그럼에도 불구하고 그 어떠한 경우에라도, 우리의 아이들을 구하는 것은 가능하다. 우리가 우리 자신에게 일찍이 강요되었던 성에 대한 저 끔찍한 통념을 그들에게 강요하지 않는다면 말이다.(Neill 1969: 197; 또한 Baader 2016a 참조)

닐은 라이히의 연구인 『성격분석』(Charakteranalyse)을 다시금 논의의 장 안으로 끌어들였다(Neill 1969: 199 참조). 닐이 보기에, 아동기에 이성애적 놀이를 금지하는 것은 특히―그가 비판적으로 바라봤던―동성애의 발달에 책임이 있다(같은 책: 200). 또한 이런 연관 안에서 다시 한 번 인류학이 논의의 참조점으로 소환된다. "유명한 인류학자인 말리노프스키는 다음과 같이 보고하고 있다. 충격을 받은 선교사들이 소년들과 소녀들의 거주지를 분리하기 전까지, 트로브리안드인들에게 동성애는 없었다."(같은 책: 203)

녹색당의 정치가이자 68년의 활동가였던 다니엘 콘-벤디트의 책도 아동기의 성을 해방시키려는 노력을 기울였던 이러한 보육원 운동의 맥락 안에 속한다(Baader 2012a 참조). 2013년에 그가 자신에게 수여되기로 정해져 있던 테오도어 호이스 상(Theodor-Heuss-Preis)을 받지 못한 것은 바로 이 책 때문이었다. 이 문제와 관련한 논란 때문에, 위에서 언급된 바 있는 소아성애에 대한 연구가 녹색당에서 발주되었다(Walter, Klecha und Hensel 2015 참조). 프랑스에서는 이미 몇 해 전에 다니엘 콘-벤디트와 소아애호 비판에 관한 논쟁이 일었다(Bourg 2010 참조).

콘-벤디트는 1975년에 쓰여진 자신의 자서전 『그랜드 바자르』(Der große Basar)의 「작은 거인」 챕터에서 그가 1972년에 일하기 시작한 프랑크푸르트의 아동보육원에 대해 기술한다. "나는 모든 아동들과 지속적으로 수다를 떨며 서로를 희롱했다. 그것은 곧 에로틱한 성격을 띠게 되었다. 나는 다섯 살짜리 어린 소녀들이 나를 꼬시는 법을 어떻게 배우는지를 제대로 느낄 수 있었다. 그것은 거의 믿을 수 없을 정도였으며, 대부분의 경우 나는 상당히 무장해제되곤 했다."(Cohn-Bendit 1975: 140)

몇몇 아이들이 내 바지 앞쪽을 열고 나를 쓰다듬기 시작하는 일이 몇 번이나 일어났다. 나는 그때마다 다르게 반응하였지만, 그들의 바람은 나를 난처하게 만들었다. 나는 '왜 너희들은 서로 놀지 않니? 왜 너희들은 다른 아이들이 아니라 나를 선택하는 거지?' 하고 그들에게 물었다. 그러나 그들이 나와 놀기를 고집하자, 나는 문제를 느끼면서도 그들을 쓰다듬었다. 사람들은 나를 '변태'라고 욕했다.(같은 책: 143)

2013년에 공적인 토론이 시작되기도 전에 저자 스스로가 이미 "나쁜 글"이라고 명명한 바 있는(Kerstan 2010: 15) 이 텍스트 구절에서는 이성애적 관점들이 투사되어 있으며 성에 관한 흔해 빠진 클리셰들이 사용되고 있지만, 이것이 명시적으로 주제화되거나 정당화된 적은 없다. 여기서 더 나아가 콘-벤디트의 텍스트는 유아보육원의 맥락에서의 성적 양육에 관련되는 몇몇 구절들을 더 포함하고 있다. 가령 '아동들이 부모의 성행위를 보더라도 아무 정신적 상해를 입지 않을 수 있는가'라는 물음을 다룬 구절 등이 그것이다. 이 물음은 전반적으로 아동보육원들에서 수많은 논란을 일으키며 논의된 것이었다(Seifert 1970: 58 참조).

또한 아동보육원의 틀 안에서 우리는 벌거벗은 아이들을 찍은 수많은 사진들—이는 성적 해방의 아이콘이 되었다—을 만나게 된다. 반권위주의적인 보육 운동이 표방했던 아동상 및 아동기상에 관한 여러 정보를 술 수 있을 이런 사진들에 대한 분석이 아직 나오고 있지 않다. 이 사진 속에서 아동들은 타자들, 가령 트로브리안드인들의 야생적이고 벌거벗은 아동들을 떠올리게 하는 방식으로 재현되고 있다. 가령『교육학 별책』(Päd. Extra) 1980년 11호가 그러한 경우이다(Jansen 2017 참조). 1970년대의 해방적 성 계몽과 관련된 출간물에서 볼 수 있는 벌거벗은 아동들의 사진은 양성 간의 동등성에 대한 이론적 수준에서의 요청에 위배되는, 남성 아동을 중앙에 위치시켜 그에게 우월한 위치를 부여하는 성차별을 보여준다(Sager 2015: 150-155 참조).

가. 맹점

우리는 위에서 거명한 담론들과 기록들을 특징짓는 맹점들을 분석적으로 확인할 수 있다(Baader 2012a, 2016b und 2017 참조). '아동과 성인 간의 합의에 따른 성관계'라는 레토릭은 세대 간의 권력관계에 대해 무지하다.『성의 전선』(Sexfront, 1970)의 저자이자, 이미 1970년대 당시에 벌써 자신의 예전 입장들에 대해 거리를 둔 성 이론가인 귄터 아멘트(Günter Amendt)는 자기비판적으로 이를 시인했다. 그는 여성운동의 논변들, 특히 그가 한동안 같이 작업했던 알리체 슈바르처(Alice Schwarzer)의 논변들을 수용했다(Amendt 2010; Baader 2012a 참조).

또한 본고에서 거론된 텍스트들은 폭력 개념을 지나치게 협소하게 사용한다. 즉『주제: 교육』에서 펴낸 소아성애에 관한 특집호를 비롯해 [1970년대 당시의] 성을 다루는 각종 학문들에서는 폭력을 가시적인 물리적 학대와 동일시하는 협소한 폭력 개념이 지배적이었다. 아동에 대한 부모의 신체적 폭력이 만연하고 있다는 사실이 강조됨에 따라

(Amendt 1970: 171 이하 참조) 이런 협소하고 제한적인 폭력 개념이 담론을 구조적으로 결정했으며, 이런 의미의 '물리적 폭력'을 소아애호의 경우에 나타나는 '비폭력적인 합의'와 비교하는 논의가 주를 이뤘다. 강압과 게토화를 성토한 아동 이론적 담론에서는 더 넓은 의미의 폭력 개념이 사용되었으나, 그 또한 미분화된 폭력 개념인 것은 마찬가지였다. 가령, 다음의 문장은 이를 잘 보여준다. "그러나 아이들에게도 구조적인 폭력을 행사하는 세계 안에서 우리는 물론 소아애호자들을 보호해야만 한다. 왜냐하면 그들은 아이들을 사랑하는 자들이기 때문이다."(Döpp 1979: 59)

더 나아가 위에서 분석된 기록들은 섹슈얼리티와 육체적 접촉을 아동들에게 항상 긍정적인 것으로 간주한다는 점이 눈에 띤다. 1950년대와 1960년대 초반을 지배한 성혐오와 육체혐오적 교육이 표방했던 이분법적인 양태의 담론에서는 사정이 정반대였다. 위에서 분석된 1970년대의 담론 안에는, 아동이 성에 대해 '아니오'(No)라고 말하는 것을 용인하는 입장이 존재하지 않는다. 비록 비판과 "불복종을 위한 교육"(Bott 1970)을 강조했던 교육학에서는 '아니오'를 말하는 것이 유행이었기는 해도 말이다. 이는 가령 『어린이를 위한 책: '아니오'라고 말하기』(Stiller und Kilian 1973; 또한 Baader 2016c 참조)에서 잘 확인된다. 이 책은 "모범적인 아이"(Stiller und Kilian 1973: 93)의 태도에 순응하는 것을 반대한다. 하지만 성에 대해 '아니오'를 말할 수 있다는 것은 어느 책에서도 언급되지 않는다. 이런 맥락에서 아동의 성은 너무 강하게 자연화되었으며, 성 해방의 맥락 안에서 아동의 성은 사회 혁명을 위한 전제로 과대평가되었다. 나아가, 아동과 성인 간의 합의에 기초한 성의 정당성을 말하는 자료들에서는, 이를 위한 아동의 나이는 어떠한지—세 살인지 열세 살인지—가 아주 모호하게 남아 있다. 그리고 이 모호함이 당시의 담론 전체를 특징짓는다.

나. 요약

위에서 스케치한 소아애호에 관한 담론들은 다그마 허조그(Dagmar Herzog)가 희생자들에 관한 무지라고 칭했던 것으로 분류된다. 1980년대 말까지 성을 다루는 학자들을 특징짓는 것이 바로 이 무지이다(Herzog 2017 참조). 1980년대 말경 소아애호를 정당화하는 성과학적, 교육학적 입장들은 점차 퇴조하는 경향을 보인다. 여기서 중요한 역할을 한 것은 성폭력 문제에 대한 여성운동 진영의 참여, 그리고 바브바라 카페만(Barbara Kavemann)과 같은 페미니스트 활동가들이 성과학의 분야에서도 점점 더 주목받게 된 상황이다(Friedrichs 2017 참조). 이와 더불어 "지고한 성(König Sex)"(Foucault 2003 [1977])을 항상 긍정적인 형상으로만 그리지는 않았던 다른 지식 형식들이 담론 안으로 유입되었다. 페미니스트들은, '성혁명'의 맥락에서 섹슈얼리티를 항상 긍정적인 것으로만 바라보았던 남성적 관점과 비판적으로 대결하면서, 저런 대안적인 다른 지식 형식들을 발전시켰다. [성을 성혁명이라는 연관에서 긍정적인 것으로 간주하는 남성적 관점에 따라] 여성에게 부과된 각종 요구들은 페미니스트적 관점에 의해 거부되고 기각되었다. 이런 페미니스트들의 시도에서 핵심을 이룬 것은, 가부장적 권력관계에 대한 근본적인 비판과 자기결정(Selbstbestimmung)에 대한 호소였다(Elberfeld 2015: 269 참조).

[그러나] 이런 비판적 시각은 소아성애 문제에도 적용되지만 이는, 페미니즘이 소아성애에 대해 동질적인 입장을 취한다는 것을 의미하

지는 않는다. 초국가적 관점에서 보면, 소아애호에 대해 유죄판결을 내리지 않은 이탈리아와 미국의 페미니스트들이 있었고, 또한 독일의 담론 안에도 이와 관련해서는 여러 목소리들이 있다(Baader 2017 참조). 그럼에도 독일에서 성, 권력, 폭력의 문제군과 대결하였고 또한 세대 간에 [즉 성인과 아동 간에] 권력 관계가 존재한다는 주장을 일관되게 고수한 이들은 무엇보다도 페미니스트들이었다(Amendt 2010 참조). 1970년대에 페미니스트들은 서독에서 최초로 '여성의 전화'(Frauennotruf)를 설치하였다. 1982년에는 여성과 소녀에 대한 성적 학대에 대처하는 자기구조단체인 〈빌트바서〉(Wildwasser)가 결성되었으며, 1983년과 1984년에는 『엠마』(EMMA)에서 『브리기테』(Brigitte)를 거쳐 『슈테른』(stern)과 『슈피겔』(Der Spiegel)지에 이르기까지 대중 매체를 통한 운동이 전개되었다. 소년들 역시 희생자가 될 수 있다는 것은 1980년대 말에 이르러서야 비로소 시야에 들어왔다(Elberfeld 2015: 272; Gebrande 2017 참조). 1990년대 초에 에버하르트 쇼르슈 또한 소아애호에 대한 자신의 입장을 수정했고, 이때 이후로 아동기의 성적 폭력을 예방하기 위한 강화된 토론이 있었음을 확인할 수 있다. 이러한 토론은 위험과 안전이라는 패러다임 속에서 진행되었다(Elberfeld 2015: 274 참조). 전체적으로 보자면 이런 논의는 '위험에 상시적으로 노출되어 있는 현존형식으로서의 아동기'에 관한 논의로서, 훨씬 더 폭넓은 큰 규모의 논의인 위험 담론 안에 포함되는 것이기도 했다(Baader 2014 참조).

　1970년대를 구성했던 '아동성애에 관한 담론', 그리고 '아동의 성과 성인의 성 사이의 경계 폐지'를 둘러싼 담론 안에서는 여러 상이한 담론적 흐름들이 목격된다. [우선] 소아애호를 정당화하면서 소아애호의 탈범죄화 및 성혁명이라는 명목으로 소녀들에 대한 학대를 정상화했던 성과학적 담론 유형이 있나. 이 남본 유형은 동시에 전반적으로—성적 지향이 어떠하든지 간에 그와 무관하게—소아성애를 포함한 성의 정상 화를 목표로 하였다. [또한 저 흐름과] 나란히, 그리고 성과학적 담론과 부분적으로 결합된 또 다른 담론적 흐름, 즉 아동과 성인의 차이를 비 판적으로 문제 삼았던 아동 이론적 담론이 있다. 이 아동 이론적 담론 이 성을 주제로 삼는 곳에서, 그것은 다른 시대 혹은 다른 문화권의 아 동들을 시야에 두는 역사화 및 동양화하기의 관점에서 아동과 성인 간 의 성적 관계를 정당화한다. 르네 셰레는 이와 연관해 이론적으로 훨씬 더 멀리까지 나아갔고 성 발달에 관한 두 시기[아동기와 성인기] 모델 을 근본적으로 문제 삼는 단초를 보여주었다. 더불어 그는 아동과 성인 의 차이를 그 자체로 구별되는 형태의 섹슈얼리티로 확정 짓는 아동기 이해 방식을 문제 삼았다. 마지막으로, 성적 교육을 통해 아동의 성을 탈금기화하고 해방시키고자 했던 담론적 흐름, 즉 반권위주의적인 교 육 운동과 보육원 운동의 양태를 띠었던 담론적 흐름도 있다. 이 유형 의 담론은 대체로 빌헬름 라이히를 수용하며 형성되었다. 아동기에 관 한 이론적 담론에서는 물론이고 아동보육원의 담론에서도 아동의 성은 자연화되고 낭만화되었으며(Baader 2012b 참조), 이는 무엇보다도 인류 학에 대한 참조 하에서 이루어졌다.

그러나 소아애호의 무해성을 강조하는 정당화 모델은 역사적으로 볼 때 훨씬 더 일찍 발견된다. 개혁적인 교육학자인 구스타프 뷔네켄(Gus-tav Wyneken)은 자신의 1921년 저작 『에로스』에서 남성 아동과 남성 소 아애호자 간의 관계가 무해하다는 것을 강조한다. 그는 심지어 "교육 적인 에로스"와 관련해 그 어떠한 해로움에 대해서도 말한 바 없는 고 대의 저자들을 거론하고 있다(같은 책: 16 참조). 1920년경의 뷔네켄에게 고대의 철학자들은 성에 관한 진리의 관점을 대표했다. 무해성 논변은 성 이론가인 베르나르트, 쇼르슈, 보르네만, 그리고 켄틀러를 통해 1970년에도 여전히 지속된다. 그러나 1970년대의 논변은 소녀까지도 대상으로 포함하며, 더 이상 남성 아동과 남성 성인 간의 관계만을 배타적으로 고려하지는 않는다. 그리고 여기서의 참조점은 물론 더 이상 고대의 저자들이 아니라, 경험적인 자료들을 읽고 배치하는 독해 방식들 및 구성 방식들이다. 이제 지식의 질서 안에서 진리의 지위는 이 경험적 자료들에 배당된다.

우리가 분석한 문서들에서 특히 눈에 띄었던 것은, 아동과 청소년들에게 가해진 성적 폭력을 명백하게 지각 가능한 육체적 폭력의 행사와 결합시키는 경향이었다. 아동학대가 가시적인 육체적 폭력 행사와 결합되어 있다는 선입견은 오늘날까지도 지속된다. 그렇기 때문에 성적 폭력을 가로막고, 발견하고, 보호장치를 개발하기 위해서는 차별화된 폭력 개념이 필요하다(Baader 2016b 참조). 다른 한편으로는, 예컨대 '조기성애화'(Frühsexualisierung)를 둘러싼 작금의 논쟁에서 보이듯, 아동의 성을 다시금 터부시해서는 안 된다(Baader 2015a 참조). 1970년대에 전개되었던 아동의 성의 정상화(Elberfeld 2015 참조)가 작금에 이르러 다시 강하게 문제시되고 있다. 여기서는 특히 낭만주의자들이 근대의 아동기 담론 안에서 만들어내고 퍼뜨렸던 '아동의 순진무구함'이라는 집단 상징이 재소환된다(Baader 1996 und 2012b; Cunningham 2004 참조). 순진무구라는 이 이념은 이미 20세기 초에 지그문트 프로이트에 의해 의심되었고 결국 1970년대에 아동의 성을 정상화하는 흐름 속에서 더욱 비판되었다. 물론 19세기가 시작된 이래, 아동 보호 및 상처받기 쉬운 아동[의 관념]이 역사적으로 관철될 수 있었던 것도 마찬가지로 '아동의 순진무구'라는 저 낭만적인 이념 덕분이었다. 이렇게 사태는 복잡하게 서로 얽히고설켜 있다(Baader 2015b 참조).

여러 시기에 나타난 아동의 성에 관한 다양한 관점들은 근대의 성에 관한, 그리고 성의 "자유주의화의 역설들"(Herzog 2013)에 관한 포괄적인 역사를 통합적으로 구성하는 것들이기도 하다. 1945년 이후 독일에서의 아동의 성 계몽의 역사를 쓰기 위해서는, 1960년대까지의 터부화의 국면, 1970년대의 탈터부화의 국면, 그리고 1990년대 이후의 재터부화의 국면이 더 본격적으로 묘사되어야 할 것이다(Sager 2015: 282-290 참조). 또한 아동기 역사와 아동기 연구를 위해서는, 아동의 성에 관한 태도의 역사가 보다 적극적으로 연구되어야 할 것이다. 또한 "다른 낯선 곳"의 아동들에게서 보이는 '아동의 성'을 주제로 하는 연구가 더 많이 이루어져야 한다. 특히, 그때마다의 성의 역사를 바라보는 관점들이 반드시 고려될 필요가 있다.

위에서 스케치된 상황들에서 주목할 만한 점은, 2010년에 이르러서야 비로소 독일에서 아동과 청소년에 대한 성적 폭력이라는 문제가 광범위한 공적 반향을 불러 일으켰다는 사실이다. 특히 카톨릭 기숙사와 오덴발트 학교(Odenwaldschule)에서 성적으로 학대당한 소년들이 문제가 되었던 때에 이르러서야 말이다. 1970년대의 해방적 관점을 차용해 말하자면, 이는 '아이들을 해방된 성인으로 교육시키기 위해서는 아동의 성이 표현되고 분출될 필요가 있다는 사실'이 지나치게 강조되었던 데에서 비롯된 것일지도 모른다. 그러나 물론 우리는 현재, 아동을 성적 존재로 바라보았던 70년대의 저런 관점에 회의를 표하는 정 반대의 경향, 즉 재터부화의 경향을 마주하고 있다. 이런 연관 안에서 "조기성애화"(Frühsexualisierung)라는 개념이 창안되었고, 이것이 오늘날의 정치적 투쟁의 개념이 되었다. 눈에 띄는 점은 전체적으로 아동의 성 자체를 다루는 연구가 거의 없다는 사실이다(Quindeau und Brumlik 2012 참조). 그래서 [아동의 성이라는] 영역에는 "사회적인 것의 학문화"(Raphael 1996)라는 말이 거의 잘 들어맞지 않는다. 이것이 바로 아동의 성이라는 테마가 지니고 있는 근본적인 양면성이다.

번역_이행남

참고문헌

Amendt, Günter 1970: Sexfront. Frankfurt a. M.: März.

Amendt, Günter 2010: Sexueller Missbrauch von Kindern. Zur Pädophiliediskussion von 1980 bis heute, in: Merkur 64. 12, 1161–1172.

Andresen, Sabine, Karin Böllert und Martin Wazlawik 2016: Aufarbeitung sexueller Gewalt in Institutionen des Aufwachsens. Herausforderungen erziehungswissenschaftlicher Forschung und Positionierung. Einführung in den Thementeil, in: Zeitschrift für Pädagogik 65. 5, 619–623.

Ariès, Philippe 1975 [1960]: Geschichte der Kindheit. Übers. von Caroline Neubaur und Karin Kersten. München: Hanser.

Baader, Meike S. 1996: Die romantische Idee des Kindes und der Kindheit. Auf der Suche nach der verlorenen Unschuld. Neuwied: Luchterhand.

Baader, Meike S. 2012a: Blinde Flecken in der Debatte über sexualisierte Gewalt. Pädagogischer Eros in geschlechter-, generationen- und kindheits historischer Perspektive, in: Werner Thole, Meike S. Baader, Werner Helsper, Manfred Kappeler, Marianne Leuzinger-Bohleber, Marianne Reh, Sabine Sielert, Uwe Sielert und Christiane Thompson (Hg.): Sexualisierte Gewalt, Macht und Pädagogik. Opladen und Toronto: Barbara Budrich, 80–95.

Baader, Meike S. 2012b: Childhood and Happiness in German Romanticism, Progressive Education and the West German Anti-Authoritarian Kinderläden Movement in the Context of 1968, in: Paedagogica Historica 48. 3, 485–499.

Baader, Meike S. 2013: Geschlechterverhältnisse, Sexualität und Erotik in der bürgerlichen Jugendbewegung, in: Claudia Selheim und Barbara Stambolis (Hg.): Aufbruch der Jugend. Deutsche Jugendbewegung zwischen Aufbruch und Verführung. Nürnberg: Verlag des Germanischen Nationalmuseums, 58–66.

Baader, Meike S. 2014: Die reflexive Kindheit (1968–2000), in: Meike S. Baader, Florian Esser und Wolfgang Schröer (Hg.): Kindheiten in der Moderne. Eine Geschichte der Sorge. Frankfurt a. M. und New York: Campus, 414–455.

Baader, Meike S. 2015a: Pedo-Sexuality: An Especially German History, in: WSQ: Women Studies Quarterly 43. 1/2, 315–322.

Baader, Meike S. 2015b: Vulnerable Kinder in der Moderne in erziehungs- und emotionsgeschichtlicher Perspektive, in: Sabine Andresen, Claus Koch und Julia König (Hg.): Vulnerable Kinder. Interdisziplinäre Annäherungen. Wiesbaden: Springer VS, 79–102.

Baader, Meike S. 2016a: Longing for Innocence and Purity: Nature and Child-Centered

Education, in: Michael A. Peters (Hg.): Encyclopedia of Educational Philosophy and Theory. ‹http://doi.org/10.1007/978-981-287-532-7_9-1›.

Baader, Meike S. 2016b: History and gender matters. Erziehung – Gewalt – Sexualität in der Moderne in geschlechtergeschichtlicher Perspektive, in: Claudia Mahs, Barbara Rendtorff und Thomas V. Rieske (Hg.): Erziehung, Gewalt, Sexualität. Opladen: Barbara Budrich, 13–36.

Baader, Meike S. 2016c: Tracing and Contextualising Childhood Agency and Generational Order from Historical and Systematic Perspectives, in: Florian Esser, Meike S. Baader, Tanja Betz und Beatrice Hungerland (Hg.): Reconceptualising Agency and Childhood: New Perspectives in Childhood Studies. Oxfordshire: Routledge Research in Education, 135–150.

Baader, Meike S. 2017: Zwischen Politisierung, Pädosexualität und Befreiung aus dem »Getto der Kindheit«. Diskurse über die Entgrenzung von kindlicher und erwachsener Sexualität in den 1970er Jahren, in: Meike S. Baader, Christian Jansen, Julia König und Christin Sager (Hg.): Tabubruch und Entgrenzung. Kindheit und Sexualität seit 1968. Köln u. a.: Böhlau (im Erscheinen).

Baader, Meike S. und Christin Sager 2010: Die pädagogische Konstitution des Kindes als Akteur im Zuge der 68er-Bewegung, in: Diskurs Kindheits- und Jugendforschung 3, 255–269.

Baader, Meike S. und Ulrich Hermann (Hg.) 2011: 68 – Engagierte Jugend und Kritische Pädagogik. Impulse und Folgen eines kulturellen Umbruchs in der Geschichte der Bundesrepublik. Weinheim: Juventa.

Baader, Meike S., Beate Ronneburger und Christin Sager 2012: Zwischenbericht zum DFG-Projekt: Die Kinderladenbewegung als case study der antiautoritären Erziehungsbewegung. 1968 und die Pädagogik in kultur-, modernitäts- und professionsgeschichtlicher Perspektive (1965–1977). BA 1678/4-1. Unveröffentlichtes Manuskript. Hildesheim.

Becker, Sophinette 2017: Aktuelle Diskurse über Pädophilie und ihre Leerstellen, in: Meike S. Baader, Christian Jansen, Julia König und Christin Sager (Hg.): Tabubruch und Entgrenzung. Kindheit und Sexualität seit 1968. Köln u. a.: Böhlau (im Erscheinen).

Bernard, Frits 1972: Sex met kinderen. 's-Gravenhage: Stichting Uitgeverij NSVH.

Bernard, Frits 1973: Pädophilie – eine Krankheit?, in: betrifft:erziehung 4, 21–23.

Borneman, Ernest 1978a: Erziehung ist Selbstbetrug, in: päd. extra 5, 55–59.

Borneman, Ernest 1978b: Sexualität, in: Karl W. Bauer und Heinz Hengst (Hg.): Kritische Stichwörter zur Kinderkultur. München: Wilhelm Fink, 292–305.

Bott, Gerhard 1970: Erziehung zum Ungehorsam. Antiautoritäre Kinderläden. Frankfurt a. M.: März.

Bourg, Julian 2006: Boy Trouble: French Pedophiliac Discourse of the 1970s, in: Axel Schildt und Detlef Siegfried (Hg.): Between Marx and Coca-Cola: Youth Cultures in Changing European Societies, 1960–1980. New York and Oxford: Berghahn, 287–312.

Brachmann, Jens 2016: Reformpädagogik zwischen Re-Education, Bildungsexpansion und Missbrauchsskandal: die Geschichte der Vereinigung Deutscher Landerziehungsheime 1947–2012. Bad Heilbrunn: Klinkhard.

Braunmühl, Ekkehard von 1975: Antipädagogik. Studien zur Abschaffung der Erziehung. Weinheim: Beltz.

Cohn-Bendit, Daniel 1975: Der große Basar. München: Trikont.

Cunningham, Hugh 2004: Children and Childhood in Western Society Since 1500. London: Longman.

Denkler, Thorsten 2014: In den Klauen des Zeitgeistes, in: Süddeutsche Zeitung, 12. November. ‹www.sueddeutsche.de/politik/paedophilie-debattebei-den-gruenen-in-den-klauen-des-zeitgeistes -1.2217073›.

Der Spiegel 1976: Fröhliche Zwerge. 11, 175–178.

Döpp, Hans-Jürgen 1979: Sex mit Erwachsenen – gut für Kinder?, in: päd. extra 7, 59.

Dudek, Peter 2012: »Liebevolle Züchtigung«. Ein Mißbrauch der Autorität im Namen der Reformpäda gogik. Bad Heilbrunn: Klinkhardt.

Elberfeld, Jens 2015: Von der Sünde zur Selbstbestimmung. Zum Diskurs »kindlicher Sexualität« (Bunderepublik Deutschland 1960–1990), in: Peter-Paul Bänziger, Magdalena Beljan, Franz X. Eder und Pascal Eitler (Hg.): Sexuelle Revolution. Zur Geschichte der Sexualität im deutschsprachigen Raum seit den 1960er Jahren. Bielefeld: transcript, 247–284.

Feddersen, Jan 2012: Schlüssel zu einer besseren Welt. Die Schwulenbewegung hat stets zum Thema sexueller Missbrauch geschwiegen – warum nur? Historische Erkundungen, in: Sabine Andresen und Wilhelm Heitmeyer (Hg.): Zerstörerische Vorgänge. Missachtung und sexuelle Gewalt gegen Kinder und Jugendliche in Institutionen. Weinheim: Beltz, 243–250.

Fegert, Jörg und Mechthild Wolff 2006: Sexueller Missbrauch durch Professionelle in Institutionen: Prävention und Intervention. Ein Werkbuch. Weinheim: Juventa.

Foucault, Michel 2003 [1977]: Nein zum König Sex (Gespräch), in: ders.: Schriften in vier Bänden / Dits et Ecrits III. Übers. von Michael Bischoff, Hans-Dieter Gondek, Hermann Kocyba und Jürgen Schröder. Frankfurt a. M.: Suhrkamp, 336–353.

Friedrichs, Jan-Henrik 2017: Delinquenz, Geschlecht und die Grenzen des Sagbaren. Sexualwissenschaftliche Diskursstränge zur Pädophilie. Unveröffentlichtes Manuskript.

Füller, Christian 2011: Sündenfall. Wie die Reformschule ihre Ideale missbrauchte. Köln: Dumont.

Füller, Christian 2015: Die Revolution missbraucht ihre Kinder. Sexuelle Gewalt in deutschen Protestbewegungen. München: Hanser.

Gebrande, Julia 2017: Die Entstehung der Beratungsstellen gegen sexualisierte Gewalt und der Forschung über Kinder mit sexuellen Missbrauchserfahrungen, in: Meike S. Baader, Christian Jansen, Julia König und Christin Sager (Hg.): Tabubruch und Entgrenzung. Kindheit und Sexualität seit 1968. Köln u. a.: Böhlau (im Erscheinen).

Gerhard, Lore 1979: Über die richtige Antwort und die falsche Scham. Emotionale Beziehung zu Klienten – Bedürfnis und Motivation in der Sozialen Arbeit. Gießen: Focus.

Hagner, Michael 2010: Der Hauslehrer. Die Geschichte eines Kriminalfalls. Berlin: Suhrkamp.

Hentig, Hartmut von 1978: Vorwort, in: Philippe Ariès: Geschichte der Kindheit. München: Hanser, 7–44.

Herzog, Dagmar 2013: Paradoxien der sexuellen Liberalisierung. Göttingen: Wallstein.

Herzog, Dagmar 2017: Sexuelle Traumatisierung und traumatisierte Sexualität, in: Meike S. Baader, Christian Jansen, Julia König und Christin Sager (Hg.): Tabubruch und Entgrenzung. Kindheit und Sexualität seit 1968. Köln u. a.: Böhlau (im Erscheinen).

Institut für Demokratieforschung Göttingen 2016: Die Unterstützung pädosexueller bzw. päderastischer Interessen durch die Berliner Senatsverwaltung. Göttingen. ‹www.demokratiegoettingen.de/forschung/projekte/berliner-senatsverwaltung-paedosexualitaet›.

Jacobi, Peter 1973: Sexualpädagogische Bürgerhetze. Liebe mit Kindern, in: betrifft: erziehung 4, 26–27.

Jacobi, Peter, Heidi Kriedemann, Lutz Maier und Inge Peters 1972: Sexfibel. Opladen: Leske.

Jansen, Christian 2017: Die Diskussionen um kindliche Sexualität und »Pädophilie« in Heidelberg 1978–1981. Ein reflexiver Zeitzeugenbericht, in: Meike S. Baader, Christian Jansen, Julia König und Christin Sager (Hg.): Tabubruch und Entgrenzung. Kindheit und Sexualität seit 1968. Köln u. a.: Böhlau (im Erscheinen).

Kalb, Peter E. 2010: Über das kurze Leben einer Stechmücke – »betrifft:erziehung« und die Gunst der Stunde, in: Meike S. Baader und Ulrich Herrmann (Hg.): 68 – engagierte Jugend und kritische Pädagogik. Impulse und Folgen eines kulturellen Umbruchs in der Geschichte der Bundesrepublik. Weinheim: Juventa, 252–262.

Kämpf, Katrin M. 2015: Eine Büchse der Pandora. Die Anrufung der Kategorie Pädophilie im aktuellen antifeministischen und antiqueeren Krisen-Diskurs, in: Sabine Hark und Paula-Irene Villa (Hg.): Anti-Genderismus. Sexualität und Geschlecht als Schauplätze aktueller politischer Auseinandersetzungen. Bielefeld: transcript, 109–128.

Kappeler, Manfred 2011: Fürsorge- und Heimerziehung – Skandalisierung und Reformfolgen, in: Meike S. Baader und Ulrich Herrmann (Hg.): 68 – Engagierte Jugend und Kritische Pädagogik. Impulse und Folgen eines kulturellen Umbruchs in der Geschichte der Bundesrepublik. Weinheim: Juventa, 232–251.

Kappeler, Manfred 2011: Anvertraut und ausgeliefert. Sexuelle Gewalt in pädagogischen Einrichtungen. Berlin: Nicolai.

Kauders, Anthony D. 2014: Auf dem Weg zum neuen Menschen: Die Rezeption der Psychoanalyse in der frühen Kinderladenbewegung, in: LuziferAmor 27, 7–24.

Kentler, Helmut (Hg.) 1984: Sexualwesen Mensch. Texte zur Erforschung der Sexualität. Hamburg: Piper.

Kerstan, Thomas 2010: »Wir haben Fehler gemacht«. Interview mit Daniel Cohn-Bendit, in: Die Zeit, 11. März, 15.

Kinsey, Alfred C., Wardell B. Pomeroy, Clyde E. Martin und Paul H. Gebhard 1954 [1953]: Das sexuelle Verhalten der Frau. Berlin und Frankfurt a. M.: G. B. Fischer.

Kommune 2 1969: Kindererziehung in der Kommune, in: Kursbuch 17, 147–178.

Kommune 2 1971 [1969]: Versuch der Revolutionierung des bürgerlichen Individuums. Kollektives Leben mit politischer Arbeit verbinden! Köln: Kiepenheuer & Witsch.

Krafft-Ebing, Richard von 1997 [1886]: Psychopathia sexualis. München: Matthes & Seitz.

Lautmann, Rüdiger 1994: Die Lust am Kind. Portrait des Pädophilen. Hamburg: Klein.

Maasen, Sabine, Jens Elberfeld, Pascal Eitler und Maik Tändler 2011 (Hg.): Das beratene Selbst. Zur Genealogie der Therapeutisierung in den »langen« Siebzigern. Bielefeld: transcript.

Mayer, Marina 2011: Die Macht der Rollenbilder, in: DJI Impulse 95. 3, 24–26.

Miller, Damian und Jürgen Oelkers 2014 (Hg.): Reformpädagogik nach der Odenwaldschule – Wie weiter? Weinheim: Beltz-Juventa.

Mosser, Peter, Gerhard Hackenschmid und Heiner Keupp 2016: Strukturelle und institutionelle Einfallstore in katholischen Einrichtungen, in: Zeitschrift für Pädagogik 62. 5, 256–270.

Neill, Alexander Sutherland 1969: Theorie und Praxis der antiautoritären Erziehung. Das Beispiel Summerhill. Übers. von Hermann Schroeder und Paul Horstrup. Reinbek bei Hamburg: Rowohlt.

Oelkers, Jürgen 2011: Eros und Herrschaft. Die dunklen Seiten der Reformpädagogik. Weinheim und Basel: Beltz.

Oelkers, Jürgen 2016: Pädagogik, Elite, Miss brauch: Die »Karriere« des Gerold Becker. Weinheim und Basel: Beltz.

Ostkämper, Frodo 2008: »Wenn Ihr Interesse für Erziehung mehr ist als eine Eintagsfliege ...«. Zum Zusammenspiel von antiautoritärer Erziehung und Bildungsreform im Spiegel der Zeitschrift betrifft:erziehung, in: Meike S. Baader (Hg.): Seid realistisch, verlangt das Unmögliche. Wie 1968 die Pädagogik bewegte. Weinheim: Beltz, 227–239.

Paternotte, David 2014: The International (Lesbian and) Gay Association and the Question of Pedophilia: Tracking the Demise of Gay Liberation Ideals, in: Sexualities 17. 1/2, 121–138. Quindeau, Ilka und Micha Brumlik (Hg.) 2012: Kindliche Sexualität. Weinheim: Beltz.

Raphael, Lutz 1996: Die Verwissenschaftlichung des Sozialen als methodische und konzeptionelle Herausforderung für eine Sozialgeschichte des 20. Jahrhunderts, in: Geschichte und Gesellschaft 22. 2, 165–193.

Reiß, Sven 2016: Päderastie in der deutschen Jugendbewegung. Eine kulturwissenschaftliche Annäherung, in: Zeitschrift für Pädagogik 65. 5, 670–684.

Richards, Kelly 2011: Misperceptions About Child Sex Offenders, in: Trends and Issues in Crime and Criminal Justice 429, 421–440.

Roth, Jürgen 1973: Zum Beispiel Kinderheime. Kindersexualität: Jagdszenen aus Westdeutschland, in: betrifft:erziehung 4, 31–36.

Rutschky, Katharina 1979: Kinder, wie sie sich nur Erwachsene ausdenken können. Anmerkungen zu dem aktuellen Interesse an Kindern, Kindheit und Kindheitsgeschichte, in: päd. extra 1, 24.

Sager, Christin 2008: Das Ende der kindlichen Unschuld. Die Sexualerziehung der 68er-Bewegung, in: Meike S. Baader (Hg.): Seid realistisch, verlangt das Unmögliche. Wie 1968 die Pädagogik bewegte. Weinheim: Beltz, 56–68.

Sager, Christin 2015: Das aufgeklärte Kind. Zur Geschichte der bundesrepublikanischen Sexualaufklärung (1950–2010). Bielefeld: transcript.

Schérer, René 1975 [1973]: Das dressierte Kind. Sexualität und Erziehung: Über die

Einführung der Unschuld. Übers. von Carola Langmann und Uli Laukat. Berlin: Wagenbach.

Schorsch, Eberhard 1973: Liberalität reicht nicht, in: betrifft:erziehung 4, 23–30.

Seifert, Monika 1970: Kinderschule Frankfurt, in: Gerhard Bott (Hg.): Erziehung zum Ungehorsam. Kinderläden berichten aus der Praxis der antiautoritären Erziehung. Frankfurt a. M.: März, 45–61.

Siegfried, Detlef 2015: Moderne Lüste. Ernest Borneman – Jazzkritiker, Filmemacher, Sexforscher. Göttingen: Wallstein.

Stiller, Günther und Susanne Kilian 1973: NEIN-Buch für Kinder. Hinterher ist man schlauer. Weinheim: Beltz und Gelberg.

Walter, Franz, Stephan Klecha und Alexander Hensel (Hg.) 2015: Die Grünen und die Pädosexualität. Eine bundesdeutsche Geschichte. Göttingen: Vandenhoeck & Ruprecht.

Wyneken, Gustav 1921: Eros. Lauenburg: Adolf Saal.

디지털 불복종과 법

월 리 엄   슈 어 먼

서문

오늘날 우리는 정치적 동기를 가진 온라인 불법 행위로 폭넓게 정의된 디지털 불복종의 극적인 출현을 목격하고 있다.[1] 디지털 불복종은 광범위한 활동을 포함하고 있다. 여기에는 다수의 활동가가 정치적인 목적으로 웹사이트를 무력화시키기 위해 반복적으로 액세스하는 방식인 디도스(DDos, Distributed Denial of Service), 기술적으로 정통한 해커가 망신을 주려는 대상 조직 및 업무에 진입하기 위해 컴퓨터 서버에 침입하는 핵티비즘(hacktivism), 어나니머스와 위키리크스 같은 그룹, 혹은 탁월한

---

1 다양한 디지털 불복종에 대한 사례 연구를 보려면, Molly Sauter, *The Coming Swarm: DDoS Actions, Hacktivism, and Civil Disobedience on the Internet* (New York: Bloomsbury, 2014)을 참조할 것.

인물(예컨대 첼시 매닝, 에드워드 스노든)이 기밀로 분류되어 저장된 디지털 데이터를 언론이나 대중에게 누설하는 정보 누설과 내부 고발 등이 포함된다.[2] 디지털 활동가와 그 옹호자들은 그런 행동을 설명하기 위해 '시민 불복종'이라는 친근한 용어를 사용하곤 하지만, 정부 당국자들은 미끼를 물지 않고 있다. 대신 검찰과 판사들은 마틴 루터 킹 주니어와 다른 상징적인 역사적 인물들에 의해 시행된 시민 불복종으로부터 디지털 법률 위반자의 범죄 행위(모호하지 않다고 생각되는)를 명확하게 구별할 것을 주장하고 있다. 전통적인 신체적 또는 '거리에서의' 시민 불복종은 현재 암묵적 법적 보호와 함께 정치적인 존중을 누리고 있지만 디지털 활동가에게 불복종 활동은 여전히 리스크가 크다.[3]

이러한 추세에 따라 디지털 불복종 활동가들은 과도한 형사적 처벌을 받고 있다. 예를 들어, 에런 스워츠(Aaron Swartz)는 JSTOR의 학술 논문을 대중이 쉽게 접근하게 하려고 했다는 이유로 컴퓨터 사기 및 오용 방지법(1986 Computer Fraud and Abuse Act, CFAA)에 의해 기소되었다. 스워츠는 최대 100만 달러의 벌금과 35년의 금고형을 받을 수 있는 중죄 혐의로 기소되었고 자신의 생을 비극적으로 마감해야 했다. 또 다른

2 어나니머스에 대해서는 Gabriella coleman, *Hacker, Hoaxer, Whistleblower, Spy: The Many Faces of Anonymous* (New York: Verso, 2014)를 참조할 것. 위키리크스에 대해서는 Benedetta Brevini, arne Hintz, Patrick Mccurdy (ed.), *Beyond Wikileaks: Implications for the Future of Communications, Journalism and Society* (New York: Palgrave, 2013); David leigh and luke Harding, *Wikileaks: Inside Julian Assange's War on Secrecy* (New York: Public affairs, 2011) 등을 참조할 것.

3 친근한 형태의 물리적인 시민 불복종은 '준-법적' 보호를 획득했으며, 양심적이고 정치적인 동기에 의한 불법 행위를 포함해서, 특정한 표준 테스트(예를 들어 비폭력, 공공성, 법적 결과의 수용)를 충족할 때 불복종에 참여하는 사람은 감형이나 기각 등의 형사상 변화를 기대할 수 있다. 물론 이것은 수십 년에 걸친 정치적 투쟁의 결과이며, 그 동기가 대중적이지 않을 때 성과가 취약하다는 충분한 증거가 있다. 통상적인 각본에 따르는 불복종 활동가들은 때때로 가혹한 처벌이나 균형을 상실한 국가적 억압에 직면하곤 한다.

사례로 시카고 일리노이 주 운동가인 제러미 해먼드(Jeremy Hammond)
는 사회 운동을 염탐하는 야비한 역사를 가진 개인정보 회사를 해킹했
는데 2013년 11월 CFAA에 의거하여 컴퓨터 사기로 유죄 판결을 받았
으며 현재 연방교도소에서 10년 형을 살고 있다. 더 가깝게는 2015년
1월 어나니머스와 관련된 활동가이자 저널리스트인 배럿 브라운(Barrett
Brown)이 63개월의 금고형과 89만 달러의 벌금을 선고받았다. 그의 옹
호자에 의하면, 그의 가장 유명한 범죄 행위는 해먼드가 이전에 웹에
업로드한 해킹 자료에 대한 링크를 복사한 것이었다.[4] 더 명백한 사례
를 들자면, 매닝은 1917년에 만들어진 방첩법으로 기소되었으며 35년
형을 선고받아 복역하고 있다. 스노든 역시 같은 법령에 따라 수배되었
고 러시아에서 망명生活을 하고 있다.

  미국의 사법기관의 대응은 특히 가혹한 편이지만, 다른 분야의 공무
원들 역시 디지털 불복종을 처벌하고 있다.[5] 디지털 불복종 활동가들은

---

4 더 자세한 내용을 보려면, Peter Ludlow, "The Strange Case of Barrett Brown," *The Nation*,
  June 18, 2013 (accessed on october 2, 2015)을 참조할 것. 브라운은 유튜브 비디오에서
  FBI 요원을 위협함으로써 그의 명분을 지원했다.
5 예를 들어 영국 시민인 라이언 '케일라' 애크로이드(Ryan 'Kayla' Ackroyd)는 2013년 5월
  영국 국방부에서 국방부 해킹과 국민 건강 서비스 및 기타 민간 및 공공시설 해킹 공모로
  30개월의 징역형을 선고받았다(Coleman, *Hacker, Hoaxer, Whistleblower, Spy: The Many
  Faces of Anonymous*, pp. 385-386). 일부 법원은 보다 적은 형벌로 대응했다. 2001년에 1
  만 3천명의 독일인이 추방 정책에 대한 항공사의 공모에 항의하여 루프트한자에 대한 디
  도스 공격에 참여했다. 루프트한자의 웹사이트가 다운되었다. 이후 루프트한자는 독일 정
  부가 이민자들을 추방하기 위해 항공편을 이용할 수 없게 했다(Sauter, *Coming Swarm*, p.
  53). 행동에 관여한 활동가인 안드레아스 토마스 포겔(Andreas Thomas Vogel)은 처음에
  는 지방 법원에서 90일의 징역형을 선고받았지만, 고등 법원은 공적인 논쟁에 대한 그의
  행위의 공로를 인정하여 판결을 뒤엎었다. 나는 다른 국가의 사법권이 디지털 불복종에
  어떻게 대처하고 있는지를 검토한 체계적인 연구에 대해서는 알지 못한다. 어떤 경우에
  도, 정치적인 동기에 의한 디지털 법률 위반자들은 인종주의에 맞서기 위해 자신의 신체
  와 생명을 바친 인권 운동가들을 놀라게 할 정도로 심하게 처벌받고 있다.

자신들의 행위에 대한 정당성을 확보하려고 노력하고 있시만, 전 세계적으로 어려운 전투에 직면하고 있다. 그들은 정부 공무원들의 적개심에 직면해 있을 뿐 아니라 대중들 사이에 확산된 회의론에 대해서도 무엇을 해야 할지 확신하지 못하고 있다.

시사해설자들은 디지털 불복종을 범죄로 여기는 경향을 비판하며, 그것이 당면한 현상에 대한 개념적 폭력이며 활동가들에 대한 잠재적 폭력이 될 수 있다고 주장하고 있다.[6] 그럼에도 그들은 다음과 같은 근본적인 규범적, 이론적 질문을 무시하는 경향이 있다. 디지털 불복종과 법의 연관성을 우리는 어떻게 해석해야 하는가? 디지털 불복종은 미국의 공무원들이 주장하듯이, 하나의 범죄이며 법의 지배에 대한 철저한 공격으로 보아야 하는가? 아니면 최소한 잠재적으로나마, 마틴 루터 킹 주니어가 '버밍엄 시립교도소에서 보낸 편지'에서 '법에 대한 최고의 존중'으로 묘사한 것에 기초한 정치적인 동기에 의한 법률 위반으로 보아야 하는가?[7] 존 롤스가 시민 불복종에 대한 그의 대단히 영향력 있는 논의에서 지적했듯이, 그것은 "법에 대한 충성이라는 한계 안에서 법에 대한 불복종"을 나타내는가?[8] 킹과 그에 의해 고무된 많은 자유주의적이고 진보적인 지식인들에게 양심적인 정치적 불법 행위는 더 근본적인 법의 개념에 호소할 때에만 정당한 것이었다. 특정 법령을 위반

6 예를 들어 다음의 텍스트를 참조, Sauter, *Coming Swarm*, pp. 138-157.
7 Martin luther King, "Letter from Birmingham City Jail (1963)," in Hugo Adam Bedau (ed.), *Civil Disobedience in Focus* (New York: Routledge, 1991), p. 74. 최근의 논평자들은 킹의 법적 논쟁을 비판하는 경향이 있다(David Lyons, *Confronting Injustice: Moral History and Political Theory* [oxford: Oxford University Press, 2013]). 킹의 법률 만능주의를 비판하려는 이런 경향에 대한 비판을 보려면 다음을 참조할 것. William E. Scheuerman, "Recent theories of civil Disobedience: an anti-legal turn?" *Journal of Political Philosophy* 23:4 (2015), pp. 427-449.
8 John Rawls, *A Theory of Justice* (Cambridge, Ma: Harvard University Press, 1971), p. 366.

한 양심적인 정치적 불복종 활동가인 킹과 다른 사람들은 더 기초적인 법적 약속에 충실함을 항상 입증해야 한다고 여겼다. 우리는 전통적인 '거리에서의' 활동가에 비해 디지털 또는 네트워크 사회에 더 잘 맞는 근대화된 혹은 업데이트된 시민 불복종으로 디지털 불복종을 해석해야 할까?

디지털 불복종 활동가들과 그들의 동조자들이 법에 대해 언제나 명확한 견해를 가지고 있는 것은 아니다. 그 속에서 우리는 법에 반대하는 계열을 곧 만나게 된다. 그럼에도 불구하고 그들의 행동 중 많은 부분을 사실상 법의 지배에 대해 파괴적이지 않으며 오히려 그것을 지지하는 것으로 해석할 수 있다. 법적으로 모호한 감시 정책을 가지고 디지털 불복종을 공격적으로 소추하는 정부 당국자는 실제로는 법에 기반한 정부를 위협하는 것이다. 디지털 불복종을 정치적 불법 행위의 형태로 해석하려는 여기서의 나의 노력은 '법에 대한 최고의 존중'이라는 개념에 상응하는 것이다. 그렇지만 우리는 친근한 시민 불복종의 규범 하에 이루어지는 그 다양한 표명들을 디지털 불복종 활동가들에게 가져다 붙이는 일에 대해서는 신중을 기해야 한다. 그렇게 하는 것은 당면한 정치적 새로움을 왜곡할 위험이 있고, 디지털 불복종에 강제해서는 안 되는 구속복을 입히는 것이 될 수 있기 때문이다.

디지털 불복종, 감시, 그리고 법의 지배

억압적인 법적 대응을 정당화하기 위해 정부 당국은 법에 대한 편향적인 견해를 동원하고 있다. 이것은 사실상 법의 지배를 조롱하는 것이다. 예를 들어 제러미 해먼드가 선고를 받았을 때 로레타 프레스카(Loretta

Preska) 지방법원 판사는 '법의 지배에 내한 존중'에 우리 모두가 관여하는 데 요구되는 것은 아무것도 없다고 선언함으로써 가혹한 형벌을 설명했다. 그녀는 계속해서 "이것은 마틴 루터 킹, 넬슨 만델라 또는 심지어 대니얼 엘즈버그의 행동이 아니다"라고 이어서 말했다.[9] 2011년 4월 버락 오바마 대통령은 첼시 매닝에 대한 정부의 가혹한 처우에 대해 설명할 것을 요구하는 시위자들을 대면하면서 "우리는 법의 국가입니다. 개인이 법이 어떻게 운영되는지에 대한 결정을 내리게 할 수는 없습니다. 그는[매닝을 의미] 법을 어겼습니다."[10]라고 말했다. 자신의 보스보다 레토릭에 대한 주의가 부족했던 조 바이든 부통령은 줄리언 어산지를 펜타곤 페이퍼[1945년부터 1967년까지 베트남에서 미국의 정치 및 군사 개입에 대한 일급비밀 국방부 연구 보고서에 붙여진 이름—옮긴이]보다 최첨단 테러리스트에 더 근접한 인물이라고 서술했다.[11]

'법의 지배'에 대한 낡은 관념이 디지털 불복종에 대한 공격적인 형사 처벌을 요구하고 있다는 견해와 관련하여 우리는 무엇을 해야 할까? 정부 입장에서 즉각적으로 드러나는 약점은 그것이 법의 지배가 가진 최소한의 그러나 본질적인 규범적 실체를 무시하고 있다는 점이다. 법의 지배는 물론 복잡하고 피할 수 없을 정도로 논쟁의 여지가 있는 개념이다.[12] 그러나 일반적인 견해에 따르면, 그것은 모든 법적 질서가 공

---

9 프레스카의 언급은 언론에서 폭넓게 회자되었다. 그렇지만 유용한 논의를 보려면 다음의 텍스트를 참조하는 것이 좋다. Joshua Kopstein, "Hacker with a cause," *The New Yorker*, November 21, 2013 (accessed on January 31, 2015).

10 다음의 텍스트에서 인용. Andy Greenberg, *This Machine Kills Secrets: Julian Assange, the Cypherpunks, and their Fight to Empower Whistleblowers* (New York: Penguin, 2012), pp. 44-45.

11 같은 책에서 인용 ibid., p. 176. 대니얼 엘즈버그의 내부 고발을 암시한다.

12 이에 관한 연구는 Brian Z. Tamanaha, *On the Rule of Law: History, Politics, Theory* (Cambridge: Cambridge University Press, 2004)를 참조할 것.

공성, 일반성, 명확성, 장래성 및 일관성과 불변성을 실현할 것을 요구한다. 법의 지배는 또한 직접적인 정치적 압력, 특히 당파적인 압력으로부터 상대적으로 자유로운 법원을 필요로 하는 것으로 정의된다. 로크, 루소, 헤겔 등과 같이 지적으로나 정치적으로 다양한 고전 작가들의 저술에 그 철학적 근거를 두고 있는 이런 친근한 설명에서 법의 지배라는 개념은 법 자체가 아니라 특정한 법적 가치(예컨대 명확성, 공공성, 일반성)의 실제를 성공적으로 실증하는 법에 대한 충성을 요구한다. 법적 질서가 성공적으로 그런 가치들을 구체화했을 때에만, 정부는 개인의 안전이나 자유의 기본 양식을 현실적으로 제공할 수 있다고 이 견해는 추론한다. 법의 지배가 없이는 정부는 최소한의 일관성 있고, 예측 가능하며, 투명한 방식의 행동에 나설 수 없을 것이다. 법적으로 제한된 국가의 활동이 없으면, 정치적 행위자가 개인으로 하여금 정치적 자유를 누리게 할 방법을 알 수 없게 된다. 롤스에 의해서 '법이 근사치에 가까울 것으로 예상되는 이상적 개념'이라고 적절하게 서술된, 정의와 평등한 자유에 기여하는 법의 지배는 불가피하게 제한적이긴 하지만 '결코 무시할 수 있는 것은 아니다.'[13] 이런 식의 직관은 롤스와 같은 자유주의자들뿐 아니라 공화주의자나 정교한 네오마르크스주의자들에 의해서도 폭넓게 옹호되었다는 사실을 인지하는 것이 중요하다.[14]

13 Rawls, *Theory of Justice*, p. 236.
14 전자의 예를 보려면, Philip Pettit, *Republicanism: A Theory of Freedom and Government* (New York: Oxford University Press, 1997), pp. 174-177; 후자의 예를 보려면, William E. Scheuerman (ed.), *The Rule of Law Under Siege: Selected Essays of Franz L. Neumann and Otto Kirchheimer* (Berkeley: University of california Press, 1996). 법의 지배에 관한 이런 모델은 폭넓은 영역의 문화적 국가적 배경을 가진 학자들에 의해 지지되었다는 점에 주목할 것. 그에 관한 어떤 것도 국내법의 적용을 필연적으로 제한하지 않는다. 왜냐하면 우리는 또한 그것이 법의 지배의 다양한 구성요소들(예를 들어 일반성, 공공성, 명확성, 불변성)을 실현하느냐 그렇지 않으냐의 관점에서 국제법도 검토할 수 있기 때문이다.

체이스 마다르(Chase Madar)는 법의 지배가 "언제나 그렇듯이 타협되어왔다"고 매닝에 대한 그의 탁월한 변론에서 적절하게 언급했다. "그것을 완전히 버린다면 우리는 잘못을 저지르는 것이 될 것이다."[15] 법의 지배는 정치적 사회적 현 상황의 버팀목이 되는 식으로 친근한 방식을 넘어서서 기본적인 보호기능을 수행한다. 정의롭지 못한 정치적 사회적 질서에 대한 단순한 자유주의 이데올로기나 눈속임을 넘어서, 그것은 정치적으로나 사회적으로 취약한 사람들을 위한 필수불가결한 최소한의 보호 장치를 제공한다.[16] 나치 독일이나 스탈린주의 러시아와 같은 잔인한 독재는 구속력 있는 정부의 명령을 가지고 있다는 넓은 의미에서 '법'을 소유했을 수도 있다. 그러나 그들은 이런 엄격한 의미의 '법의 지배'를 성취하지는 못했다.

이것이 왜 관련이 되는 것일까? 디지털 불복종 활동가들을 기소하는 법령이—가장 중요한 것은 방첩법과 CFAA인데—법의 지배에 대한 가장 기본적인 열망을 조롱하고 있기 때문이다. 법학자와 시민 자유주의자들은 두 법이 막대한 검찰의 재량권을 인정하는 모호한 법적 기준들로 가득 차 있다는 것을 인지했다. 해럴드 에드거(Harold Edgar)와 베노 슈미트(Benno Schmidt)가 수년 전 방첩법에 대한 비판적인 토론에서 문서화한 것처럼, 그 이해할 수 없는 어휘들은 '국가 안보'라는 잘 정의되지 않은 영역과 관련된 수많은 활동에 대해 행정부가 임의의 권력을 행사하도록 한다. 그리고 그것은 논란의 여지없이 반헌법적이다.[17] 그것이

---

15 Chase Madar, *The Passion of Bradley Manning: The Story Behind the Wikileaks Whistle-blower* (New York: Verso, 2013), p. 123.

16 Franz L. Neumann, *The Rule of Law: Political Theory and the Legal System in Modern Society* [1937] (Lexington Spa: Berg, 1986) 참조.

17 Harold Edgar and Benno C. Schmidt, Jr., "The Espionage Statutes and Publication of

정치적 억압의 (서투른) 도구로서 반복적으로 기능해왔다는 것은 그다지 놀랍지도 않은 일이다.[18] 마찬가지로 전자 프론티어 재단과 다른 시민 자유주의 단체들은 CFAA가 어떻게 평범한 인터넷 사용(예를 들면 직장 컴퓨터에서 개인의 이메일을 확인하는 것)을 범죄화하는지를 문서화했다. '권한'이라는 말이 함의하는 바를 명확하게 하지도 않은 채 '권한 없이' 컴퓨터에 접근하는 것은 연방법을 위반하는 범죄라고 규정한다는 것이다. 놀랍게도 CFAA는 열린 결말의 형식으로 '컴퓨터 사기 및 오용'을 정의한다. (모호하게 지정된) '보호된' 컴퓨터에 손상을 입히거나, 트래픽상의 기밀이나 암호의 신뢰를 손상시키고 오용하기 위해 컴퓨터에 접근하거나, 가치 있는 어떤 것을 얻기 위해 컴퓨터에 접근함으로써 국가 안보에 관한 정보를 위험에 노출시키거나 국가 안보를 위협하는 것 등이 그것이다. 물론 법적인 복잡성은 부인할 수 없다. 그럼에도 CFAA는 '사기'와 '오용'을 특별한 것으로 보이게 하고 대부분의 평범한 사람과 심지어 노련한 법률 전문가에게도 잘 인지되지 않는 것인 양 서술하고 있다. 그것은 또한 중복 조항으로 기소된 사람들이 같은 행위로 중복 처벌받는 것을 허용하고 있다. 이것은 엉성한 법적 숙련이 어떻게 법을 공표한 사람들조차도 의도하지 않았을 가혹한 결과로 나아가는지 보여주는 고전적인 사례이다.[19] 불행하게도 슈워츠와 해먼드 등은 미국 의

Defense information," *Columbia Law Review* 73:5 (1973), pp. 929-1087.

18 Geoffrey R. Stone, *Perilous Times: Free Speech in Wartime - From the Sedition Act of 1787 to the War on Terrorism* (New York: Norton, 2004), p. 173.

19 CFAA에 대한 광범위한 비판적 분석은 전자 프론티어 재단 웹사이트에서 볼 수 있다 (https://www.eff.org/issues/cfaa). 법은 또한 인터넷의 부분적인 탈영토화의 특징이 그것을 규제하려는 국가 중심의 시도의 규범적 적합성(혹은 효율성)에 대해 심각한 문제를 제기할 수 있다는 사실을 편의적으로 모호하게 만든다. 많은 디지털 불복종 활동가들은 자신들의 행위를 단지 국가적인 연합뿐 아니라 더 폭넓은 초국가적 공중을 상대하는 것으로 간주한다. 낸시 프레이저는 자신의 최근 논문에서 초국가적 공중에 대한 아이디어

회사 기초직인 법적 미덕을 진지히게 보전하는 데 실패한 대가를 톡톡히 치렀다. CFAA의 모호하고 불명확한 언어는 그들이 직면한 자의적이고 가혹한 법적 처벌을 초래했다.

법의 지배에 관한 전통적인 견해에 의하면 법에서 일반성이란 유사한 사례를 위한 유사한 규칙을 요구하는 것으로 폭넓게 해석된다. 유사하거나 최소한 비슷한 상황은 유사하거나 최소한 비슷한 법적인 방식으로 처리되어야 한다.[20] 도덕적인 양심이나 정치적인 동기에 의한 디지털 불법 행위를 '컴퓨터 사기'나 '간첩 행위'로 다루는 것은 이런 기존의 법적 관점에서 보더라도 그리 바람직하지 않다. 프레스카 판사가 옳을 수도 있다. 즉 해먼드와 같은 핵티비스트는 마틴 루터 킹 주니어와 같은 사람과는 전혀 다른 정치적 인물이다. 마찬가지로 그는 개인적이거나 사적인 이득을 위해 컴퓨터로 사람들을 벗겨 먹는 일반적인 '사기꾼'이 아니다. 또한 그는 이익을 위해 사기에 가담하거나 영업 비밀을 훔치는 사기꾼도 아니다. '사기와 오용'에 대한 가장 왜곡된 이해 하에서만, 즉, 행위자 자신의 도덕적 정치적 의도가 단순히 무시될 때에만 최근의 핵티비스트의 행위를 범죄로 해석할 수 있을 것이다. CFAA가 그 정도로 엉성하게 '사기와 오용'을 법률화했기 때문에 그런 왜곡이 그 법의 집행과 적용을 어렵게 만드는 사태가 벌어진다.

매닝과 스노든은 미국 정부가 공격적으로 그들에게 방첩법을 적용하긴 했지만, '간첩'이 아니다. 그들은 미국을 위기에 빠뜨리거나 해외

를 '초국가적 공공성의 영웅들인 에드워드 스노든과 프라이비 매닝'에게 바친다고 썼다 (Fraser, "Publicity, Subjection, critique: a Reply to my critics," in Kate Nash (ed.), *Transnationalizing the Public Sphere* [cambridge: Polity Press, 2014], p. 129).

20 Rawls, *Theory of Justice*, p. 237.

에 있는 적들의 성공을 도모하기 위해 국가 안보에 관한 정보를 취득하려 하지도 않았다. 그 대신 그들은 적절한 민주적 감독을 진행하기 위해 대외 정책에 관한 공개 토론을 하고자 했다. 그들의 행위는 홀러웨이 스파크스(Holloway Sparks)가 '반대 시민권'(dissident citizenship)이라고 적절히 불렀던 것의 사례이다. 그들의 행위는 매닝과 스노든이 그런 경우로 생각했듯이 '[일반적인] 제도화된 민주적 대립의 채널이 부적절할 때 그것을 강화하거나 대체할 대립적 민주적 관행을 통해 우세한 권력의 배치에 이의를 제기하기 위해' 법을 위반하는 것을 포함한다.[21] 여기서도 그들의 행위를 '간첩 행위'라는 범주로 묶으려는 잘못된 시도는 방첩법이 개방형이라는 이유만으로 법적으로 그럴듯하게 보일 뿐이다.

분명히 해당 법령은 인터넷과 웹의 출현 및 대중적인 이용 가능성이라는 현상보다 먼저 등장한 것이다. 전시 긴급 법안의 억압적인 내용을 담고 있는 방첩법은 제1차 세계대전으로 거슬러 올라간다. CFAA는 1986년에 등장했다. 그러나 현재 국회의원들을 포함한 많은 사람들이 그것에 대한 철저한 조사를 요구하고 있고[22], 그것을 최근 30년간 발생한 컴퓨터 기술의 혁신에 비추어 시대에 매우 뒤떨어진 것으로 보고 있다. 미국 정부는 법의 일반성을 위한 기본적인 법의 지배에 관한 약속을 유린하기 위해 시대착오적이고 잘못 적용된 법률에 의지하고 있다.[23] 그와 같은 불합리한 법적 전략은 국가 공무원이 디지털 불복종의

---

21 Holloway Sparks, "Dissident citizenship: Democratic theory, Political courage, and activist women," *Hypatia* 12:1 (1997), p. 75.
22 Congresswoman Zoe Lofgren and Senator Ron Wyden, "introducing aaron's law, a Desperately Needed Reform of the computer Fraud and abuse act," *Wired*, June 20, 2013 (accessed February 20, 2015).
23 CFAA가 매튜 브로더릭(Matthew Broderick)의 영화 War Games에 의해 영감을 받았다는 증거가 있다. 여기서 컴퓨터 해커는 북미항공우주방어국(NORAD, North American

핵심적인 도덕적 정치적 특징들을 폄훼하고, 그것이 정부 자체가 저지른 불법적이며 심지어 반헌법적인 행위들에 관해 공개 토론을 유도하려 하는 것이라는 사실을 평가 절하한다는 것을 의미한다. (예를 들어 스노든은 미국의 감시 정책은 헌법 및 국제법과 일치하지 않는다고 주장했으며, 주요 법학자들은 이런 견해를 옹호해왔다.)[24] 디지털 불복종이 불법 행위(사기나 간첩 행위 등)를 포함한다고 할 때에도 그것은 더 심각한 법률 위반을 조명하기 위해 그렇게 하는 것이며, 법의 경계를 허무는 모호한 정부 관행에 대해 지금까지 해왔던 것보다 더 많은 공공 조사를 요구하기 위해 그렇게 하는 것이다.

우리는 '시민 불복종'이라는 용어를 너무 폭넓게 사용함으로써 그 의미를 불명확하게 만들지 않도록 조심해야 한다. 부분적으로 디지털 불법 행위에 현재 존재하지 않는 도덕적 정치적 정당성을 제공하고자 하는 이해할 만한 탐구 때문에, 그 옹호자들은 최근의 폭넓은 저항을 담아내기 위해 그 개념을 느슨하게 적용하고 있는데, 그 저항 중에 어떤 것은 1960-70년대에 등장한 시민 불복종의 표준적인 모델과 잘 맞지 않는다.[25] 나는 나중에 그 장점에도 불구하고 이런 전략에 의도하지 않은 위험이 있을 수 있다는 것을 밝힐 것이다. 그럼에도 거기에는 '법에 대한 충성이라는 한계 안에서 법에 대한 불복종'을 포함하는 것으로서

Aerospace Defense Command)에 침입한 것으로 묘사된다. 미국의 주요 정치인들이 이 영화를 보았으며, 로널드 레이건은 그것을 논픽션으로 간주했다(Peter ludlow, "Hacktivists on trial," *The Nation*, December 4, 2013 (accessed February 20, 2015).

24 William E. Scheuerman, "Whistleblowing as Civil Disobedience: the case of Edward Snowden," *Philosophy and Social Criticism* 40:7 (2014), pp. 609-28; Fred H. cate, "Edward Snowden and the NSA: law, Policy, and Politics," in David P. Fidler (ed.), *The Snowden Reader* (Bloomington: indiana University Press, 2015), pp. 26-44.

25 이하의 나의 언급을 참조할 것.

의 롤스의 영향력 있는 시민 불복종 개념과 겹치는 부분이 있다. 최소한 어떤 디지털 활동가들은 중대한 행정 수준의 법률 및 헌법 위반을 대중에게 알리기 위해 그렇게 하는 것이 필수적이라고 생각해서 법을 위반하고 있다. 그들은 때때로 그런 법률 위반이 대량으로 발생하며, 그래서 불복종 활동가들의 상대적으로 사소한 위법 행위를 잠정적으로 정당화한다고 주장한다.

다른 법적 불규칙성으로 인해 디지털 불복종에 대한 정부의 기소가 발생해왔다. 예를 들어 해먼드와 배럿의 사례에서 그들은 처벌을 받은 바로 그 행위를 결정적인 순간에 행하게 부추긴 변절한 정보원이 없었다면 처벌받지 않았을 것이다.[26] 이런 재량에 따른 기소 관행은 미국 형사 사법 체계에서 일반적인 것이긴 하지만[27] 그런 관행은 법의 지배라는 관점에서 어려운 문제를 제기하고 있다. 해먼드의 사례에서 프레스카 판사는 기피 신청을 해야 했다. 해킹된 회사와 관련된 변호사인 그녀 남편의 이메일과 암호가 해킹으로 누설되었기 때문이다. 직접적인 이해 충돌로 인해 프레스카의 판사로서의 독립성과 공평성이 손상되었다.

그러나 그보다 더 중요한 법의 근간이 위험에 처해 있다. 그의 고전적인 저작인 『법의 도덕』에서 론 폴러(Lon Fuller)는 법의 지배에 대한 충실성(혹은 그의 말을 빌리면 합법성)이 상이한 그리고 잠재적으로 대립적인 정치적 도덕적 열망에 대한 추구와 일치한다고 핵심을 지적했다.

---

26 Coleman, *Hacker, Hoaxer, Whistleblower, Spy: The Many Faces of Anonymous*, pp. 288-93, 353-75.

27 Francis A. Allen, *The Habits of Legality: Criminal Justice and the Rule of Law* (Oxford: Oxford University Press, 1996).

간단히 말해서 합법성은 현대의 다원주의와 일치한다. 그러나 그것은 여전히 인간 존엄성이나 인간 존중이라는 근본적인 개념에 함축적으로 내재해 있다. 풀러는 우리가 이런 요점을 볼 수 있는 직접적인 방법이 있다고 생각했다. 정부가 사람들로 하여금 공개되지 않은, 비밀스러운, 소급 법령을 따르도록 강요할 때, 그래서 불가능한 것을 하도록 강요할 때, 혹은 권력자의 자의적인 변덕에 따라서 그들의 행동을 끊임없이 바꿀 것을 강요당할 때가 바로 그때이다. 그것은 사람들에게 무차별적으로 전달된다. 그것이 법의 지배를 체계적으로 위반할 때, 그것은 시민을 단순히 국가 권력의 대상으로 격하시킨다. 그것은 자신들의 삶을 효율적으로 계획할 수 있는 능력을 가진 독립적인 행위자로서의 사람들에 대한 존중을 기본적으로 결여하고 있다. 그 대신 국가의 행위가 명확하고, 공적이며, 일반적이고, 상대적으로 일정한 규범에 근거하고 있다고 주장함으로써 법에 근거한 정부의 지배는 사람들을 최소한의 인정 혹은 존엄성을 가진 대리인으로서 존중하고 있음을 표명하게 된다.[28]

풀러는 자신의 고전적인 연구에서 이런 직관을 충분히 다루지 않았다. 정치철학자도 사회철학자도 아닌 그는 '인간 존엄성' 및 법과 그것의 관계를 어떻게 생각하는 것이 최상의 방법일지 분석하는 다음 단계(아마도 필요하다고 생각되는)로 나아가는 데 실패했다.[29] 그러나 그는 자신의 예비 분석이 법의 지배를 구체화하는 모든 정치 시스템의 한가운데에서 우리가 암묵적인 규범적 약속을 확인할 수 있으며, 그 약속 위

---

28 Coleman, *Hacker, Hoaxer, Whistleblower, Spy: The Many Faces of Anonymous*, pp. 288-93, 353-75.
29 풀러의 성찰을 발전시키려는 시도에 대해서는 Jeremy Waldron, "The Rule of Law and the Importance of Procedure," in James E. Fleming (ed.), *Getting to the Rule of Law* (New York: New York University Press, 2011), pp. 3-31을 참조할 것.

에서 우리는 사람들을 최소한의 위엄과 존중으로 대하게 된다는 점을 보여주기에 충분하다고 믿었다.

모두가 인정하듯이, 법에서 존엄성에 호소하는 것은 많은 불일치와 혼란을 야기할 위험이 있다.[30] 예컨대 독일 헌법에서 존엄성의 개념은 '국가에 자신과 타자를 존중할 의무를 강제할 힘, 아마도 그런 추상적인 실재로서의 국가 자체에 대한 존중을 강제할 힘'을 부여하기 위해 오용되어왔다.[31] 때때로 그 결과는 시민들에게 적절한 혹은 '존엄한' 행동의 어떤 (모호한) 기준에 동의할 것을 요구하는 억압적인 법학으로 이어졌다. 그러나 풀러를 그런 방향의 길을 닦은 인물로 해석할 필요는 없다. 그의 핵심적인 주장은 건전하다. 즉 근본적인 존엄성이라는 개념에 대한 약속은 정치적으로 정돈된 지위(특히 정부 공무원)가 강력한 시민이 아니라 일반적인 시민에 대한 존중을 표현하기 위해 요구된다는 점을 확실하게 한다는 점이다.[32] 그렇게 하기 위한 필수불가결한 수단은 국가와 그 활동이 엄격하게 합법성이나 법의 지배의 울타리 안에 머물러야 한다는 점을 분명히 하는 것이다.

현대의 디지털 불복종 활동가들은 국가와 기업에 의해 수행되는, 그리고 새로운 기술에 의해 가능해진, 전례 없는 대규모의 감시에 대한 증거가 늘어나고 있는 사실에 분노하고 있다. 비록 이들이 언제나 이런 상황을 명확하게 정식화하지는 않았지만, 그들의 분노는 그들을 가혹하게 처벌하는 정부의 행위가 아니라 오히려 그들의 행위가 법의 지배

30 Michael Rosen, *Dignity: Its History and Meaning* (cambridge: Harvard University Press), p. 67.
31 Ibid., p. 74.
32 Ibid., p. 75.

에 대한 심층적이고 준법적인 존중을 나타내고 있음을 보여준다. 일부 디지털 활동가들이 본능적으로 파악한 것은 효과적으로 확인되지 않은 국가 감시는 국가가 모든 사람을 존중하고 존엄하게 대해야 한다는 법의 지배의 규범적 약속과 일치하지 않는다는 점이다.

최근의 감시 정책을 뒷받침하는 법률 인프라는 놀랍도록 부끄러운 것으로 판명되었다. 스노든이 빈번하게(그리고 정확하게) 언급한 것처럼, 미국 정부가 국내 감시를 위해 제공한 근거는 테러 방지법(the USA Patriot Act 2001) 215조와 외국 정보 감시법(1978) 702조이다. 그러나 전자는 테러가 의심되는 상황에서 정부가 기존의 유형의 대상(사업 기록 혹은 도서관 서적)에 접근할 수 있도록 하는 것이었다. 광범위하고 조잡한 방식으로 서술되긴 했으나 이 법은 테러 위험을 식별하기 위해 디지털 메타 데이터의 수집을 권유하기 위해 만들어진 것은 아니다. 702조는 국가가 미국 밖에서 외국인을 감시할 수 있도록 허용한다. 그러나 스노든이 지적했듯이, 그리고 다른 분석가가 확인했듯이, 국가안보국(NSA)은 실제로 동쪽으로는 뉴욕의 스태튼 아일랜드나 서쪽으로는 캘리포니아의 산호세를 벗어난 적이 없는 미국 시민의 데이터를 정기적으로 수집해왔다. 관련 법령들이 기본적인 법적 미덕의 부족을 드러내고 있는 상황에서, 그것은 최근 국가안보국의 활동에 대한 근거가 있다고 믿도록 온 힘을 쏟고 있다.[33]

조지 카텝(George Kateb)이 주장하듯이, 어디에나 존재하는 공적이고 사적인 감시는 기본적인 도덕적 인격성의 요소들을 파괴한다.[34] '고통

---

33 Fred H. Cate, "Edward Snowden and the NSA: Law, Policy, and Politics," p. 27.
34 George Kateb, *Patriotism and Other Mistakes* (New Haven: Yale University Press, 2006), pp. 93-113.

없는 억압, 거의 느껴지지 않는 하락'의 형태를 한 현대의 감시 체제는 침투할 수 없는 개인의 경계를 허물어뜨린다. 나의 모든 움직임이 강력한 공공의 이해 혹은 민간의 이해에 의해 세심하게 기록되는 곳에서, 나의 행동이나 선호에 대한 자세한 정보가 무한정 저장되고, 그에 따라 개인정보보호권이 아니라 나의 존엄성 자체가 위협을 받게 된다. 감시는 성인을 어린아이로 만든다. 그것은 '자유로운 사회를 지탱하는 정신'을 허물어뜨린다.[35]

> 우리는 관찰이 필요한, 모호한 또는 병리학적인 표본으로 간단하게 취급된다. (…) 우리는 우리 자신에 대한 축적된 정보가 가망 없고 무력한 자서전에 더해지는 일련의 통합된 대답들로 간주될 때 늘 경계의 대상이 되고 암묵적인 심문의 대상이 됨으로써 지속적인 의심을 받는 상황에 놓이게 된다. 무죄인 사람이 없어진다는 것은 (…) 거대한 규모로 진행되는 사태라서 모든 개인의 인격이나 인간적인 지위를 모욕하는 일이 벌어진다.[36]

합법성과 존엄성 사이의 암묵적인 연결을 고려할 때, 점점 더 포괄적으로 진행되는 감시 체제는, 뒤늦은 비판적 조사를 피하기 위한 공무원의 위선적인 시도들과 마찬가지로 전자를 조롱하는 것이다. 점검되지 않은 감시는 법의 지배가 부분적으로 의존하고 있는 개인과 정부의 기본적인 관계를 전도시킨다. 합법성은 국가의 행위가 명확하고 공개적으로 이루어짐으로써 개인이 그에 따라 계획을 세우고, 최소한 원칙적으

35 Ibid., p. 98.
36 Ibid., p. 97.

로라도 정부가 무엇을 하고 있는지 파악하고 적절할 경우 법을 바꿀 수
있도록 할 것을 요구한다. 법의 지배는 물론 개인이 국가에 대해 투명
하게 될 것을 요구하지 않는다.[37] 대신 국가와 법인이 프라이버시와 익
명성의 일부분이라도 파괴하기 위해 비밀리에 스파이 활동을 하고, 뻔
뻔스럽게도 공공성을 위해 위험을 감수하는 사람들을 박해할 때, 법의
지배는 공격을 받게 되는 것이다.

시민 불복종으로서의 디지털 불법 행위?

공무원에 의해 이루어지는 법의 지배에 대한 이런 냉소적인 전개의 한
가지 결과는 어떤 디지털 불복종 활동가들이 법에 대한 일방적인 관점
을 내면화한 것으로 보이게 된다는 것이다. 체이스 마다르는 다음과 같
이 옳게 말하고 있다. "법의 지배에 대한 가장 큰 공격은 디지털 불법
행위에 참여하거나 그것을 옹호하는 무정부주의자나 좌파 자유주의 활
동가에 의해 이루어지는 것이 아니라 스스로를 법 위에 있다고 믿고 사
실상 법 위에 존재하는 권력을 가진 높은 지위의 정치적, 경제적 인물
에 의해서 이루어진다."[38] 그럼에도 디지털 활동가들 사이에 퍼져 있는
무정부주의적, 자유지상주의적, 반국가적, 반법률적 정서의 흐름을 무
시하기는 어렵다. 그들에게 법의 지배가 국가적 억압의 단순한 포장으
로 보인다는 것이 놀랄 만한 일은 아니다. 2010년 공개 성명서에서 익

---

37 보이지 않는(혹은 비밀스러운) 정부와 가시적인 시민이라는 경향은 이미 지적된 바 있
다. Norberto Bobbio, *The Future of Democracy: A Defense of the Rules of the Game* (Min-
neapolis: University of Minnesota Press, 1987), pp. 79-97.

38 Madar, *Passion of Bradley Manning*, pp. 123-124.

명의 활동가는 다음과 같이 말했다. "우리는 합법성에 관심이 없습니다. (…) 우리의 법을 정하는 사람들은 공공 저작권 침해, 시민 자유의 침식, 검열의 폐지가 (…) 좋은 것이며 대중에게 강제해야 할 것이라고 정한 사람들과 같은 사람들입니다."[39] 이해하지 못할 것은 아니지만, 그들의 활동에 대한 국가의 가혹한 처벌이 이루어지고 있는 상황에서 이런 견해는 법의 지배에 대한 초월적인 관점을 재생산할 위험이 있다. 법의 지배에 대한 여러 측면의 견해를 권위주의적 율법주의로 환원시킴으로써 그런 견해는 법의 지배가 가진 본질적인 보호기능과 더불어 그 규범적인 핵심을 모호하게 한다. 법의 지배가 억압적인 국가의 노력을 점검하는 데 도움이 될 수 있다는 사실을 무시하는 것이다. 그리고 그런 견해는 우리 자신보다 우월한 장래의 정치적 사회적 질서가 여전히 법의 지배를 필요로 하게 될 것이라는 사실을 무시하고 있는 것이다.

이런 곤란한 경향은 감시가 정부의 무법성에 근거하고 있으며, 법의 지배가 약자를 제약할 뿐 아니라 권력과 특권을 가진 사람들을 제약하는 공동체에 대한 관념을 허물어뜨린다는 디지털 불복종 행위자들 사이에서 이루어지고 있는 긍정적인 평가를 거스르는 것으로 작동하기도 한다. 디지털 불복종 행위자들이 자신들의 법적인 직관을 설명하기 위해 때때로 힘든 시간을 갖는 한 가지 이유는 법의 지배가 반자유주의적이며 권위주의적인 용어라고 생각하게 되었기 때문이다. 관련된 두 번째 결과는 그 친근한 구성요소들이 덜 강조되고 있는, 시민 불복종에 대한 열린 결말의 견해를 감싸 안는 경향이다. 위에서 언급했듯이, 이런 경향에 대한 영감의 일부는 정치적인 것이다. 즉 디지털 불복종 행위의

---

39 Coleman, *Many Faces of Anonymous*, p. 113에서 인용.

옹호자들은 지난 50년간 '길거리의' 시민 불복종이 성공적으로 획득한 전통적인 형식에 더해 규범적인 지위(그리고 그에 상응하는 법적 정치적 특권)를 갖게 되기를 희망하는 것이다. 그러나 그 영감의 일부는 분석적이거나 유형학적인 것이다. 디지털 불복종의 어떤 유형은 1960-70년대에 정식화된 시민 불복종의 표준적인 모델과는 거의 맞지 않는다. 예컨대 롤스의 유명한 정의에 따르면, 시민 불복종은 "법이나 정부 정책의 변화를 가져올 목적으로 이루어진, 법에 반대하는 공적이며, 비폭력적이고, 양심적이지만 정치적인 행위"를 뜻한다.[40]

그의 시대를 살았던 대부분의 사람들과 마찬가지로, 롤스는 시민정신을 가진 불법 행위자는 자신의 행위에 대해 형사 처벌을 받을 준비가 되어 있어야 한다고 믿었다. 그들의 행위는 그럴 때 법에 대한 충성심을 보여주게 된다는 것이다. 그러나 전통적인 모델의 엄격한 공공성 조건은 정보 유출자 및 내부 고발자(예를 들면 어나니머스 같은)의 익명성과 기밀성을 유지하려는 시도에 의해 분명히 부정되고 있다. 많은 디지털 불복종 활동가들은 자신들의 불법성에 대한 법적 결과를 받아들이기를 주저하고 있다. 이런 입장은 가혹한 처벌이 주어질 경우 이해할 만한 것이지만, 그럼에도 롤스나 킹 같은 사람들을 괴롭혔을 것이다. 동시에 디지털 불복종은 도덕적인 양심에 근거하여 "다소 직접적인 법률적 명령이나 행정 명령을 준수하지 않는 것"으로 정의되는 양심적 반대 이상의 것을 포함하고 있다.[41] 시민 불복종의 정신에 가깝게 디지털 불복종은 여론을 바꾸고 법적, 정치적 변화를 일으킬 것을 목표로 한다.

시민 불복종에 대한 더 폭넓은 정의를 주장하는 사람들 가운데 몰리

---

40 Rawls, *Theory of Justice*, p. 364.
41 Ibid., 368.

사우터(Molly Sauter)는 시민 불복종에 대한 대부분의 사고 속에서 미국 시민권 운동이 맡았던 특권적인 역할이 새롭지만 합법적인 형태의 디지털 행동주의의 위신을 추락시키는 '무역사적 근시안'을 야기할 것에 대해 우려하고 있다.[42] 디지털 불복종과 우리가 물려받은 시민 불복종의 개념 사이의 명백한 불일치에 대한 그녀의 대답은 후자의 개념을 확장해서 전자의 개념을 포함하자는 것이다. 정치 이론가나 저널리스트들 사이에서, 우리는 새로운 유형의 디지털 불법 행위를 포괄하기 위해 전통적인 시민 불복종의 개념을 확장하려는 유사한 경향을 관찰하게 된다.[43]

그렇지만 이런 분석적인 움직임은 몇 가지 현실적인 도전에 직면하고 있다. 무수한 형태의 디지털 불복종을 시민 불복종의 범주 하에 분류하려고 함으로써, 분석가들은 그 용어를 과도하게 부풀리고 일관성이 거의 없는 형태로 부정해버린다. 결과적으로 디지털 불복종에 의해 노정된 진정한 도전에 맞서 싸우기 위한 노력들은 그렇게 하기 위한 미묘한 개념적 도구를 잃게 될 수도 있다. 우리는 개념적 정치적 혼란을 퍼뜨리는 대가를 치루고 시민 불복종과 전통적으로 결합되어 있는 핵심 요소들을 경시하고 있는 것이다. 예컨대 정치 이론가인 로빈 셀리카테스(Robin Celikates)가 비폭력, 공공성, 법에 대한 충실성 등의 표준적

---

42 Sauter, *Coming Swarm*, p. 26. 사우터가 길게 논의하고 있듯이, 시민 불복종의 개념을 더 넓히려는 이런 움직임은 핵티비스트와 다른 디지털 활동가들에게 논쟁거리일 수밖에 없다. 처음에 '전자 불복종'을 시작했던 사람들은 문제가 있는 저항의 형태에 문을 열어주게 될 것을 우려하면서 그것은 사실상 시민 불복종으로 보아서는 안 된다고 주장한다.

43 전자에 대한 정교한 사례를 보려면, Robin Celikates, "Civil Disobedience as a Practice of Civic Freedom," in James Tully (ed.), *Global Citizenship: James Tully in Dialog* (London: Bloomsbury, 2013), pp. 207-28. 후자에 대한 사례를 보려면 Ludlow, "Hacktivists on trial," *The Nation*, December 4, 2013을 참조할 것. 여기서 스위츠와 다른 핵티비스트들은 '시민 불복종 활동가'로 서술되고 있다.

인 개념들을 희생시켜도 좋은 것으로 긴주하면서, 정치적 법저 변화를 목표로 한, 원칙에 근거한 불법적 집단적 저항으로 시민 불복종을 재정의했을 때, 너무나도 많은 분석적 정치적 구분들이 희생되었다고 할 수 있다.[44] 시민 불복종(전통적으로 이해된), 양심적 불복, 정보 누출, 내부 고발, 저항, 혁명 사이의 유용한 개념적 차이들은 모호해지고 심지어 사라질 수도 있다.[45] 우리가 잠재적으로 지불하고 있는 값비싼 대가는 그들이 당면한 실제적인 정치적 새로움을 인정할 수 없으리라는 점이다. 디지털 불복종이 종종 우리의 전통적인 범주와 친근한 요소들을 포함할지라도 그것은 통상적인 개념적 상자 안에 전형적인 방식으로 끼어들수가 없다.

부정할 수 없이 복잡한 상황에 대한 나의 독해는 모두는 아니더라도 몇몇의 디지털 불복종 활동가들은 시민 불복종의 '고전적' 레시피를 따르려고 시도했으며, 최소한 그 주요 특징들에 대해 동의했다는 것이다. 예를 들어 어나니머스조차 전통적인 모델에서 제시된 공공성 조건이라는 특징을 지키고자 했다. 개인적인 익명성을 고집하면서도, 어나니머스의 정보 유출은 종종 공개적인 것이었으며, 그 그룹은 자신들의 행위를 옹호하기 위해 웅변적인 공개 성명을 발표하기도 했다. 그것은 분명히 폭넓은 공적인 영향을 의도한 것이었다. 이전의 시민 불복종 활동가

44 Celikates, "Ziviler Ungehorsam und radikale Demokratie," in Thomas Bedorf and Kurt Röttgers (eds.), *Das Politische und die Politik* (Berlin: Suhrkamp, 2010), pp. 283-98, 297-97: Celikates, "Civil Disobedience as a Practice of Civic Freedom," *Global Citizenship: James Tully in Dialog*, pp. 207-228.

45 유용한 개념적 차이들을 조명하려는 시도를 참조하려면, Candice Delmas, "The Ethics of Government Whistleblowing," *Social Theory and Practice* 14:1 (2015), pp. 77-105 참조. 스노든의 행위와 우리가 전형적으로 시민 불복종으로 서술했던 것들 사이의 유사점을 식별하면서 델마스는 스노든을 '정부의 내부 고발'에 관여한 것으로 서술한다.

들(예를 들면 간디나 킹과 같은)과는 현저하게 대조적으로 어나니머스의 구성원들은 그 그룹이 분명히 알아볼 수 있는 공적인 '얼굴'을 갖거나 대표자를 갖는 것을 거부한다. 이것은 부분적으로 저항 운동이 미디어에 정통한 권위주의적인 지도자에 의해 지배될 수 있을 것이라는 합당한 우려 때문이기도 하다. 그렇지만 그들이 전형적으로 인정하는 것보다 더 편의적으로 이해하자면, 이것은 또한 어나니머스 활동가들이 예컨대 킹이나 다른 많은 이전의 불복종 활동가들이 져야 했던 것과 같은 개인적 정치적 위험을 감수할 필요가 없다는 것을 의미한다. 또한 그들은 그들이 보여주었던 것과 같은 정치적, 개인적 용기를 보여줄 필요도 없다. 그런 것은 정치적인 동기를 가진 불법 행위의 구성적 특징이라고 할 수 있겠으나 아직 현대 정치학자들에 의해 거의 논의된 바가 없다.[46]

시민 불복종 내에서 (다른 곳에서와 같이) 공공성에 대한 규범적인 관여는 복잡할 수밖에 없다. 혹자는 어나니머스와 다른 '은밀한' 내부 고발자들이 공공성 테스트에 대한 가장 온당한 해석에 대한 충실성을 표현하는 것으로 해석될 수 있다고 말한다. 킹이나 다른 역사적 인물들에 의해서 실천된 시민 불복종의 상징적 형태들은 언제나 사적이거나 심지어 비밀스러운 내용들도 포함하고 있었다. 킹은 물론 그의 전략가 및 가까운 동맹들과 은밀한 대화를 하곤 했다.[47] 그 내용은 대중들을 놀라게 하거나 불안하게 만들기에 충분한 것이었다. 우리는 공공성이 시민 불복종 속에서 필수적으로 포함하고 있는 것에 대한 기계적인 해석에 저항할 필요가 있다. 그것은 불복종 행위자들이 자기 자신이나 자신

---

46 Sparks, "Dissident Citizenship: Democratic Theory, Political Courage, and Activist Women," p. 93.

47 물론 지금 우리는 FBI가 킹과 그의 대화를 체계적으로 도청했다는 것을 알고 있다.

들의 생각을 충분히 혹은 완전하게 두명한 것으로 만들어야 한다는 것을 요구한 적도 없고 결코 그렇게 해서도 안 된다는 것이다. 풀뿌리 사회운동조차 불가피하게 킹의 경우처럼 기밀이나 비밀에 의존할 수밖에 없는데, 그 이유는 그들이 그들의 노력을 무너뜨리기 위해 공무원들이 그들을 감시하고 있다는 사실을 잘 알고 있기 때문이다.

마찬가지로, 최근의 디지털 범법자들이 형사 처벌을 피했을 때, 그들은 효과적으로 원리화된 법의 지배라는 근거를 제시했다. 이런 정신으로 스노든은 미국 정부의 노력이 아니라 그의 노력이 왜 킹이 '법에 대한 가장 높은 수준의 존중'이라고 불렀던 것을 보여주는 것인지 설명했다.[48] 방첩법의 법적인 불법성에 복종하는 것은 존경의 표현이 아니라 법의 지배를 경멸하는 것이다. 스노든의 관점에서 법에 대한 충실성은 기본적인 법의 지배라는 약속과 맞지 않는 거짓된 사법 절차에 의해 부여된 가혹한 형벌을 피함으로써 더 잘 입증된다.[49]

그러나 스노든이 빈틈없이 파악하고 있듯이, 법에 대한 더 근본적인 충실성에 의해 가장 잘 정의되는 정치적인 동기에 의한 불법 행위라는 친근한 개념은 여전히 인상적인 규범적 정치적 자격을 보유하고 있다. 그것을 버린 디지털 불복종 행위자들은 법의 지배가 심각하게 고려되는 상황에서 효과적인 정치적 자원을 제거해버림으로써 고비용을 감수하고 있는 것이다. 더 넓은 의미의 합법성을 추구하는 시도로서 구체적인 비합법성을 정당화할 수 없게 됨으로써, 그들은 더 폭넓은 대중에

48 King, "Letter from a Birmingham Jail," in Bedau, *Civil Disobedience in Focus*, p. 74. 이런 맥락에서 스노든의 자세한 논의를 보려면, Scheuerman, "Whistleblowing as Civil Disobedience"를 참조할 것.

49 Ibid.

게—그리고 종종 이해할 수 있는 의심을 품고 있는 대중에게—자신들의 행위를 정당화할 수 없을 것이다. 억압적인 공무원들이 법의 언어와 법의 지배를 독점할 수 있게 허용함으로써 그들은 강력한 정치적, 수사학적 도구를 부정하고, 비옥한 추론적 규범적 영토를 상대방에게 넘겨준다.

요점은 새로운 형태의 디지털 불법 행위를 특권화하기 위해 킹과 다른 사람들이 실천했던 것과 같은 '고전적' 시민 불복종의 순수성을 옹호하는 것이 아니다. 디지털 불복종을 전통적인 형태의 시민 불복종과 뒤섞어버릴 경우 두 가지 모두의 특징이 왜곡될 수 있다.[50] 그렇게 하는 것은 또한 진정으로 창의적인 유형의 디지털 비합법성에 입도록 강제해서는 안 되는 개념적 규범적 구속복을 억지로 입히는 것이다. 어떤 맥락에서는 디지털 불복종 행위자들이 시민 불복종과 결합된 일반적인 엄격한 조건을 충족시킬 필요가 없는 이유가 있을 수 있는 것이다.

시민 불복종을 넘어선 디지털 불복종

이 마지막 주장을 옹호하기 위해서 제러미 해먼드의 사례를 다시 간단히 살펴볼 필요가 있다. 해먼드는 2011년에 정부와 다른 사기업을 위해 일했던 스트래트포(Strategic Forecasting, Inc; Stratfor)의 컴퓨터 네트워크를 해킹하기 위해 어나니머스 활동가들과 협력했다. 예를 들어 (다우 케

---

50 어떤 중재자가 명민하게 언급했듯이, 어나니머스와 같은 느슨하고 무정형적인 그룹은 더 친근한 형태의 정치적, 사회적 운동(예를 들어 미국 시민운동)을 특징짓는 것과 같은 목표를 확실히 결여하고 있다. 결과적으로 그들의 정치적 불법 행위는 다르게 보일 수밖에 없다. 내 생각으로는 이것이 디지털 불복종을 시민 불복종으로 너무 빨리 특징짓기 전에 우리가 극도로 조심성을 발휘해야 하는 이유이다.

미칼과 코카콜라 같은) 내기입들은 자신들의 활동을 방해할 것으로 우려되는 활동가들을 감시하기 위해 스트래트포를 고용했다고 리크스는 폭로했다. (예를 들어 다우 케미칼은 스트래트포를 통해 현재 다우 케미칼 소유 회사인 유니온 카바이드의 1984년 대폭발과 관련된 실패들을 알렸던 활동가 그룹을 감시했다.) 많은 핵티미스트들은 공공 및 민간 분야에 대한 감시에서 이윤을 얻는 민간 계약자들을 목표로 삼았다. 해먼드는 스트래트포에 대한 항의의 일환으로 그들의 서버에서 신용카드 번호를 누출시키고(그 번호를 브래들리 매닝을 지원하는 그룹에 지불하도록 시도하는 데 사용했다)[51], 회사 웹사이트를 손상시키고, 고객 데이터베이스를 지웠으며, 그 이메일 서버를 파괴했다. 이 행동에 관련된 사람들은 자신들의 동기에 대해 다양한 진술을 했지만, 해먼드를 이끈 것은 광범위한 비밀 감시에 대한 대중의 무지에 대한 기본적인 좌절이었다. "나는 사람들이 닫힌 문 뒤에서 정부와 기업이 무슨 짓을 벌이는지 알 권리가 있다고 믿었기 때문에 이 일을 했다. 나는 내가 옳다고 믿은 것을 했을 뿐이다."[52]

해먼드와 그의 변호사들은 그의 행동을 시민 불복종으로 묘사했다. 프레스카 판사는 이런 해석을 기각했다. 내가 위에서 주장했듯이, 프레스카의 권위주의적 율법주의는 위선의 냄새가 난다. 그러나 그녀와 다른 사람들이 해먼드의 행위를 '시민 불복종'의 범주로 묶는 데 회의적인 이유는 여전히 이해할 만하다.

그러나 왜 정당한 형태의 정치적인 동기를 가진 불법 행위를 시민 불

---

51 기부금을 받은 매닝 지원 그룹이나 다른 활동가 그룹은 실제로 돈을 사용할 수는 없었다. 해먼드의 행동에 대한 자세한 논의를 보려면, Coleman, *Many Faces of Anonymous*, pp. 277-283, 288-290, 337-363 참조.
52 Ludlow, "Hacktivists on Trial," p. 2에서 인용.

복종으로 제한해야 하는 것일까? 왜 특정 유형의 디지털 불복종이 전통적으로 정의된 불복종의 윤곽을 벗어나지만 그럼에도 잠재적으로 합법적이라는 사실을 인정하지 않는 것일까? 만일 우리가 이런 물음에 긍정적으로 답할 수 있다면, 검찰, 판사 및 그 밖의 사람들은 해먼드의 사례를 더 관대하게 그리고 자유주의적인 정신으로 다룰 의무가 있을 것이다. 디지털 불법 행위자들은 공무원에 의해 덜 억압적인 대우를 받을 것을 기대할 수 있을 것이다. 판사들은 그들에 대한 형벌을 줄이거나 완화하는 데 대한 충분한 이유를 갖게 될 것이다.

1969년 논문 「시민 불복종과 기업 당국」(Civil Disobedience and Corporate Authority)에서 마이클 왈저는 개인 또는 기업의 권력에 대한 불법적인 저항은 준-공공적, 혹은 준-정부적 기능을 가질 때, 시민 불복종이 전형적으로 직면하는 정확한 테스트를 충족하도록 강요되어서는 안 된다고 주장했다. 미국에서 있었던 1930년대의 역사적인 노동운동의 격변을 회고하면서 왈저는 노동조합 운동가들에 의해 행해진 가장 빛나는 불법 투쟁의 대다수가 1960년대 정치철학자나 다른 사람들이 수락 가능한 유형의 시민 불복종과 결합시켰던 엄격한 기준을 충족시키지 못했다고 지적한다. 미시건 주 플린트와 다른 지역에서의 연좌파업과 같은 노동 격변은 '시민성'의 사례를 보여주는 것은 아니었다. 그들은 종종 비밀과 폭력에 의존했다. 그럼에도 왈저는 그들이 '시민 불복종이라고 불려서는 안 된다'는 사실에도 불구하고 합법적이라고 생각했다.[53]

왈저의 논증은 복잡했다. 그러나 그 핵심적인 직관은, 사기업에 도전하는 맥락에서 시민의 정치적 법적 의무에 대한 표준은 시민이 정치적

---

53 Michael Walzer, "Civil Disobedience and Corporate Authority [1969]," *Obligations: Essays on Disobedience, War, and Citizenship* (New York: Simon & Schuster, 1970), p. 24.

변화를 야기할 채널을 전형적으로 소유하고 있는 민주주의 국가를 직접적으로 겨냥한 저항보다 더 느슨해야 한다는 것이었다. 부분적으로는 이런 이유에서 시민 불복종은 변화를 모색하는 사람들이 (성공적이지 못하게) 정상적인 정치적 법적 채널을 추구한 후에만 합법적인 '예외적' 행동으로 폭넓게 간주되었다.[54] 준-정부적 성격을 가진 독재적 회사의 결정에 의해 영향을 받는 사람들(예컨대 공장의 조직되지 않은 노동자들)은 그런 채널을 일반적으로 결여하고 있다. 따라서 왈저는 전통적인 시민 불복종의 통상적인 전제 조건은 완화되어야 한다고 주장했다. 그가 주목했듯이, "기업은 국가를 대신해 세금을 걷고, 국가가 요구하는 표준을 유지하고, 정부의 돈을 소비하고, 그리고 무엇보다도 국가의 묵인 하에 다양한 규칙과 규정을 시행한다."[55] 그러나 그 준-공공적 기능에는 기업 정책을 변경하거나 임원을 교체할 수 있는 가능성이 거의 없다. 기업 임원들은 전형적으로 "본질적으로 권위주의적인 조직을 통할"[56] 뿐이다. 그렇다면 왜 비민주적 기업 권력에 대해 원칙적인 우려를 가진 사람들은 더 호전적이고 지저분한 형태의 저항을 수행할 권리를 거부하는가?

나는 작은 경제 복지를 얻기 위해 생산라인 위에 자신들의 육체를 올려놓고 있는 착취당하는 노동자들과 컴퓨터 스크린 앞에 편안하게 앉아 있는 핵티비스트들을 동격으로 보고 있지는 않다. 혹자는 디지털 불복종이 어떤 사례에서 고위험을 포함하지도 않고 많은 용기를 보일 필요도 없다는 것을 합당하게 지적할 수 있을 것이다. 왈저의 입장 또한

54 Rawls, *Theory of Justice*, p. 373.
55 Walzer, "Civil Disobedience and Corporate Authority," p. 26.
56 Ibid.

내가 여기서 답할 수 없는 어려운 질문들을 제기한다. 그러나 디지털 불복종 활동가들은 이제는 종종 확실하게 '준-정부'의 기능(예컨대 간첩 행위)을 하고 있는 사기업에 대한 자신들의 분노를 드러내는 경우가 많다. 민주주의 국가의 명령에 따라 그렇게 할 때에도, 스노든과 다른 사람들이 설득력 있게 주장했듯이, 그런 행위를 시민 및 그들의 선출된 대표자들과 연결시켜주는 정당성의 사슬은 연약하고 그래서 쉽게 끊어지는 듯이 보인다.[57] 적어도 이러한 활동에 대한 국가의 규제는 충격적일 정도로 개발되어 있지 않다. 이런 맥락에서 통상적인 민주적 기제에 따라 행사되는 기업의 스파이 행위에 대한 관리가 제한적이고 아마도 존재하지 않는다고 할 경우, 매우 비전통적인 형태의 불법적 저항은 원칙적으로 정당한 것일 수 있다.[58] 그런 감시에 참여하는 사람들은 자신들의 활동을 비밀로 하는 데 관심을 가질 것이기 때문에, 그런 저항이 없이 시민들이 "정부와 기업이 닫힌 문 뒤에서 무슨 일을 하고 있는지"를 어떻게 알게 될 것인지도 분명하지 않다. 예를 들어 스노든의 폭로가 없었다면, 현재 진행 중인 NSA의 감시활동에 대한 전 세계적인 차원의 토론은 없었을 것이다.

물론 대부분의 디지털 불복종 행위는 여전히 정부 활동을 목표로 한다. 그들의 가장 중요한 역사적 선구는 1971년 펜실베이니아 주 메디아

---

57 필수적인 문서로서, Tim Shorrock, *Spies for Hire: The Secret World of Intelligence Outsourcing* (New York: Simon & Schuster, 2008) 참조.

58 물론 그런 저항이 적절한지, 혹은 건설적인 변화를 일으킬 가능성이 있는지는 언제나 복잡한 정치적 판단의 문제이다. 여기서 옹호할 수는 없지만 내 생각에는 어느 정도 작동하고 있는 자유민주주의에서 비폭력은 여전히 필요불가결한 것으로 남게 될 것이라는 것이다. 물론 이런 주장은 우리가 비폭력을 어떻게 이해하고 있느냐 하는 복잡한 문제를 제기한다. 최근의 논의를 보기 위해서는, Todd May, *Nonviolent Resistance: A Philosophical Introduction* (Cambridge, UK: Polity Press, 2015)을 참조할 것.

에서 있었던 침입 사건일 것이다. 정지 활동가들에 대한 전반적인 감시와 괴롭힘에 대해 알게 되어 분노한 작은 신좌파 활동가 그룹이 FBI 사무실에 침입하여 그들의 최악의 두려움을 드러내 보이는 일련의 문서들을 유출하기 시작했다. 음모적으로 비밀리에 작전을 수행하고, 어둠을 틈타 연방 사무실을 도둑질하고, 개인의 신분을 숨긴 그들의 행위는 롤스나 킹의 의미에서 '시민 불복종'으로 서술될 수는 없는 것이다. 극단적인 형사 처벌과 전국 규모의 범인 추적의 가능성에 직면한 활동가들은 성공적으로 법적인 제재를 피하고 수십 년 동안 비밀을 유지했다. 그렇게 하기로 한 그들의 결정이 막대한 개인적 비용을 대가로 했다는 것은 놀랄 일이 아니다. 그들은 때때로 새로운 정체성을 강요당하기도 했고, 가족이나 친구들과 관계를 끊어야 했다. 그들 중 일부는 연방 당국이 추적할 수 있다는 두려움 때문에 수십 년간 '도피 중'인 상태로 살아야 했다.[59]

결정적으로 메디아의 활동가들 혹은 자칭 'FBI 조사를 위한 시민위원회'는 언제나 비폭력적이었다. 이 그룹은 또한 자신들의 행위를 공개적으로 옹호하고 설명했으며 유출된 문서를 언론인들에게 공개했다. 그들은 FBI의 불법 행위에 대해 반대했을 뿐 아니라, 그들의 행동은 무법자 에드거 후버와 깡패 FBI의 면전에서 만일 법의 지배가 궁극적으로 유지되어야 한다면, 정치적인 동기를 가진 불법 행위는 절대로 필요한 것이라는 선견지명이 있는 직관을 보여주는 것이었다. 오늘날의 많은 디지털 불복종 활동가들과 같이, 메디아 활동가들은 법적으로 모호한 국가의 감시에 대해 대중의 관심을 집중시킬 수 있는 유일한 방법은

---

59 놀랄 만한 자세한 사실들을 살펴보려면, Betty Medsger, *The Burglary: The Discovery of J. Edgar Hoover's Secret FBI* (New York: Vintage, 2014)를 참조할 것.

문서를 훔쳐서 유출하는 것이라고 믿었다. 실제로 그들의 노력이 없었다면 FBI는 1970년대의 개혁에 대한 심각한 요구에 직면하지 않았을 것이다.[60]

이런 유형의 정치적인 동기를 가진 불법 행위를 어떻게 분류하는 것이 최선일지에 대해서는 동의하지 않을 수 있겠지만, '내부 고발' 개념의 일부 버전은 부정할 수 없는 미덕을 가지고 있다. 오늘날의 많은 디지털 불복종 행위자들은 메디아에서의 자신들의 선구자와 마찬가지로 "알려져야 하거나 숙고되어야 하는 심각한 정부의 잘못된 행동, 프로그램, 정책들"을 폭로하는 것을 목표로 한다.[61] 그들은 어떤 정당성을 가지고, 즉 통상적인 법적 정치적 채널이 심각한 문제를 대중에게 알리는 데 유효하지 않은 것으로 드러났다고 판단한 다음에 법을 어겼다. 그들은 "결과적으로 일어날 수도 있는 피해를 최소화하기 위해" 주의를 기울였다.[62] 내부 고발자는 비록 부적절하긴 하지만 기본적인 법적 보호를 받는다. 이것은 아마도 어떤 유형의 디지털 불복종을 그 전례 법규 하에 위치시키려는 시도가 정치적으로 민감하게 보이는 이유일 것이다.[63]

우리가 궁극적으로 그들의 행위를 어떻게 분류하는지에 상관없이,

---

60 어떤 활동가는 다음과 같이 말했다. "우리는 법치 국가입니다. 그리고 좋은 이유들을 가지고 있습니다. 우리 대부분은 그것을 진지하게 여깁니다. 언제 법을 위반할 것인지를 결정하는 것은 사소하지도 가볍지도 않은 결정입니다."(Medsger, *The Burglary: The Discovery of J. Edgar Hoover's Secret FBI*, p. 428에서 인용)

61 Delmas, "Ethics of Government Whistleblowing," p. 101.

62 Ibid.

63 불행하게도, 명민한 주석가들조차 그런 법적 보호가 내부 고발자를 위해 충분하게 취해질 것이라는 데 대해서는 회의적이다. 다음의 진지한 분석을 참조할 것. C. Fred Alford, *Whistleblowers: Broken Lives and Organizational Power* (Ithaca, NY: Cornell University Press, 2001).

어떤 품위 있는 정치적 법직 질시 속에서도 디지털 불복종 활동가들에 대한 "인정 영역을 찾는 것이 가능해야" 한다.[64] 디지털 불복종 활동가들은 민주 정치와 법의 지배에 건설적인 기여를 하고 있다. 이제는 민주주의와 법의 지배에 대해 단순히 거드름을 피웠던 공무원들이 그들이 전파한 것을 실천할 때가 되었다. 그렇게 하는 데 있어서 중요한 한 걸음은 해먼드, 매닝, 그리고 스노든과 같은 디지털 불복종 활동가들에 대한 억압적인 대응을 중단하는 것이다.

번역_이유선

64 Hannah Arendt, "Civil Disobedience," *Crises of the Republic* (New York: Harcourt, Brace & Jovanovich, 1972), p. 99. 물론 이런 전략은 위험을 초래한다. 예를 들어 간혹 시민 불복종의 전통적인 모델을 넘어서는 활동(예컨대 낙태 병원을 파괴하거나 접근을 차단하는 식으로)을 벌이는 낙태 반대 활동가들이 유사한 방어 수단을 사용할 수 있지 않을까? 이 질문에 답하기는 쉽지 않다. 그렇지만 더 복잡한 논의 대신 세 가지 요점을 지적하고자 한다. 첫째, 일부 법원은 일반 범죄와의 차이를 인정하기 위해 그런 저항을 이미 관대하게 대우했다. 물론 이것은 논란의 여지가 있는 전개이다. 이것이 법적인 환경이 될 정도인데 디지털 불복종 활동가들은 왜 유사한 암묵적 보호를 누려서는 안 되는 것일까? 둘째, 제도적이든 아니든 어떤 형태의 정치적 참여도 남용될 수 있다. 자유선거는 사회 진보의 길을 닦을 수도 있지만, 혐오스런 선동가를 선택할 수도 있다. 킹의 표준적인 시민 불복종 모델은 낙태 반대 활동가들의 시민 불복종의 오랜 역사가 보여주듯이 사회 진보를 추구하는 사람들뿐 아니라 종교적인 반동에 찬성하는 사람들에 의해서도 채택될 수 있다.(James Risen and Judy L. Thomas, *Wrath of Angels: The American Abortion War* [New York: Basic Books, 1998]). 셋째, 내 생각에는 이것이 독단적인 도덕적, 종교적 호소(예를 들면 '신의 법'에 호소하는)가 정당화로서 충분하지 못한 시민 불복종 모델을 필요로 하는 이유이다. 깊은 신앙심을 가진 간디와 킹조차도 '사람이 만든 법'에 신성한 법과 성구를 어설프게 병치시킨 극단적인 낙태 반대자들과는 달리 시민 불복종의 종교적 도덕적 정당화에 한계를 정할 필요가 있음을 인정했다. 이런 맥락에서 킹에 대한 논의를 보려면, Scheuerman, "Recent Theories of Civil Disobedience? An Anti-Legal Turn?"을 참조할 것.

참고문헌

Alford, C. Fred 2001: Whistleblowers. Broken Lives and Organizational Power. Ithaca: Cornell University Press.

Arendt, Hannah 1972: Civil Disobedience, in: ders.: Crises of the Republic. New York: Harcourt, Brace & Jovanovich.

Bobbio, Norberto 1987: The Future of Democracy. A Defense of the Rules of the Game. Minneapolis: University of Minnesota Press, 79–97.

Brevini, Benedetta, Arne Hintz und Patrick McCurdy (Hg.) 2013: Beyond Wikileaks. Implications for the Future of Communications, Journalism and Society. New York: Palgrave Macmillan.

Cate, Fred H. 2015: Edward Snowden and the NSA. Law, Policy, and Politics, in: David P. Fidler (Hg.): The Snowden Reader. Bloomington: Indiana University Press, 26–44.

Celikates, Robin 2010: Ziviler Ungehorsam und radikale Demokratie, in: Thomas Bedorf und Kurt Röttgers (Hg.): Das Politische und die Politik. Berlin: Suhrkamp, 274–300.

Celikates, Robin 2013: Civil Disobedience as a Practice of Civic Freedom, in: James Tully (Hg.): Global Citizenship. James Tully in Dialogue. London: Bloomsbury, 207–228.

Chumley, Cheryl K. 2013: Donald Trump on Edward Snowden: Kill The Traitor, in: Washington Times, 2. Juli.

Coleman, Gabriella 2014: Hacker, Hoaxer, Whistleblower, Spy. The Many Faces of Anonymous. New York: Verso.

Delmas, Candice 2015: The Ethics of Government Whistleblowing, in: Social Theory and Practice 14. 1, 77–105.

Edgar, Harold und Benno C. Schmidt jr. 1973: The Espionage Statutes and Publication of Defense Information, in: Columbia Law Review 73. 5, 929–1087.

Fuller, Lon L. 1964: The Morality of Law. New Haven: Yale University Press.

Greenberg, Andy 2012: This Machine Kills Secrets. Julian Assange, the Cypherpunks, and Their Fight to Empower Whistleblowers. New York: Penguin.

Kateb, George 2006: Patriotism and other Mistakes. New Haven: Yale University Press.

King, Martin Luther 1991 [1963]: Letter from Birmingham City Jail, in Hugo Adam Bedau (Hg.): Civil Disobedience in Focus. New York: Routledge.

Kopstein, Joshua 2013: Hacker with a Cause, in: The New Yorker, 21. November.

Leigh, David und Luke Harding 2011: Wikileaks. Inside Julian Assange's War on Secrecy. New York: Public Affairs.

Ludlow, Peter 2013a: The Strange Case of Barrett Brown, in: The Nation, 18. Juni.

Ludlow, Peter 2013b: Hacktivists on Trial, in: The Nation, 4. Dezember.

Madar, Chase 2013: The Passion of Bradley Manning. The Story Behind the Wikileaks Whistleblower. New York: Verso.

May, Todd 2015: Nonviolent Resistance. A Philosophical Introduction. Cambridge: Polity Press.

Medsger, Betty 2014: The Burglary. The Discovery of J. Edgar Hoover's Secret FBI. New York: Vintage.

Neumann, Franz L. 1986 [1937]: The Rule of Law. Political Theory and the Legal System in Modern Society. Lexington Spa: Berg.

Rawls, John 1971: A Theory of Justice. Cambridge, Ma: Harvard University Press.

Risen, James, und Judy L. Thomas 1998: Wrath of Angels. The American Abortion War. New York: Basic Books.

Rosen, Michael 2012: Dignity. Its History and Meaning. Cambridge: Harvard University Press.

Sauter, Molly 2014: The Coming Swarm. DDoS Actions, Hacktivism, and Civil Disobedience on the Internet. New York: Bloomsbury.

Scheuerman, William E. 2014: Edward Snowden. Ziviler Ungehorsam im Zeitalter der totalen Überwachung, in: Mittelweg 36 23. 2, 4–31.

Shorrock, Tim 2008: Spies for Hire. The Secret World of Intelligence Outsourcing. New York: Simon & Schuster.

Sparks, Holloway 1997: Dissident Citizenship. Democratic Theory, Political Courage, and Activist Women, in: Hypatia 12. 4, 74–110.

Stone, Geoffrey R. 2004: Perilous Times. Free Speech in Wartime. From the Sedition Act of 1787 to the War on Terrorism. New York: Norton.

Tamanaha, Brian Z. 2004: On the Rule of Law. History, Politics, Theory. Cambridge: Cambridge University Press.

Waldron, Jeremy 2011: The Rule of Law and the Importance of Procedure, in: James E. Fleming (Hg.): Getting to the Rule of Law. New York: New York University Press, 3–31.

Walzer, Michael 1970 [1969]: Civil Disobedience and Corporate Authority, in: ders.: Obligations. Essays on Disobedience, War and Citizenship. New York: Simon & Schuster, 24–45

3부

3부 한국판 특집 / 한국문학과 '공통적인 것'

서문: 한국문학과 '공통적인 것', 그 현재와 전망

안토니오 네그리와 마이클 하트는 그들의 책 『공통체』(사월의책, 2014)에서, 'common'과 'wealth' 두 단어를 합쳐 'commonwealth'라는 개념을 만들었다. 역자의 주에 따르면 'common wealth'는 직역하면 '공통의 부'로 옮기겠지만, 'commonwealth'는 "'공통적 부'를 기반으로 한 공동체 혹은 사회적 삶의 형태를 가리"(24쪽)킨다. 그래서 역자들은 그 단어를 '공통체'라고 번역했다는 것이다. 다시 말하면 공통체는 '공통적인 것'(the common)을 바탕으로 이루어지는 사회체라고 하겠다. 여기서 '공통적인 것'이라는 개념에 대한 설명이 필요하다. 『공통체』의 저자 중 한 사람인 마이클 하트는 이 개념에 대해 다음과 같이 설명한다.

공통적인 것은 지구, 그리고 지구와 연관되어 있는 모든 자원들, 즉 토지, 삼림, 물, 공기, 광물 등을 가리킨다. 이는 17세기 영어에서 'common'에 '-s'를 붙인 'the commons'라는 말로 공유지를 지칭했던 것과 밀접한 관계를 갖는다. 다른 한편으로 이미 말했듯이 공통적인 것은 아이디어, 언어, 정동 같은 인간 노동과 창조성의 결과물을 가리키기도 한다. (마이클 하트, 「공통적인 것과 코뮤니즘」, 『자본의 코뮤니즘, 우리의 코뮤니즘』, 난장, 2012, 34쪽)

이어 마이클 하트는 "신자유주의는 이런 두 가지 형태의 공통적인 것 모두를 사유화하려 했으며 지금도 그러고 있다"(같은 글, 34-35쪽)고 말한다. 다국적 기업이 수도를 사유화해서 수도세가 폭등했던 볼리비아의 사례에서 볼 수 있듯이 공통적인 것의 사유화를 통해 신자유주의의 자본은 공통적인 부를 수탈하고 있는 것이다. 아이디어나 예술작품 역시 마찬가지다. 지적재산권을 가진 기업은 특정한 아이디어나 예술작품에 대한 사용료를 챙겨간다. 공통체의 재구축이란 이러한 신자유주의적인 사유화로부터 공통적인 것을 구출하여 우리 모두의 것으로 탈환하는 과정이다. 이는 현재 사유화를 통해 구획되고 울타리 쳐져 있는 공통적인 세계와 우리와의 관계를 회복하는 것과 관련이 있다.

마이클 하트는 청년 마르크스의 생각을 따라 사적 소유에 의해 파편화되고 불구화된 인간관계 역시 공통적인 것의 긍정을 통해 열려 있고 생성적인 관계로 전화될 수 있다고 말한다. 자본에 의해 구획되고 권력화된 인간관계는 공통적인 관계로 전화된다. 서로가 서로를 수단으로 생각하는 사적 소유 아래에서의 인간관계는 공통체의 구축 과정에서 서로가 서로를 삶의 생성으로 이끄는 열린 관계로 전화된다는 것이다. 이 과정에서 "자치적이고 연속적인 새로운 인간성의 창조"(47쪽)가 이루어진다. 물론 이러한 과정이 저절로 이루어지는 경우는 없다. 파편화된 관계를 다시 이으려고 하는 '공통되기'의 길을 만듦으로써 그 과정은 시작될 수 있는 것이다. 공통체로 나아가기 위해서는, 사적 소유가 처놓은 울타리를 넘어 세계를 재전유하고 불모의 인간관계를 생성의 관계로 전화시키는 길을 파기 시작해야 한다.

"인간의 노동과 창조성의 결과물" 중 하나인 문학은 우리와 '세계/인간'과의 관계를 생성의 관계로 이끄는 공통적인 것 중 하나이다. 이에 황정아는 영국 문학평론가 리비스의 생각을 빌려와 문학 작품에 대한 "비평적 가치판단은 협동적 창조의 범례"(「문학성과 커먼즈」, 『창작과비평』 2018년 여름호, 23쪽)라고 말하고 있다. 가령, 그 사람이 비평가든 아니든 시를 읽는 사람은 그 시를 재창조하면서 비평적으로 판단하는데, 이 재창조는 시인─이 사람이 살아 있든 죽었든─과 독자와의 만남을 통해 이루어지는 협동에 의한 것이다. 시를 그 누구도 소유─사유화든 공유화든─할 수는 없다. 그 시를 창작한 사람일지라도 말이다. 시는 공통적인 것이다. 그런데 시의 그러한 공통성은 독자가 그 시를 읽을 때 비로소 현실화된다. 독자의 '커머닝'(commoning)에 의해 시는 공통적인 것이 되는 것이다. 그래서 그는 "커머닝이야말로 커먼즈임이 문학에서 확연해진다."(같은 쪽)고 말한다. 반대 방향에서 말하자면 문학, 특히 시는 그러한 커머닝을 유도함으로써 독자들을 '공통적인 것'의 생산으로 이끈다고도 하겠다. 그럼으로써 문학은 '공통인'(commoner)을 생산하며 공통체를 잠재적으로 형성한다.

문학은 어떠한 힘을 가졌기에 독자의 커머닝을 이끄는 것일까? 이탈리아 자율주의 사상가인 프랑코 베라르디(비포)의 시에 대한 논의를 빌려와보자. 그에 따르면 "시는 교환 불가능성의 언어이고, 무한한 해석의 귀환, 언어의 감각적 신체의 귀환"(『봉기』, 갈무리, 2012, 147쪽)이다. 언어는 단일한 의미와 교환될 수 없다. 이를 시가 증명한다. 시의 언어는 의미를 초과하며 그래서 "무한한 해석의 귀환"을 이끌고 언어의 추상성을 넘어 "언어의 감각적 신체의 귀환"을 이루어낸다. 시의 유통은 교환이 아니라 접촉으로서 이루어질 수 있다. 그리하여 시의 영역은 교환가치와는 다른 가치가 통용된다. 시의 독자는 돈으로 교환될 수 없는 어떤 떨림(공명)과 넘침을 경험할 수 있기 때문이다.

> 시는 언어의 과잉(초과)이다. 시는 언어에서 정보로 환원될 수 없는 것이며, 교환할 수 없는 것이지만, 공유된 의미를 이해하는 새로운 공통의 토대에 길을 내준다. 즉 새로운 세계가 창출되는 것이다. 시는 목소리의 특이한 진동이다. 이 진동은 공명을 창출할 수 있고, 공명은 공통의 공간을 생산할 수 있다.(같은 책, 153-154쪽)

언어의 과잉을 드러내는 시는 언어의 잠재력을 증거하고 현실화한다. 시가 가진 이러한 언어의 잠재력이 추상적인 교환가치와 정보에 중독된 영혼의 빈곤한 상황을 바꾸는 데 기여할 수 있다. 그래서 베라르디는 언어의 과잉에 접촉하는 독자들은 "목소리의 특이한 진동"에 같이 공명하고 시를 재창조하면서 "새로운 공통"을 형성—'커머닝'—할 수 있다고 말한다. 그렇다면 시를 읽는다는 일은, 삶을 주조하고 통제하여 교환할 수 있는 상품으로 만들고 사유화의 욕망에 갇힌 개인으로 만드는 자본의 '삶-권력'에 맞서서 공통적인 것의 형성에 동참하고 '공통인'이 되어가는, 그렇게 자신의 삶을 주체적으로 만들어가는 '삶-정치'적 행위가 된다. 시만이 베라르디가 말한 "새로운 공통의 창출"을 이끄는 것만은 아니다. 장면의 형상화와 배치를 통해 전개되는 소설 역시 새로운 공통을 창출하도록 이끈다. 시가 문장의 특이한 배치를 통해 언어의 과잉을 드러내면서 "목소리의 특이한 진동"을 만들어낸다면 소설은 언어로 형상화된 삶의 현장들의 배치를 통해 단일한 의미로 환원될 수 없는 삶의 양상을 창출한다. 그래서 소설을 읽는 독자 역시 소설을 재창조하면서 '커머닝'하게 되는 것이다.

위에서 한 말은 문학에 내재되어 있는 '공통적인 것'으로서의 잠재력에 대한 원론적인 이야기라 하겠다. 이에 이러한 원론을 한국문학의 상황에서 어떻게 구체화할 수 있는지, 다시 말해서 문학에 내재해 있는 잠재력으로서의 공통적인 것을 지금 한국문학의 문제적 상황 속에서 어떻게 현실화할 수 있는지 탐색하는 세 편의 글을 여기에 싣는다. 이 글들의 저자들은 현재 한국 문학장에서 활발하게 활동하고 있는 현장 비평가들이다.

최진석은 현재 한국문학이 "문학 '바깥'의 영역에서 일어나는 다양한 쓰기의 범람을 경험하는 중"이라면서, 문학비평이 문학을 공통적인 것으로 더욱 활성화하기 위해 감응의 '공-동성'(共-動性)을 만들어내는 데 기여해야 한다고 논한다. 그 작업은 "현재의 사건이 또 다른 사건으로 이어지도록 관찰하고 촉발하는 노동"이다. 그리고 그 구체적인 실현 방안으로 그는 "감응의 현장"에 대해 "비판적으로 명명하는 작업"인 '표제화'(벤야민)를 제시한다.

김대현은 한국 문학장이라는 '커먼즈'가 제도화되는 과정에서 독자를 배제해왔다면서, "작가와 비평이 구성한 커먼즈 내부의 위계로부터 해방된" 독자가 "커먼즈에 적극적으로 개입"해야 한다고 주장한다. '해방된 독자'는 "정전화된 문학을 다시 읽고 씀으로써 제도화된 비평과 작가가 누락하는 새로운 망점들을 형성하고 끊임없는 상호작용을 통해 공통적인 것을 추출"할 수 있으며, 그럼으로써 한국 문학장은 진정한 커먼즈로 거듭날 수 있다는 것이다.

김지윤은 현재 한국 자본수의의 변화에 대응할 수 있노록 새로이 노동 개념을 설정하고 연대의 틀을 구성해야 할 필요성을 논하면서 노동문학의 새로운 가능성을 문학예술의 '공통성'과 관련시켜 탐색한다. 노동자들이 "새로운 소통 형태를 모색"하고 "대안적 가치 실천을 통해 사회적 힘을 새롭게 결합시킬 수 있"기 위해서는 "자본과는 다른 공통장에서 이루어져야 할 새로운 방식"이 필요한데, "이 지점에서 '커먼즈로서의 예술'이 요구된다"는 것이다.

한국문학계에서 '커먼즈(공통적인 것)로서의 문학'은 새로이 제기되고 있는 문제설정이다. 이 문제설정에 따른 논의들은 현재 한국문학계에서 일어나는 변화를 감지하면서, 그 변화를 더욱 촉진하고자 하는 전망을 바탕에 두고 이루어지고 있다고 생각된다. 이는 문학계에 한정된 논의일 수 없다. 그 전망은 문학이 정치와 사회에 어떻게 다시 접속할 것인가의 문제와 연결되기 때문이다. 그것은 국가와 자본 너머를 향한 공통적인 것의 구축에 문학이 어떻게 기여할 수 있는가에 대한 탐색이기도 하다.

이성혁
베스텐트 한국판 특집 책임편집자

감응과 커먼즈
비평의 아방가르드를 위한 시론[*]

최 진 석

1. '커먼즈'의 문제설정

이 글을 읽는 누구라도, 문학이 소수 엘리트의 손에 독점된 대상이 아니라 대중 전체를 향해 열려 있는 공적 자원이란 주장에, 곧 문학은 공공의 것(the public)이자 공통의 것(the commons)이란 주장에 고개를 끄덕일 것이다. 하지만 이 진술은 선언적인 차원에 머물러 있으며 의제화된 당위로서 우리의 동의를 요청할 뿐이다. 긴 역사를 통해 문학이 온전히 대중의 것으로서, 대중의 말과 의식을 경유하여, 대중을 위해 창작되고 읽혔던 시대는 드물다. 문학이 소수 지배층의 유흥거리였던 고대나 중

---

[*] 이 글은 계간 『창작과비평』 2018년 여름호, 48-66쪽에 「공-동적 사건화의 비평을 위하여: 문학이라는 커먼즈와 비평의 문제」라는 제목으로 실린 원고를 수정·보완한 것임을 알려둔다.

세 사회는 물론이고, 대중의 본격적 등장으로 표지되는 근대사회에서도 문학은 대개 '고급문학'이자 '엘리트문학'의 범주 안에서 정의되어왔던 까닭이다.[1] 19세기 무렵에는 광범위한 독자층의 대두와 인쇄매체의 확대 및 출판시장의 형성에도 불구하고, '상상의 공동체'라는 개념이 나타내듯 근대문학은 국가와의 관계 속에서 '국민문학'으로서 규정되어 왔으며, 이는 문학이 대중적 향유보다는 국민국가(nation-state)의 형성이라는 근대성의 특정한 지향 속에서 조형되어왔음을 보여준다.[2] 그런 의미에서 '문학은 대중을 향해 열려 있는 공적 자원'이라는 명제는 역사적이고 정치적인 조건들을 고려하지 않는다면 추상적 구호에 그치고 말 듯하다. 그것은 마땅히 쟁취되고 지켜져야 할 언명이지만, 언제나 이행되지 않은 채 지연되기만 했던 의심스러운 약속이었다.

왜 지금 새삼스레, 이 구태의연한 명제를 들추어내는가? 사회적 지식이자 상징적 서사형식으로서 문학은 항상 사회적 조건과 의제설정에 민감하게 조응해왔다. 이 점에서 우리 시대 문학장의 변화 역시 시대적 사회변동과 긴밀히 맞물려 있음은 물론이다. 가령 최근 십여 년 동안 '헬조선'으로 대변되는 소외와 빈곤, 계급적 대립이 심화되었고, 세월호 참사나 문화계 블랙리스트, 여성 및 소수자를 향한 혐오의 정념 등이 나타나면서 '배제된 사람들'의 목소리가 전에 없이 공론장에 육박해 들

---

1 레이먼드 윌리엄스, 『키워드』, 김성기 외 옮김, 민음사, 2010, 280-282쪽.
2 Benedict Anderson, *Imagined Communities. Reflections on the Origin and Spread of Nationalism*, Verso, 2006, pp. 9-38; 가라타니 고진, 『근대문학의 종언』, 조영일 옮김, 도서출판b, 2006, 43-86쪽. 서구의 상황을 보편화할 수는 없으나 한국이 식민지 시대에 일본을 통해 근대문학을 처음으로 경험했고, 이후의 역사에서 그것을 내면화하는 과정을 밟았다는 점에서 일반성을 가정해도 좋으리라 생각한다. 이른바 문학제도론이 이를 잘 보여주는 바, 1970-80년대의 민중·민족문학이 남긴 깊은 족적에도 불구하고 한국문학이 제도권력과 엘리트주의의 간섭 및 영향을 늘 고민하며 성장했다는 점을 기억할 필요가 있다.

어오는 사태가 벌어졌다. 우리 시대의 대중은 전통적 매체에 기대지 않은 채 직접 자신의 감정과 생각을 표현하고자 욕망한다. 마침 문단 내에서도 이러한 변동과 짝을 이루는 사건들이 터져 나왔다. 표절과 권력 논쟁은 문단체제를 격렬히 진동시켜 놓았고, 음성적으로 만연했던 성폭력의 가시화는 페미니즘을 비롯한 소수자의 목소리가 문학장에 적극적으로 진입하는 계기를 마련해주었다.[3] 이 모든 과정은 아직 진행형이어서 힘겨운 토론과 협의, 투쟁의 여지를 남겨두고 있다. 그러나 분명한 사실은 이와 같은 사회적 급변에 문학장이 무감각하게 머물러 있지는 않았다는 점이다. 어떤 식으로든 현재 문학은 사회와 함께 급진적인 변전을 겪고 있다.

이런 조류 속에서 문학과 대중의 접속과 상호촉발에 관한 사유 및 공적인 것으로서 문학에 관한 발화가 이전과는 다른 방식으로 제기되고 있다는 점에 주목할 이유는 충분하다. 곧이어 살펴보겠지만, 이는 문학과 대중, 그리고 공적(公的)인 것의 오래된 관계가 최근의 시대적 변곡에 힘입어 급변하고 있음을 시사한다. 무엇보다도, '커먼즈'로서 문학의 위상이 새로이 정립되고 있는 이 시대에 과연 비평은 무엇을 할 수 있는지에 대한 응답의 요구가 제기되고 있는 형편이다. 이 글은 우리 시대 문학장의 변전을 공공성과 공통성의 의제를 통해 살펴보고, 비평의 과제를 '공-동성의 사건화'라는 측면에서 생각해보려 하는 시론의 일환이다.

---

3 '정통' 문예지의 쇠퇴와 쇄신, '비평 없는 문학잡지'의 창간, 비등단작가로 구성된 매체들의 탄생 등이 전자의 경우라면(장은정, 「설계-비평」, 『창작과비평』 2018년 봄호, 309-20쪽), 활발하게 발표되고 있는 페미니즘 문학비평들이 후자의 사례들이다(『문학과사회』 2016년 겨울호[하이픈 '페미니즘-비평적'], 『문학동네』 2016년 겨울호[특집 '페미니즘, 새로운 시작'], 『문예중앙』 2016년 겨울호[특집 '#여성혐오_창작'], 『창작과비평』 2017년 여름호[특집 '페미니즘으로 문학을 읽는다는 것'] 등등).

2. 근대성과 문학규범

공적인 것, 공공의 자원으로서의 문학이란 어떤 것인가? 앞서 문학의 공공성이란 주제가 19세기 이래 대중사회의 성립과 밀접한 관련이 있다고 말했다. 그런데 '대중적'이라는 요소를 가변항으로 둘 때, 실상 문학과 공공성은 근대 문학의 초기부터 지식 담론의 주요 상수로 다루어져 왔음을 확인하기란 어렵지 않다.

서양에서 근대문학의 출발점으로 간주되는 17세기 고전주의의 경우, 그리스와 로마의 고전고대적 전범을 모방하는 것은 작품의 예술성을 규정하는 가장 중요한 요소였다. 작가의 개성이 부각되지 않던 시기였기에, 유일무이한 독창적인 작품을 만드는 것은 애초에 가능하지 않은 목표였다. '미메시스'의 의미 그대로, 작품은 선행하는 모범에 대한 '다시 쓰기'를 가리켰던 것이다. 예컨대 장 라신이 「페드르」(1677)를 썼을 때, 그는 무로부터 유를 만들어내는, 말 그대로 '창조'를 행한 게 아니었다. 동시대의 관객들은 페드르가 남편의 전처소생 아들인 이폴리트에 대한 금지된 정념에 휩싸인다는 줄거리를 미리 알고 있었고, 이를 극화한 다른 작가들의 작품들 또한 모르지 않았다. 라신은 이 공통의 주제를 자신의 스타일로 각색하여 선보였고, 「페드르」가 현대의 고전으로 남게 된 것은 그의 '다시 쓰기' 스타일이 후대의 미적 감각을 사로잡는 힘을 발휘했기 때문이다.[4] 하지만 라신 시대의 문학적 규범이 미메시스에 놓여 있던 한, 그의 창작은 원본적 진리의 충실한 재현으로 간주될 수밖에 없었다. 고전주의는 사적 개인의 창조성보다 공적 규범의 준수

---

4 장 루이 아케트, 『유럽 문학을 읽다』, 정장진 옮김, 고려대학교출판부, 2010, 84–85쪽.

를 통한 반복의 충실성에 더 큰 값어치를 매겼던 까닭이다. 당연하게도 그 규범은 공공적(公共的)인 성격을 지녔으며, 창작과 비평의 주요한 척도로 기능했다.[5] 고전주의적 공공성은 예술 향유의 자격과 능력을 소지한 소수 지배층에 국한된 당대 문화의 산물이었다.

'창조적 예술가'라는 작가 신화의 진원지인 낭만주의 역시 사정은 다르지 않다. 고전주의적 미메시스를 거부하고 창의적 개성을 미학의 근거로 제시한 낭만주의는 작가가 갖추어야 할 재능이자 능력의 최고 심급으로서 독창성(originality)을 제시했다. 이는 예술작품의 공유되지 않는 특이성인 바, 흔히 사회와 불화하는 고독한 작가의 이미지를 조성하는 데 기여해온 특징이다. 하지만 낭만주의는 무엇보다도 세계관이자 세계에 대한 태도로서 폭넓게 공유되는 사회적 감수성임을 내세웠다. '낭만'에는 실증 불가능한 예술의 신비에 대한 작가와 독자, 비평가의 공감이 내포되어 있으며, 이것이 낭만주의 이후 세계에 대한 근대인의 공통감각을 형성했던 것이다. 이런 식으로 낭만주의는 사회·문화적 공론장이라는 지성사적 문맥에서 거론될 뿐 아니라, 사상사의 반열에조차 올라서게 되었다.[6] 소위 "세계를 낭만화하라"는 모토는 (고전주의적인) 좁은 의미의 예술 범주에 갇힌 창조력을 이 세계와 삶에 전면화시킬 것을 요구하는 목소리였다.[7] 소수 지배층으로부터 대중 일반으로, 심미적

---

5 고전에 대한 모방 욕망은 너무도 강력하여 자기 시대와 과거 사이의 역사적 간극은 종종 무시되곤 했다. 고전은 곧 자연과 비견되었으므로, 일종의 자연법적 법칙성을 통해 불변하는 규범으로 선포되었기 때문이다. René Wellek, *A History of Modern Criticism: 1750-1950. The Later Eighteenth Century*, Yale University Press, 1955, p. 14 이하.

6 이사야 벌린, 『낭만주의의 뿌리』, 강유원 외 옮김, 이제이북스, 2005, 19-23쪽; 버트란트 러셀, 『서양철학사』, 서상복 옮김, 을유문화사, 2009, 제18-19장.

7 프레더릭 바이저, 『낭만주의의 명령, 세계를 낭만화하라』, 김주휘 옮김, 그린비, 2011, 50-53쪽.

안목으로부터 생활감정으로 기준이 이전됨에 따라 낭만주의적 감수성이 공공성의 비평적 도마 위에 오른 것은 당연한 노릇이다. 그렇다면 근대 문학장에서 공공성이란 무엇을 가리켰고, 어떤 역할을 맡았는가?

18세기 영국과 프랑스에서 커피하우스나 살롱을 통해 나타난 공론장의 특색은 문해력(literacy)에 기반한 공동체란 점에서 문학예술과 깊은 관련성을 갖는다. 계명된 귀족뿐 아니라 지식인과 수공업자, 노동자가 거기 포함되어 있었는데, 그들은 "전통적 의미에서의 '시민'에 속하지 않는 '시민적' 집단"이었고 "독서 공중"으로서 자신을 규정지었다.[8] 이들은 국가가 담당하던 공론의 칼자루를 일반 대중에로 연장시켰고, '공적 이익'과 '사적 이익'의 상상적 일치를 실현시키는 역할을 맡았다. 이 과정이 흥미롭다. 개성적 작가와 독자 개인이 만나는 문학경험은 근대 개인주의의 형성에 지대한 몫을 담당했다고 알려져 있으나, 여기엔 보이지 않는 제3의 요소로서 시장이 존재하며, 그것이 '공론으로서의 문학' 개념을 형성하는 데 결정적 요인이 되었던 것이다. 근대문학은 작가와 독자라는 개인뿐 아니라 비평과 문단, 출판산업과 시장 등의 외부적 요소들로 구성되어왔다.[9] 특히 문학시스템과 관련하여 공공성은 문학상품을 생산하여 시장에 공급했을 때 '공정한 계약'이 발생할 수 있는 조건을 감독하는 역할을 맡았다. 국가로부터 독립해 있는 시민사회를 자

---

8 Jürgen Habermas, *Strukturwandel der Öffentlichkeit*, Luchterhand, 1971, p. 37.

9 Pierre Bourdieu, *The Rules of Art. Genesis and Structure of the Literary Field*, Stanford University Press, 1995, pp. 122-124. 낭만주의의 천재-작가로부터 직업인-작가로의 개념적 이전은 19세기 문예공론장이 시장적 공공성을 규범 삼아 작동하는 담론장이었음을 방증한다. 하지만 이는 단절보다는 연속성을 암시해주는데, 낭만주의적 독창적 예술이론이 전제하는 작품의 미지성(창의성)은 19세기 근대의 소비주의적 쾌락 향유 방식과 긴밀히 연관되어 있기 때문이다. 콜린 캠벨, 『낭만주의 윤리와 근대 소비주의 정신』, 박형신 외 옮김, 나남, 2010, 164-182쪽.

율적으로 규율하기 위해 공적인 것(res publica)이라는 개념이 요구되었고, 문학장 또한 거기에 의존해 있었던 것이다.[10] 이것이 문학적 근대성의 제도적 기반이며, 개인주의의 신화로 포장된 문학은 그렇게 근대성의 공적 평면에 연결된다.

역설적이게도, 시민사회를 관할하는 규범으로서 공적인 것은 동시에 국가적인 것과 긴밀히 연결된 개념이었다.[11] 예컨대 문해력과 교양은 근대성의 대중적 기반으로서 국가적 공공성의 형성에도 긴요한 요소로 작용했다. 이에 따라 개인은 공교육을 통해 공무원으로서 복무할 자질을 갖추어야 했으며, '정상적' 시민으로 활동하기 위한 최소한의 교양을 익혀야 했다. 18세기까지 무관심하게 방치되어 있던 사회화 교육은 19세기부터 읽고 쓰는 방법, 사고하고 행동하는 방법의 전반에 이르기까지 공공의 목표로서 가족 단위에 부과되기 시작한다. 근대문학의 정감적 원천으로서 '어머니의 신화'를 상기해보자. 자애로운 모성의 이미지는 모국어(mother tongue)를 통해 상징적 지위를 얻게 되고, 모국(motherland)과 개인의 일체감을 조성하는 데 동원되었다.[12] 국가의 공식 영역으로부터는 배제되었으나, 문학적 신화 속에서 여성은 항상 국가의 상상적 대리자로 나타났다. 이는 필경 사적인 삶을 공적 차원으로 통째로 이관시키려는 근대적 기획의 일환이었다.[13]

---

10 제라르 델포 외, 『비평의 역사와 역사적 비평』, 심민화 옮김, 문학과지성사, 1993, 24쪽; 사이토 준이치, 『민주적 공공성』, 윤대석 외 옮김, 이음, 2009, 50쪽. 국가로부터의 자유를 추구하던 시민사회는 초기부터 시장사회의 특징을 띠지 않을 수 없었다.

11 서구 국가론에서 국가의 기원 자체가 '공적인 것'에 연원을 둔다. 군주가 다스리지 않기에 인민의 것(res populi)인 정치체가 국가(Republic)인 것이다. 조승래, 『공화국을 위하여』, 도서출판 길, 2010, 15-17쪽.

12 프리드리히 키틀러, 『기록시스템 1800-1900』, 윤원화 옮김, 문학동네, 2015, 47-119쪽.

13 Peter Uwe Hohendahl, *The Institution of Criticism*, Cornell University Press, 1982, pp. 72-73.

이와 같이 근대의 공공성 규범은 시장과 국가에 의해 은밀히 매개되었고, 사회 비판/비평은 그 매개의 형식을 둘러싸고 벌어진 담론의 전장(戰場)이었다. 옹호든 대결이든 여기에는 한 가지 전제가 깔려 있던 바, 개인은 사회와 동일한 평면에서 만나고 결합된다는 믿음이 그것으로서 근대적 공공성의 (무)의식적 밑바탕에 다름 아니었다. 그리하여 아렌트는 공공성을 공동체의 모든 구성원들을 포괄할 수 있는 특징으로 간주하고, 근대 이후의 사회적 세계를 아우르는 '탁자' 즉 발판이라 명명하게 된다.

'공적'(public)이라는 용어는 세계가 우리 모두에게 공동의 것(common to all)이고, 우리의 사적인 소유지와 구별되는 세계 그 자체를 의미한다. 그러나 이 세계는·인간이 움직일 수 있는 제한된 공간이자 유기체 삶의 일반조건으로서의 지구 또는 자연과 동일하지 않다. 그것은 차라리 인간이 손으로 만든 인공품과 연관되며, 인위적 세계에 거주하는 사람들 사이에 일어나는 사건에 관계한다. 세계에서 함께 산다는 것은 본질적으로, 탁자가 그 둘레에 앉는 사람들 사이에 자리 잡고 있듯이 사물의 세계도 공동으로 그것을 취하는 사람들 사이에 존재한다는 것을 의미한다.[14]

문학적 공공성은 '인위적인' 사회계약적 이념의 상징적 표현형식으로서 제출된 것이고, 창작과 비평의 준거로서 작동해왔다. 19세기부터 본격적으로 등장한 교양소설(Bildungsroman)의 이념이 이를 잘 표명하는

14 한나 아렌트, 『인간의 조건』, 이진우 외 옮김, 한길사, 1996, 105쪽.

바, 개인이 사회와 조화롭게 어울리는 상상적 형태를 창안함으로써 양자 사이에 '인공적'이고 '정치적'인 통일성을 만드는 과제가 근대 문학에 부여되었던 것이다. 그러나 교양소설의 허위의식 혹은 불가능성에 대한 폭로가 시사하듯,[15] 공공성이라는 '탁자(준거)'가 다만 허구적인 요청이자 당위에 불과하다면 그 창안의 동력이 퇴색하는 현상은 불가피한 노릇이다. 근대 비평(비판)의 주요한 과제 중 하나가 그와 같은 공공성을 수호하고 유지하는 데 두어졌던 것은 결코 우연한 일이 아니었다.

3. 탈근대와 만인의 예술

'공통성' 또는 '공통적인 것'의 문제설정은 공공성에 대한 근대적 사변을 기각하고 공공성을 발본적 차원에서 재정식화하려는 시도라 할 수 있다.[16] 플라톤적 이데아나 칸트적 요청주의의 한계를 함축하는 '세계의 탁자'를 떠나, 자연과 역사 속에 영구히 실존해온 구체적 현실로서 공통적인 것의 실체를 (재)구성하려는 기획이 그것이다.

마르크스주의 전통에서 자본주의는 공산주의에 도달하기 위해서는 불가결하게 통과해야 하는 단계로 설정된다. 대공업과 세계시장이라는 자본주의적 조건은 반드시 충족되어야 할 물질적 토대를 만드는 과

---

15 프랑코 모레티,『세상의 이치』, 성은애 옮김, 문학동네, 2005, 422-423쪽.
16 한국의 자율주의 그룹은 'the commons'를 '공통적인 것' '공통성' '공통재' '커먼즈' 등으로 다양하게 번역하고 있다. 번역의 사정에 대해서는 피터 라인보우,『마그나카르타 선언: 모두를 위한 자유권들과 커먼즈』, 정남영 옮김, 갈무리, 2012, 10-11쪽을 보라. 'common'이라는 단어는 근대 자본주의 이전에 공유지를 통해 인류가 '공유'를 경험해보았다는 증거로서 제시되기 때문에 중요하다. 즉 공통적인 것은 추상적 관념 구성물이 아니라 자연사와 역사를 관통하여 산노동의 터전이 실재했음을 입증하는 (준)선험적 어휘이다. 돌봄노동 등 이를 사회과학적 관점에서 풀어낸 사례에 대해서는 백영경,「복지와 커먼즈: 돌봄의 위기와 공공성의 재구성」,『창작과비평』2017년 가을호, 24-27쪽을 보라.

정이다. 그렇게 부풀려진 '빵'은 양적 최대화를 달성하고, 공평한 절차를 통해 차별 없이 분배될 것이다. 하지만 여기에는 피할 수 없는 덫이 있으니, 착취로 인해 발생하는 노동의 죽음이 그것이다. M-C-M'의 가치증식법칙에 따라 산출되는 상품의 세계는 '가치 있는 것'과 '가치 없는 것'을 나누고, 이로써 존재하는 모든 것은 전자와 후자 사이의 어느 한편에 귀속되어버린다. 상품이 되지 못하는 것은 예외 없이 죽은 사물, 가치화되지 않는 비-존재일 따름이다. 그런데 신자유주의는 이전까지 가치화의 범주를 벗어나 있던 모든 것을 가치의 영역으로 몰아넣어 사유화하고, 상품화하여 시장에 유통시켰다.[17] 공통성의 문제의식은 여기서 출발한다.

> 공통적인 것은 지구, 그리고 지구와 연관되어 있는 모든 자원들, 즉 토지, 삼림, 물, 공기, 광물 등을 가리킨다. 이는 17세기 영어에서 'common'에 '-s'를 붙인 'the commons'라는 말로 공유지를 지칭했던 것과 밀접한 관계를 갖는다. 공통적인 것은 아이디어, 언어, 감응 같은 인간 노동과 창조성의 결과물을 가리키기도 한다. 전자를 '자연적인' 공통적인 것으로 이해하고 후자를 '인공적인' 공통적인 것으로 이해할 수 있겠지만, 자연적인 것과 인공적인 것의 구분은 사실상 곧 허물어진다.[18]

---

17 데이비드 하비, 『신자유주의』, 최병두 옮김, 한울, 2007, 201-208쪽.
18 마이클 하트, 「공통적인 것과 코뮤니즘」, 연구공간L 엮음, 『자본의 코뮤니즘, 우리의 코뮤니즘』, 난장, 2012, 34-35쪽. 자연재와 인공재를 공통적인 것으로 명명할 수 있는 이유는 이것들이 다양한 구성의 잠재성을 갖기 때문이다. 즉 공통적인 것들은 서로 합성하여 새롭게 관계 맺음으로써 다른 형태로 발명될 수 있기에 공통재라 불린다. 그것들은 "공유됨으로써 자신의 정당성을 발견"하는 것이다. 마우리치오 라차라토, 「자본-노동에서 자본-삶으로」, 자율평론 기획, 『비물질노동과 다중』, 서창현 외 옮김, 갈무리, 2005, 267쪽.

공통적인 것은 자본주의적 가치화 이전의 자연적인 것이지만, 순수한 자연물 자체라기보다 자연과 인간 사이에서 착취되지 않은 관계의 본래성을 뜻한다. 근대적 공공성과 달리 공통성은 우리에게 본래적으로 주어져 있는 관계를 함축한다. 여기서 노동은 살아 있는 행위로서 또 다른 공통적 관계를 창출하는 데 기여할 것이다. 그러므로 공통성을 회복하는 과제는 자본에 의해 착취당하고 강탈당한 공동의 터전을 되찾아 재구성함으로써 산노동의 코뮤니즘 사회로 이행하리란 전망 속에 긍정된다.

　우리의 주목을 끄는 것은 언어가 공통성의 요소들 가운데 하나라는 주장이다. 물이나 공기, 자연자원처럼 언어는 무상으로 주어져 있기에 사적으로 독점할 수 있는 대상이 아니다. 언어는 자연 자체는 아니지만 자연에 실존하는 '생성하는 힘'은 언어를 통해서만 자신을 드러내고, 공통적인 것의 구성에 관여할 수 있다. 그런 의미에서 "언어는 공통적이다. 인간과 자연 그리고 인간과 인간 사이의 관계에서 도구는 완전히 변형되었다. (…) 우리는 언어만을 필요로 한다. 언어가 바로 도구다. (…) 언어는 공통적인 것에서만 그리고 공통적인 것으로부터만 탄생하고 발전한다."[19] 언어의 공통성이라는 근본 조건으로 인해 예술 특히 문학은 대중에게 본래적으로 개방되어 있는 산노동의 도구로 표명된다. 공통적 언어에 입각한 문학예술은 작가와 독자 사이의 전통적 구분마저 폐지시킬 정도다. "예술은 천사가 만들어낸 게 아니다. 예술은 만인이 천사라고 하는 단언이며, 또 이는 매순간 재발견되어야 하는 사실이다."[20] 이로써 공통적 언어의 주체는 누구라도 공공성이라는 '탁자'를

19　안토니오 네그리, 『혁명의 시간』, 정남영 옮김, 갈무리, 2004, 119쪽.
20　안토니오 네그리, 『예술과 다중』, 심세광 옮김, 갈무리, 2010, 110쪽.

벗어나 창작과 비평의 주체로서 활동할 근거를 얻게 된다. 분명 문학은 모두에게 공통적인 것(common to all)이라 단언할 수 있으리라.

언어를 공통적인 것으로, 문학을 그 산물로 간주하는 입장은 예술과 삶의 오랜 분열을 극복하려는 시도로 보인다. 오랫동안 문학의 수동적 소비자에 머물러 있던 대중은 창작과 비평의 무대 위에서 적극적으로 발언하고 직접 행위할 수 있는 근거를 획득하게 되었다. 문학의 공공성이 공정한 계약의 근대적 이념으로부터 공통성의 창조라는 현행적 활동으로 전화한 셈이다. 그러나 언어가 '공통적으로' 사용되기만 한다면 또 다른 긍정적 공통성, 곧 공통적인 문학의 생산에 기여할 것이란 주장은 다소 순박하게 들리는 게 사실이다.[21] 언어를 추상적 중립물처럼 다루는 탓이다. 중립을 표방하는 문법적 규약과 달리 실제 발화는 늘 가치평가적이고 상황종속적이며, 따라서 이데올로기적으로 정향되어 있다. 일상어와 마찬가지로 문학의 언어 역시 특정한 가치와 의미에 침윤되어 있으며, 사회적 규정성으로부터 자유로울 수 없다.[22] 언어가 공통적인 것으로서 모두에게 주어져 있다 할지라도, 역사적이고 정치적 문맥에서 그것이 사용될 때는 특정하게 변용된 상태를 상정하지 않을 수 없다.

문학작품에서 쓰이는 언어는 전혀 중립적이지 않다. 창작활동은 언어에 대한 의식적이면서도 동시에 무의식적인 가치 및 의미의 굴절 과

---

21 이종호, 「공통되기를 통한 예술의 확장과 변용」, 『자본의 코뮤니즘, 우리의 코뮤니즘』, 286-287쪽.

22 미하일 바흐친·발렌틴 볼로쉬노프, 『마르크스주의와 언어철학』, 송기한 옮김, 한겨레, 1988, 1장. 후기 알튀세르와 유사하게, 바흐친은 이데올로기를 의식적 측면과 더불어 무의식적 측면을 포괄하는 힘으로 간주했다. 최진석, 『민중과 그로테스크의 문화정치학』, 그린비, 2017, 196-202쪽.

정이며, 이로부터 작품에 대한 해석의 문제도 생겨나게 된다. 가령 발자크가 의식적으로는 왕정주의자였어도 무의식적으로는 반왕정주의적 세계감각을 갖고서 창작에 임했던 사례를 떠올려보라.[23] 작가의 무의식뿐 아니라 텍스트의 무의식이 문제가 되는 현대의 관점에서, 언어의 공통성이라는 전제는 실제 작품을 창조하고 독해하는 데에 그다지 유효한 실마리를 마련해줄 것 같지 않다. 언어를 순수하게 선험적인 도구로서, 마치 토지, 삼림, 물, 공기 같은 자연적인 실체로 간주하는 것으로는 충분하지 않다. 언어에 함유된 가치와 의미는 사회의 (무)의식적인 과정을 거치며 굴절되고 변형된 채 표현되는 까닭이다. 따라서 언어가 공통적으로 존재한다 해도, 모두에게 공동적(共同的)인 방식으로, 즉 동일한 것으로서 현존하는 것은 아니다. 언어가 실려 있는 사회적 (무)의식은 개인과 집단에게 상이한 방식으로, 그/녀와 그들이 실존하는 역사 및 정치적 지형의 차이에 따라 서로 다르게 조건 지어져 있다.[24] 언어의 공통성과 대중을 향한 문학의 개방이라는 주제는 이 점을 염두에 두면서 주의 깊게 성찰되어야 한다.

4. 대중의 감응과 우리 시대의 비평

감응(affect, 感應)은 공통성과 공공성의 차이를 절합(articulate)해주는 개념이다.[25] 단순화를 무릅쓰고 설명하자면, 우리의 일상적 '느낌'이나 '감

23 프리드리히 엥겔스, 「엥겔스가 런던의 마가렛 하크니스에게」(1888년 4월 초), 『맑스엥겔스 저작선집 6』, 최인호 외 옮김, 박종철출판사, 2002, 483~484쪽.
24 최진석, 『민중과 그로테스크의 문화정치학』, 제5장 참조.
25 처음 이 글을 발표했을 때는 인문학계의 관행에 따라 'affect'를 '정동'(情動)으로 번역했으나, 그간 이 용어의 함의와 용법에 대한 다양한 논변들이 생겨났고, 필자 역시 한 권의

정'은 독립적으로 존재하는 감각이 아니다. 감각은 늘 하나의 상태로부터 다른 상태로 (무)의식적으로 이동하는 연속적 힘이며, 우리는 그 과정에서 예각화된 특정한 지점들에 '기쁨'이나 '슬픔', '분노' 등의 정서적 명칭을 붙여 구분한다. 그렇게 특정화된 감정들을 서로 이어주는 연속적인 이행의 감각을 감응이라 부르자.[26] 가령 2018년 4월에 성사된 남북정상회담에 대해 언론이 '민족의 감격'이라는 표제를 내건다 해도, 각 개인이 체감하는 실제 감각은 그보다 훨씬 넓은 진폭을 보일 수 있다. 이산가족이라면 회한과 슬픔을 동반한 기쁨을 느낄 것이요, 이념적 대립의 시대를 겪은 세대는 평화에 대한 희망과 더불어 막연한 불안감도 가질 만하다. '감격'이라는 단어로 동일하게 표현되었을지라도, 경제교류를 반기는 기업인의 기대와 그런 이해관계 없이 고양된 사회 분위기에 호응하는 일반인의 기분이 같을 리 없다. 요컨대 느낌이나 감정은 언어적으로 포착된 감응의 일단면이기에, 그 흐름의 복잡다단한 변이양상을 담아내지 못한다.

이러한 감응은 대중의 (무)의식적 감각에 직접 촉수를 맞대는 공통적인 것이다. 우리는 의식적으로는 서로 반목하거나 무관심할 수 있어도, 무의식적으로는 서로 연결되어 있다. 이에 따라 각자의 삶이 시장의 상품처럼 가치화된 신자유주의 시대에조차 대중은 감응의 상호작용을 통해 서로 만나고 교류하며 새로운 관계를 직조할 수 있게 된다. 사회적 의제에 관해 대중이 직접 발화하고 반응하는 이 시대에 문학은 더 이상

책을 묶어낸 바 있기에 수정된 글에서는 '감응'으로 고쳐쓰기로 한다. 최진석, 『감응의 정치학: 코뮨주의와 혁명』, 그린비, 2019, 제1장 참조. 단, 다른 저자의 글을 인용할 때는 그의 용어선택을 존중하기 위해 '정동'으로 남겨두겠다.

26 Gilles Deleuze & Félix Guattari, *What is Philosophy?*, Columbia University Press, 1994, pp. 66-67.

소수의 향유집단이나 전문가들에게 위임된 사유지가 아니다. 예술작품의 감동이 (무)의식적인 충격을 통해 감수성에 변화를 일으키는 것이라면, 대중은 자신들이 느끼는 감응의 충격을 직접적으로 표출하고자 욕망한다. 예를 들어, 조남주의 『82년생 김지영』(민음사, 2016)을 둘러싼 비평가들의 논쟁은 단지 전문가적 감식안의 차이를 반영하는 것만은 아니다. 몇 가지 이유에서 예술적 완성도의 미비를 지적받고 있음에도 불구하고, 이 소설을 지지하는 평론가들은 작품이 독자대중과 내밀하게 감응하고 있다는 점에 주목한다. 허구적 주인공의 서사에서 (여성)독자들은 자신의 경험과 연결되는 지점들을 찾아내고 그에 감응했다는 것이다.[27] (무)의식적인 감각의 운동으로서 감응은 그렇게 작가와 독자를 연결시키고, 그들에게 공통의 언어를 기입한다. '정동의 쓰기'로 명명되는 이 운동은 "가장 내밀한 신체적 레벨에서부터 우리는 이미 서로 정동하고 정동되며 살아가고 있"다는 증거로서 제시되는 형편이다.[28]

이렇게 한국문학은 대중의 감응, 나아가 공통성에 직접 접속함으로써 문학 '바깥'의 영역에서 일어나는 다양한 쓰기의 범람을 경험하는 중이다. 즉 기존의 문학장르, 문단제도, 정형화된 글쓰기의 형태들을 타기하면서, 일상의 다양한 풍경들로부터 직접 감응을 길어내 문자화하고 있는 것이다. 이는 근대적인 "공통의 합의된 이미지로서의 문학을 재생산하는 것을 넘어서, 새롭게 문학을 재구축하"는 현상이며, 그 명시적인 사례들이 "4·16 이후의 쓰기, 강남역과 구의역의 쓰기, 광장의 쓰

---

27 김미정, 「흔들리는 재현·대의의 시간. 2017년 한국소설 안팎」, 『문학들』 2017년 겨울호, 34-37쪽. 『82년생 김지영』이 불러일으키는 대중의 동조 효과는 감응의 발현과 전염이라는 점에서 정확히 감응의 운동을 예시해준다. 최진석, 『감응의 정치학』, 47-50쪽.
28 김미정, 「'나-우리'라는 주어와 만들어갈 공통성들. 2017년, 다시 문학의 공공성을 생각하며」, 『문학3』 2017년 1호, 18쪽.

기"로 나타났고, 궁극적으로는 "지금 문학장 안팎의 변동"을 상징적으로 드러내주는 현상이라 할 만하다.[29] 이런 광경들은 자연히 문학이 '모두에게 공통적인' 표현적 자원으로 활용되리란 기대를 낳는다. "실제 독자들이 문예공론장에 대거 유입되고 발화하기 시작"했으며, "전방위적으로 대의되지 않고 스스로 말하겠다고 주장하는 주체들을 비로소 가시화했다. (…) 문학을 둘러싼 대화의 테이블에 이들 신참자들의 자리를 상정하지 않으면 안 된"다는 것이다.[30] 이는 전통적 문학담론이 가정했듯이 작가와 비평가의 창작 및 해석을 존중하고 뒤따르던 독자 대신, 현재를 살아가는 현실적 독자에게 "매우 적극적으로 '영합하는'" 방식으로 문학장이 변전해버렸음을 인정하라는 주장이기도 하다.[31] 대중이 자신의 말을 쏟아내기 시작한 우리들의 시대에 이르러, 마침내 삶과 예술의 근대적 분열은 극복될 것인가?

이와 같은 질문은, 비평의 기능과 역할에 대한 답변을 필연코 요구한다. 창조적 감응의 주체로서 대중 전체가 호출되고 기존의 장르형식이나 글쓰기 형태의 외연이 확장되고 있는 우리 시대에 비평가의 전통적 위상은 전에 없이 좁아지고 말았다. 문학이 시민사회의 시장논리에 맞춰 상품으로서의 작품을 독자에게 공급하던 시절에 비평은 예민한 감식안을 통해 옥석을 가리는 기능을 수행했었다. 허다한 문학작품들 중에서 어떤 것이 고귀하고 가치 있는 것인지, 어떤 것은 무의미하고 내

---

29 김미정, 「'나-우리'라는 주어와 만들어갈 공통성들」, 23쪽.
30 김미정, 「흔들리는 재현·대의의 시간」, 46, 48-49쪽. 대중의 가시화는 촛불로 표명되는 최근의 사회·정치적 변동과 궤를 같이하는 현상으로 언급되고 있다.
31 오혜진, 「퇴행의 시대와 'K문학/비평'의 종말」, 『문화/과학』 2016년 봄호, 103쪽. 나아가 전통적 문학형식을 대체하는 새로운 표현매체로서 웹소설이나 팬픽, 웹툰 등이 다양하게 거론되고 있다.

버려도 좋은 것인지를 골라내고 품평하여 시장에 진입시키는 공정거래의 감독관 역할은 더 이상 필요없게 되었다. 사정은 이념비평에서도 다르지 않은데, 비평가는 대중의 정신과 육체에 올바른 영향을 끼치는 작품을 찾아내 그 의의를 선명하게 보여주는 역할을 맡아야 했다. 어느쪽이든 문학의 공공성이라는 명제는 비평가적 지위의 선도성과 우월성을 전제하는 것이었다.[32] 그런데 감응의 공통성으로 문학장의 기반이 변형된 오늘날, 비평가는 더 이상 대중의 취향이나 미적 관점을 지도하거나 주도할 수 없게 된 듯하다. 우리는 비평의 종언을 목도하고 있는 걸까?

역설적이게도, 현재를 '비평의 전성시대'라고 부를 만한 근거가 주변에 널려 있음도 사실이다. 직업적 비평가의 지위가 무너진 대신, 문화의 생산자이자 소비자로서 대중이 자신을 표현하기 위해 콘텐츠를 개발하고 플랫폼을 제작할 뿐 아니라 일련의 비판적 작업에 관여함으로써 일종의 비평가적 역할을 수행하게 되었기 때문이다.[33] 문학이 커먼즈로서 창작의 공통성을 보유하는 것과 마찬가지로, 비평 역시 커먼즈처럼 '모두에게 공통적인' 작업이 되었다는 뜻일까? 이 같은 현상 자체를 부정적으로 볼 이유는 없다. 커먼즈로서의 문학, 모두에게 공통적으로 열린 문학장의 변화를 환영하지 않을 까닭이 없다. 다만, 우리의 입장이 이것이냐 저것이냐의 양자택일에 만족할 게 아니라면, 우리는 이 현상의 다층적인 면모들에도 주의를 기울여야 할 것이다.

---

32 당연한 말이지만, 이 같은 전통 비평가의 역할은 더 이상 기대하기 어려울 뿐 아니라, 순전히 긍정적인 기능이었다고 할 만한 것도 아니다. 앞서 근대 공론장의 성격에서 밝힌 대로, 가치의 옥석을 가리고 이념을 선도하는 비평은 종국적으로 시장 자본주의와 국가주의의 성장사와 궤를 같이했기 때문이다.

33 오혜진, 「퇴행의 시대와 'K문학/비평'의 종말」, 94-95쪽.

마르크스는 근대를 예술에 적대적인 시대로 규정한 바 있다. 자본주의가 만개하는 시대는 모든 노동의 가치가 오직 잉여가치의 생산에만 한정됨으로써, 이 회로를 벗어나는 어떤 활동도 무가치한 것으로 무화되어버리는 탓이다. 존 밀턴이 『실낙원』(1667)을 종교적 열정이나 창조적 상상력에 이끌려 썼을 때, 그는 아무런 가치도 생산하지 않은 셈이다. 밀턴의 원고가 출판업자의 손에 넘어갔을 때만, 그래서 그의 손에 원고료가 쥐어졌을 경우에만, 그의 창작은 '생산적 노동'으로 인정받는다.[34] 밀턴의 17세기보다도 자본주의가 더욱 촘촘하게 지배의 그물망을 드리운 오늘날은 쓰려는 욕망조차 화폐단위로 가치화된다. 문학청년이 창작이나 비평의 꿈을 안고 글쓰기를 구상할 때 그의 욕망은 '순수'해 보이지만, 실상 그가 문학을 삶의 업으로 선택했을 때 이미 그는 문학이라는 제도, 문학장의 시장적 순환에 포획되고 마는 것이다.

개인 블로그나 SNS에 취미 삼아 또 재미 삼아, 혹은 순전한 '감응적 글쓰기'의 열정에 사로잡혀 연재하던 문장들은 책이라는 상품으로 콘텐츠화되는 순간부터 '생산적 노동'으로 규정되고, 원고료의 수익관계를 통해 가치화되는 사례들이 종종 보도된다. 그것은 개인의 순수한 취향이 가슴 벅찬 문학적 결실로 피어나는 장면인 동시에, 출판시장 속에서 그 열정이 계량화되고 계약관계로 편입되는 장면이라 할 수 있다.[35]

---

34 카를 마르크스, 『잉여가치학설사 1』, 편집부 옮김, 아침, 1989, 448-449쪽. 즉 자본주의 사회에서 '생산적'이란 수식어는 교환가치로 환산된다는 조건을 충족시킬 때만 붙여질 수 있다.

35 목적 없이 개인 블로그에 연재되던 글을 출판사의 접촉을 통해 펴내게 되었다는 언론보도는 글쓰기와 책을 애호하는 대중에게 일종의 '도시전설'처럼 자주 회자되는 이야기다. 누구든 자신의 말을 타인들에게 전달하고 싶다는 욕망을 포착해 자비출판 형식으로 발간해주는 비즈니스도 미래 유망사업으로 홍보되는 형편이다. 삶의 보람을 찾는다는 의미에서 그러한 글쓰기나 출판이 나쁠 리가 없다. 다만 대중의 일반적 통념에는 가격을 통해 가치화되지 않는 개인의 저술이란 대개 유의미한 것으로 다가들지 않는다는 점을

우리는 한편으로 창조의 열정이 화폐로 교환될 수 없는 순수성을 갖는다고 믿고 싶어 하지만, 실제로는 안정적이고 지속적인 창조를 위한 상품화의 논리를 (무)의식적으로 마음과 신체에 새겨놓고 있지 않은가? 그렇다면 창작과 비평의 영역에서 대중이 직접 활약하게 된 오늘날의 상황이 진정 새롭다고 할 수 있을까? 오히려 우리는, 신자유주의 시대를 살아가고 있는 대중은 자본에 의해 전방위적인 가치화의 경주를 강요당하고 있는 게 아닌가? 언어든 감응이든 그 무엇이든 공통적인 것마저 자본에 의해 식민화되고 있는 현재의 지형에서 비평은 무엇을 해야 하는가? 또는 어떻게 변전해야 할까?

5. 공-동성, 혹은 비평의 아방가르드

제도와 규범, 시장의 논리로 촘촘하게 포위된 (탈)근대 사회에서는 대중의 사고와 행동, 심지어 무의식과 욕망조차도 온전히 통제되고 조율된다. 우리는 세계와 타자를 '날것' 그대로 만날 수 없으며, 삶이 전달하는 직접적 감각은 봉쇄당해버렸다. 대중의 무의식과 신체를 관류하는 공통의 감응에 대한 기대와 희망이 우리 시대의 이론적 상상력을 수놓고 있으나, 그것을 직접 감지하거나 조정하고 기획하는 작업은 애초부터 불가능해 보인다. 감응은 개인을 넘어서는 힘이며 의식과 의지에 따라 규정되지 않는 집합적인 무의식적 욕망이다. 불의한 정권에 항의하기 위해 광장에 모인 사람들은 주최 측이 내건 대의명분에 하나부터 열

지적해두자. 사정은 문학창작과 비평을 '본업'처럼 여기는 문학장에서도 마찬가지인데, 이른바 '메이저'와 '비메이저'를 나누고 어디에 글을 싣고 어떤 출판사에서 책을 내는가가 가치의 척도처럼 운위되는 상황은 이러한 아이러니를 정확히 방증하는 것이다.

까지 동의하지는 않더라도 그곳의 전반적 분위기에 감염되어 함께 구호를 외치고 노래하며 싸울 수 있다. 이러한 감염적 양상의 분위기가 감응의 공-동성(共-動性)을 만들어낸다. 감응은 어떤 구체적인 실체라기보다 다양한 인접 요소들의 배치가 창출하는 분위기, 그 공명과 유동의 효과에 다름 아니다.[36]

문제는 현재의 신자유주의적 지형에서 돌봄과 배려, 자발성 및 창의적 아이디어와 같은 감응적 요소들은 화폐적 가치를 통해 장악되어 있다는 점이다. 달리 말해, 감응조차 자본주의적 관계에서는 '생산적 노동'으로 분류됨으로써 소비의 대상이 된다. 감정노동이나 열정노동은 벌써 오래전부터 보상 없는 감응적 노동으로 언급되어 왔으며, SNS나 블로그, 인터넷 매체에 재미 삼아 올리는 정보나 지식마저도 해당 미디어의 자산가치를 높여주는 무상의 노동으로서 인식되는 형편이다.[37] 문학장의 변동과 함께 나타난 새로운 문학적 표현의 형태들 중에 팬픽이나 웹소설, 웹툰 등이 거론되곤 하는데, 그 창조적 열정과 효과는 주목받기에 충분하지만 궁극적으로 자본주의 사회의 플랫폼 위에서 그것들이 구축되는 한 '생산적 노동'의 함정을 피하기는 어렵다. 대중적 감응 시대에 자유는 곧 착취당하고 강탈당할 자유와 다르지 않다. 이것이 더욱 위험한 이유는, 우리가 스스로의 가치를 창출한다고 믿는 가운데 우리에 대한 착취와 강탈을 순순히 허락할 수도 있기 때문이다. 비평의 문제제기는 바로 이 점에서 시작되어야 하지 않을까?

푸코는 자본주의와 국가권력에서 벗어나려는 비판적 태도를 "어떻게

---

36 최진석, 『감응의 정치학』, 51-53쪽; 최진석, 『민중과 그로테스크의 문화정치학』, 91-92쪽.
37 앨리 러셀 혹실드, 『감정노동』, 이가람 옮김, 이매진, 2009, 189-199쪽; 앙드레 고르, 『에콜로지카』, 갈라파고스, 2015, 37-39쪽.

하면 통치되지 않을 것인가?"라는 물음 속에 정식화한 바 있다. 비판/비평(criticism)이란 그 어원대로, 주어진 시대의 지평을 '분리'하고 '선택'하며 '판단'하면서 '결정'함으로써 맞서 '싸운다'는 뜻이다. 비판/비평의 파생적 의미로서 '위기'(crisis)를 항상 마주하는 비평가는 자신의 행위를 통해 "우리 시대 진리의 정치를 새롭게 사유"하는 기능과 임무를 맡아야 한다. 전적으로 동의한다. 자본주의적 가치 및 국가주의적 기율에 통치되지 않기 위해 우리는, 무엇보다도 비평가는 "통치하려는 권력이 내세우는 진리를 끊임없이 의심하고 회의"해야 하며, "그럼으로써 진정한 진리가 무엇인지를 밝혀 그것으로 통치에 저항하는 거점을 마련하"려 노력해야 할 것이다.[38] 우리가 자신도 모르는 사이에 착취당하고 강탈당하지 않기 위해서는 모든 것이 자율적인 가치를 담지하는 듯한 이 시대의 대세에 항상 질문을 던지고 비판적 태도를 취할 필요가 있다. 그런데 자본과 국가에 대한 이와 같은 저항적 자세는, 설령 그게 아무리 진정성 있게 비친다 할지라도, 종래의 비판이론 즉 시민사회의 공공성이 노정하던 대항투쟁의 양태를 크게 벗어나지 못할 성싶다. 권력과 화폐가 제공하는 이데올로기의 달콤한 위장을 벗겨내 이면의 함정을 폭로하고, 대중을 기만하는 허위의식을 규명함으로써 해방을 지향하는 이데올로기 비판의 전략들 말이다.[39] 물론 그러한 노력의 유효성을 부

---

38 Michel Foucault, "What is Critique?" *The Politics of Truth*, Semiotext(e), 1997, pp. 26-29; 문강형준, 「어떻게 하면 통치되지 않을 것인가? 비평의 의미와 문화비평의 임무」, 『문학동네』 2016년 봄호, 407, 405쪽.
39 전술했듯, 18세기 이래 시민사회의 건전성과 비판적 상식은 국가에 대항하는 과정에서 시장과 결탁했고, 그 후에는 국가에 예속되어 시장 질서를 지키는 데 일조했다. 비판/비평이 종래에는 시장을 보호하고 국가를 보위하는 도구로 전락한 역사를 우리는 잘 알고 있다. 비판적 태도 및 자세만으로는 부족하다. 그것은 어쩌면 미적 무관심성이라는 근대 미학의 원리와 상통하는, 비판을 가장한 무비판의 과장된 제스처에 지나지 않는지 모른다. 테리 이글턴, 『미학사상』, 방대원 옮김, 한신문화사, 1995, 86-87쪽.

정할 마음은 없다. 다만 부정적 방법이 갖는 방어적 한계를 넘어설 새로운 투쟁의 방식 또한 비평적인 것으로서 제시할 필요가 있다.

20세기 초엽, 사진이 회화를 대체하여 일상의 풍경을 낱낱이 기록하고 시장을 점령해가던 상황에서 벤야민은 사진이 어떻게 고유한 예술성을 발견하고, 예술적 특이성과 함께 정치성마저 획득할 수 있을지 고민했다. 그는 이 문제를 렌즈의 '낯선 사용'으로 풀고자 했다. 현실을 있는 그대로, '사실적'으로 '재현'하는 게 아니라 대상의 이질적인 선택과 통상적이지 않은 촬영각 및 피사체의 배치 등을 통해 '초현실적'으로 '표현'하는 기법이 바로 그것이다. 카메라 렌즈는 인간의 맨눈으로는 볼 수 없는 특이한 감각의 풍경을 포착했고, 벤야민은 이를 '시각적 무의식'(das Optisch-Unbewußte)이라 불렀다.[40] 자연적 지각을 넘어서는 낯선 대상들, 또는 감히 대상이라 말할 수도 없는 그로테스크한 사물들이 비인간의 눈을 통과해 나타났고, 이는 세계의 재구성에 값하는 사건이라 할 만하다. 익히 알려진 '아우라'(Aura)는 이러한 사건적 분위기에 붙여진 이름인 바, 시장과 권력에 의해 장악되기 이전의 세계감각, 근대의 시공간적 규범에 포획되지 않은 '다른 세계'로 나아갈 틈입구를 순간적으로 드러내는 돌출을 뜻한다. 상품의 형태로 타성화되고 자동화되기 전에 사진 이미지를 구출해내야 할 절박한 이유가 여기에 있다. 그러므로 이 생경한 날것의 감응에 특정한 이름을 붙이는 행위는 미학적인 동시에 정치적인 모험이 되어야 한다. 아우라의 감응적 효과를 부각시키는 명명행위는 관습화된 취향에 복종하지 않음으로써 사진의 상품적 가치를 떨어뜨리고, 시장을 교란시키는 예술이 될 것이기 때문이다.

---

40 발터 벤야민, 「사진의 작은 역사」, 『기술복제시대의 예술작품 | 사진의 작은 역사 외』, 최성만 옮김, 길, 2007, 168쪽.

하지만 단지 익숙한 풍경을 타파하는 낯선 분위기를 표현하는 것만으로는 부족하다. 그 광경이 이질적인 만큼 우리는 그것이 무엇을 뜻하는지, 다음 발걸음을 어디로 내딛어야 하는지, 혼돈을 다시 어떤 식으로 조형해야 하는지 알지 못하는 까닭이다. 현재적인 질서를 흐트러뜨렸다면, 이제 다른 질서를 새로이 구성해야 할 때가 도래한다. 정치적인 것(the political)은 바로 이 시점에서 출현하는 사태를 가리키는 바, 관건은 이 새로움이, 그 낯설음이 어떤 것인지 인식하고, 그로써 무엇을 새로이 사유하며, 어떻게 다시 행위할 수 있는지 파악하는 데 있다. 낯설음은 낯설음 그 자체로는 아무것도 아니다. 여기에 어떤 이름이 부여되고, 개념적 성분이 추가될 때 낯선 것은 비로소 우리 주체와 공-동하는 사건, 감-응하는 사태로 전변한다. 다시 사진의 사례로 돌아간다면, 인화지에 출현한 사물의 낯선 풍경에 특정한 표제를 붙임으로써 그것이 지배적 가치와 기율에 복종하지 못하도록 중지시키는 행위가 그것이다.

카메라는 점점 더 작아지고 점점 더 재빨리 스쳐 지나가는 은밀한 이미지들, 그 충격이 관찰자의 연상 메커니즘을 정지시키게 될 이미지들을 붙잡을 것이다. 이 자리에 사진의 표제가, 사진을 모든 삶의 상황을 문자화하는 일에 포괄시키는 그 표제가 들어서야 한다. 그 표제 없이는 모든 사진적 구성은 불확실한 것 속에 갇혀 있을 수밖에 없다.[41]

표제화(Beschriftung)는 새롭고 낯설게 출현한 감응을 권력의 지침에 회수되지 않도록 가로막는 행위이기에 정치적 사건화이고, 상품으로서

---

41 벤야민, 「사진의 작은 역사」, 195쪽.

안일하게 소비되지 못하도록 저지하기에 예술적 사건화라 할 수 있다. 표제를 붙이는 것, 그것은 정신없이 변전하는 사태의 향방을 가늠하고 그 의미를 짚어내며, 속도와 강도를 가속화하는 개입적 참여이다. 그로써 사건이 소진되어 휘발되지 않도록, 사건이 다음 사건을 위한 촉발제가 되도록 불쏘시개를 집어넣는 작업이다.[42] 시대의 비판, 시대를 마주한 비평 또한 그래야 하지 않을까? 생성하는 감응의 현장이 자본과 국가에 의해 박제가 되지 않도록 비판적으로 명명하는 행위, 의제화의 기예(art)야말로 지금 비평이 떠맡아야 할 과제 아닌가?

비평이 발생시키는 예술적 사건화의 의미는 대단히 중요하다. 비평은 작품을 정치적 언설 속에 용해시켜버리는 작업이 아니라 예술작품이 갖는 고유한 강도와 속도를 보존시키는 가운데 자본과 국가의 권력으로부터 탈구시키는 전략이기 때문이다. 따라서 비평가가 사진 이미지에 붙인 해석적 표제는 통념에 반하거나 거부감을 일으킬 수 있지만, 그만큼 대중의 이완된 감수성에 충격과 성찰의 계기를 불어넣을 수 있다. 이는 작가가 작품을 만들면서 붙이는 제목과는 또 다른 의미화의 파장을 낳을 것이다. 러시아 형식주의자들의 조언대로, 예술은 그것이 느리고 완만하게 지각될수록, 그리하여 특정 의미에 최대한 늦게 도달할수록 역설적으로 그것만의 특이적인(singular) 가치를 지니게 된다. 형식주의자들이 '낯설게 하기'(ostranenie)라 불렀던 이 방법을 벤야민식으로 말해본다면 '예술의 정치화'라 해도 좋을 것이다. 이는 작품에 어떤 교시적인 목표(의미)를 부과하여 대중을 계도하는 게 아니라, 대중이 작품과 접촉하고 감응하면서 조성하는 특이한 감응을 재빨리 포착해 명

---

42 가타리는 이 같은 사태를 코뮨주의적 실천에 의해 야기되는 재영토화라 불렀다. 안토니오 네그리·펠릭스 가타리, 『자유의 새로운 공간』, 조정환 편역, 갈무리, 2007, 153~154쪽.

명하고, 그럼으로써 작품의 감상을 대중지성의 형성적 계기로 산출하는 과정이다. 이렇듯 공-동성은 예술작품을 강제적이거나 타협적인 해석으로부터 구출하여 생경하고도 신선한 지각의 장(場)에 던져넣는 비평적 사건을 가리킨다. 지금-여기에 밀려든 대중의 거대한 감응은 필경 커먼즈의 귀환이라 불러야 옳겠지만, 이에 환호하며 사태 속에 모든 것을 맡겨버리는 것으로는 충분치 않다. 거꾸로 비평은 개입해야 하며, 커먼즈가 사건으로 계속 남도록, 사건 속에 휘말려 다음 사건을 통해 미-래로 열리도록 촉진해야 한다. 촉진자로서의 비평, 비판의 아방가르드가 감히 되어야 한다!

　지금 우리는 어떤 비평적 사건, 공-동성의 경험을 맞이하고 있는가? 어느 순간 이성애중심적인 가부장 사회에 균열이 발생했고, 남성적 척도에 맞춰 쓰여졌던 문학사에 대한 재검토가 활발한 요즈음이다. 놀랍게도, '여성혐오'가 과연 실제로 존재하는 감정인지에 대해 벌어졌던 논란을 기억할 것이다. 통념적 거부반응을 넘어서 전진해온 페미니즘과 소수자 문학에 대한 비평적 실험은 어느덧 문학장의 큰 줄기조차 바꾸어놓은 듯하다. 고전으로 추앙받던 작품들이 새롭게 읽히고, 낯선 해석적 지표들이 하나둘씩 새로이 가동되고 있다. 진보와 반동, 반응과 역반응을 왕복하던 대중적 정념의 유동을 창작과 비평의 주파수로 수신하여 표제화하기까지 적지 않은 난관이 있어왔고, 앞으로도 쉽게 사라지지 않을 것이다. 예컨대 유난히도 동성사회적(homosocial) 문화가 강력한 한국에서 페미니즘과 소수자 문학비평의 길이 적극적으로 열린 것은, 사회·정치적 반동을 감내하면서까지 '혐오'라는 감응을 포착하고 이를 문화영역 전체에 표제화시킨 노고에 힘입은 바 크다. 이 시대 전체의 분위기를 단정짓기에는 아직 이르지만, 적어도 현재의 추세가 낳고 있는 공-동적 사건화의 흐름은 결코 다시 돌이킬 수 없을 것이다. 감응이라는 커먼즈는 항상-이미 공-동적 사건화의 과정 중에 생성하고 있기 때문이다.

한 걸음 더 나가보자. 사건은 정의상 사건 아닌 지형으로부터 나타난다. 뒤집어 말하면 어떤 사건도 언젠가는 비사건의 상태에 고착될 수 있다. 이와 같은 사건의 경직화 혹은 역(逆)생성은 사건화가 한창인 와중에도 얼마든지 일어날 것이다. 따라서 비평이 안고 있는 적극적이고 긍정적인 과제는 사건이 중단되지 않도록 끊임없이 표제화하는 데, 즉 새로운 의제를 공급하는 데 있다. 대중의 감응을 포착하여 사건을 사건으로 남겨두는 것, 현재의 사건이 또 다른 사건으로 이어지도록 관찰하고 촉발하는 비판적 노동이 그것이다. 다수가 눈감고 부정했어도 "여기에 차별과 혐오가, 폭력이 있다"고 굽힘없이 주장했던 목소리들이 그러하지 않았는가? 정확히 동일한 의미에서 사건의 중단은 사건화의 과정 속에도 위험스럽게 잠복해 있음을 기억해두자. 어떤 사건도 규범화의 덫에 빠질 수 있으며, 사건을 정체시키는 위험을 내포한다. 예컨대 요즘 논쟁 중인 '정치적 올바름'(political correctness)이라는 의제는 보수적으로 편향된 한국사회를 바꾸는 데 일정한 유효성을 갖지만 그 자체로 규범이 되어서는 곤란하다는 의견에 충분히 귀기울여야 한다.[43] 사건의

---

43 다양한 방식으로 논전이 거듭되고 있는 페미니즘과 소수자 문학 및 비평의 사안들에서 정치적 올바름은 결정적인 동시에 문제적이다. 기존의 이성애적이고 가부장적인 규범을 타파하기 위한 방법으로서 그것은 중요한 초석적 가치를 지니며, 수단으로서의 정당성을 가질 수 있다. 하지만 또한 정치적 올바름은 '정체성 정치'의 위험성을 포함하고 있기에 자기 규범화의 유혹과 위험으로부터 늘 스스로를 경계하고 방어하도록 애써야 한다. 규범화된 정치적 올바름은 자칫 광장의 차이들을 권력 간의 알력으로 바꿈으로써 정치를 죽음으로 인도할 수 있기 때문이다. 후지이 다케시, 「정치적 올바름, 광장을 다스리다?」, 『문학3』 2017년 2호, 22-29쪽.

매혹에 갇히지 않은 채 항상 낯선 사건화의 첨점(尖點)을 탐색하는 노력이야말로 공-동성, 혹은 사건적 비평의 출발점이기 때문이다. 새로운 사건화의 실마리는 언제나 현재의 사건 속에 이미 잠재해 있다. 비평의 아방가르드가 된다는 것은, 감히 사건 속에 뛰어들어 바로 그곳에서 비판의 주체가 되려는 힘겨운 시도에 다름 아니다.

커먼즈로서의 문학과 유지장치로써 문학장

김 대 현

1. 문학장의 한계와 커먼즈

사건의 기산점을 산정하는 일은 어려운 일이다. 대체로 사건의 원인은 외부로 드러나지 않은 무수한 사건들이 착종된 결과에 해당하기 때문이다. 하지만 시원을 찾기 전까지 판단을 유보하는 것 또한 그리 바람직한 태도는 아니다. 이는 불가능한 요청일 뿐 아니라 어떠한 것도 말할 수 없게 한다는 점에서 부당하다. 그러니 일단 어떤 작가의 표절이 불러온 사태에서 논의를 시작하자.

한 작가의 표절사태가 문학장을 넘어 외부에 충격을 준 것은 표절행위 자체에 국한되는 것이 아니라 이후 사건에 대응하는 문학장 구성원들의 태도에 더 큰 영향이 있을 것이다. 다수의 작품에 구체적으로 적시된 표증들 앞에서 작가는 부인으로 일관했으며 비평가들은 요령부득의 언어로 문제를 외면하거나 침묵을 고수함으로써 자신들이 그의 작품에 보증한 권위를 회수하지 않았다. 이는 기존에 문학장 가장자리에서 지속적으로 제기되었던 주장들, 즉 문학적인 것과 그렇지 않은 것을 구분하는 여과장치로써 문학장이 정상적으로 기동하지 않는다는 것을 사람들에게 다시 한 번 환기시켰다.[1]

뒤를 이은 이른바 '미투 운동'은 문학장에 참여하는 구성원들이 사람들의 통념과 달리 동등한 지위를 가지는 것이 아니라 위계질서로 구성되어 있으며, 위계의 상층에 자리한 작가들의 낭만적 기행으로 포장된 신체적·정신적 착취가 구성원 사이에 만연하다는 것을 보여주었다. 또한 최근 문학장의 변화를 견인하고 있는 페미니즘과 퀴어 담론은 기존의 문학장이 수립한 정전에 대한 '다시 읽기'를 통해 이전까지의 문학이 소외된 자들의 소리를 충실히 기입해왔다는 믿음에 균열을 가져오게 했다.

문학장을 내파하는 일련의 흐름들이 공통적으로 내포하는 것은 기존의 문학이 더 이상 공공의 이익을 도모하는 것이 아니며 소수에게 전유되어 있다는 점이다. 문학장의 갱신을 위해 문학을 다시 모두의 것으로 환원하자는 이른바 '커먼즈'(commons)에 대한 담론이 활발히 진행되는 까닭도 이에 기인한다. 오늘날 다양한 분야에서 요청되고 있는 커먼즈에 대한 논의는 여전히 진행 중인 사안이므로 아직 그에 대한 명료한 개념이나 담론의 방향이 일치된 것은 아니다. 다만 세부적인 사안에 대한 판단을 뒤로 미루고 공통적인 내용을 간략히 정리하자면 커먼즈는 "복수의 개인이 동시에 편익을 얻을 수 있는 자원과 그 존속을 담보

1 소설가의 표절시비는 이미 오래전에 지적되었지만 별다른 추가 논의 없이 의도적으로 무시되었다. 정문순, 「통념의 내면화, 자기 위안의 글쓰기」, 『문예중앙』 2000년 가을호 참조.

하는 시스템"[2]으로 정리할 수 있을 것이다. 그러므로 모두가 공유하고 있는 언어를 매개로 다시 새로운 언어와 상징, 관계를 생산하는 문학을 커먼즈의 범주에 포섭하는 것은 별다른 이견이 없을 것이다. 누구나 문학을 통해 타인의 사유를 자신의 체험으로 전화하거나, 재생산 과정을 거쳐 공통의 사유에 영향을 미칠 수 있는 가능성이 존재하기 때문이다. 문학장이 커먼즈를 탐구하는 것은 자연스러운 일이다. 이는 본디 모두의 것이었으나 사유화된 영역을 다시 모두의 것으로 복원하려는 노력이기 때문이다. 문제는 문학을 커먼즈로 인식할 때 이를 담론의 차원이 아닌 실천적으로 적용하는 지점에 있다.

문학은 언중 전원이 참여할 수 있는 광범위한 커먼즈이지만 그 참여하는 양식이 작가, 비평, 독자라는 문학주체의 분류에 따라 공통적이지 않고 상이하다. 각 문학주체는 자기에게 주어진 역할에 따라 커먼즈에 자치적으로 참여하는 행동양식, 즉 '커머닝'(commoning)을 통해 각자의 처지에서 이익을 실현한다. 작가는 공동자원을 산출하고 독자는 이를 수익하며 비평은 양자 사이에서 이용자의 경계를 설정하는 것이 그렇다.

그러므로 현재 커먼즈로서의 문학에 대한 담론은 큰 틀에서 두 가지 방향으로 접근할 수 있다. 하나는 이용에 배타적이지 않은 공동자원의 무임승차나 남용을 방지하는 것에 중점을 두는 관점과, 다른 하나는 주로 지식과 정보 영역에서 사적인 소유화로 인하여 커먼즈 이용자의 이용 불가능성을 해소하는 관점[3]이 그러하다. 기존 문학장이 견지하던 것

2 장훈교, 「한국공동자원 운동의 부상과 그 의미: 토론을 위한 4개의 질문」, 『지금 여기 커먼즈』, 2018년 커먼즈네트워크 워크숍 자료집, 2018, 20쪽.
3 커먼즈에 대한 번역과 커먼즈 담론의 접근방식의 차이에 대해서는 정영신, 「커먼즈(Com-

이 전자의 태도였다면 최근의 흐름이 바로 후자의 것이다.

문학을 훼손이 가능한 공동자원으로 인식하고 그 남용과 황폐화를 방지하는 데 관심을 가지는 사람들은 커먼즈를 구성하는 자원의 품질을 유지하고 조절하는 시스템의 구축에 관심을 가지게 된다. 작품의 품질을 상정하고 품평하는 등단 제도나 문학상 제도가 대표적이다. 하지만 이는 필연적으로 문학에 대한 위계를 형성하고 커먼즈에 대한 이용자의 접근 가능성을 제한한다.

반면 커먼즈에 대한 보편적 이용 가능성을 중시하는 사람들은 문학은 모두의 것이며 모두가 그 효용을 평등하게 나누어야 하는 것이므로 이용자들의 접근을 제한하는 시스템의 해체에 관심을 기울인다. 그러나 이는 문학 또한 "변질되고 부패하고 가치가 떨어질 수 있"[4]는 것으로 남용될 경우 오히려 공동의 이익을 해할 수 있다는 물음에서 자유롭지 못하다. "커먼즈 관련 문제들은 모순적이고, 항상 이론(異論)"[5]이 있다는 것은 이런 참여자 간의 시각 차이에 기인한다.

근대 이후 한국의 문학장은 문학주체들 사이에서 문학이라는 커먼즈를 유지하고 조절하는 장치로 기능해왔다. 하지만 상기한 문제들과 같이 그 장치는 이제 한계에 직면한 것처럼 보인다. 그러므로 향후 문학이 장기적으로 지속 가능할 수 있는지 여부를 묻기 위해서는 먼저 문학장을 구성하는 비평, 작가, 독자라는 주체들이 문학이라는 커먼즈에 어떠한 형태로 참여하고 있으며, 그들의 역할이 문학장에 어떠한 방식으

---

mons)란 무엇인가? - E. 오스트롬의 공동자원론에서 커먼즈에 대한 권리: 운동론적 접근으로」, 『우리 시대 인문학 최전선』, 글사다리, 2018, 407-408쪽 참조.

4 황정아, 「문학성과 커먼즈」, 『창작과 비평』 2018년 여름호. 19쪽.
5 데이비드 하비, 「커먼즈의 미래: 사유재산권을 다시 생각한다」, 『창작과 비평』 2017년 가을호, 57쪽.

로 기입되었는지에 대한 검토가 선행되어야 한다. 지금의 상황을 초래한 문학장에 대한 이해를 부차적인 것으로 취급한다면 미래의 문학의 지속 가능성을 묻는 커먼즈 담론 역시 그 어떤 실천적 의미를 기대하기 어렵기 때문이다.

2. 문학성, 공공성, 비평중심주의

문학을 모두가 접근이 가능한 커먼즈로 이해할 때 종종 가질 수 있는 오해는 이를 이용하는 데 군이 인위적으로 조절하고 분배하는 시스템이 필요한가라는 의문이다. 이는 문학을 매개하는 도구로써 언어가 본래 배타적이지 않으며 함부로 사용해도 감소성을 가지지 않는 자원이라는 생각에서 기인한다. 언어는 경합성과 배제성이 없는 태양과 같은 '순수 공공재'로서 애초에 관리와 조절 장치 자체가 불필요하며 남용과 황폐화의 문제가 없기 때문이다.

하지만 커먼즈는 공공재와 성격이 다르다. 오스트롬을 비롯한 커먼즈 연구자들은 "커먼즈를 비배제성과 감소성을 지닌 자원"[6]으로 정의한다. 문학이 순수 공공재가 아닌 커먼즈로 호명될 수 있는 것도 이 지점이다. 모든 언어적 표현이 동일한 가치를 가진 말들의 연쇄라면 군이 이를 문학이라는 별도의 개념으로 분류할 필요가 없을 것이다. 개념의 내포와 외연은 반비례하며 외연의 끝없는 확장은 그 마지막엔 결국 아무것도 내포하지 못한다. 자원의 생산과 소비에 어떠한 한계도 없다면 애초에 이를 유지하고 조절하는 시스템 또한 불필요하다. 문학을 고

---

6 정영신, 앞의 책, 411쪽.

유한 가치를 가지는 커먼즈로 이해하기 위해서는 필연적으로 성합성을 통해 다른 언어의 연쇄들과 구분되는 차이를 가져야 한다.

이른바 '문학성'이라는 개념이 요구되는 것도 이에 기인한다. 오랜 시간 동안 문학은 스스로 자신의 존재를 기술하기 위한 노력을 기울여 왔다. 문학은 "허구"에 대한 진술이라는 존재론적 접근, 자동화된 해석을 가져오는 일상 언어와는 다른 "낯설게 된 언어", 또는 "비실용적인 담론"으로서 "자기지시적인 언어" 등 다양한 논의들을 통해 문학을 언어의 다른 존재양식들로부터 분리하고자 했다. 하지만 이런 다기한 노력들에도 불구하고 이글턴의 지적대로 문학이 본질적으로 "다른 종류의 담론들과 구분될 수 있는 내재적인 속성이나 성질을 가진 것은"[7] 아니다. 하지만 문학을 정의내릴 수 없다고 해서 문학이 그 안에 아무것도 내포하고 있지 않은 공허한 개념은 아니다. 온전히 일치하지는 않을지언정 문학을 논의하는 사람들의 (무)의식에 "서로 중첩하고 교차하는 유사점들의 복잡한 연결망"[8]이 분명히 존재하고 있기 때문이다.

다른 언어의 연쇄들과 구분되는 이 유사점들의 연결망, 다시 말해 문학성을 찾아내어 이를 문학으로 호명하는 것에서 비평이 시작된다. 그러므로 문학은 분명히 비평에 선재하지만 비평이 그것을 문학으로 호명할 때 비로소 소급하여 문학이 된다. 동시에 비평이 내린 판단을 수용하고 외부와 공유하기 위한 다양한 절차와 규범들도 비평과 함께 형성된다. 비평은 문학을 제정하는 시원적 권력을 가지며 이 과정은 제도를 통해 확립된 후 다시 제도화된 비평을 중심으로 문학장이 구성된다.

---

7 테리 이글턴, 『문학이론입문』, 김명환·정남영·장남수 옮김, 창비, 1989, 7-14쪽에서 인용.
8 테리 이글턴, 『문학 이벤트: 문학 개념의 불확정성과 허구의 본성』, 김성균 옮김, 우물이있는집, 2017, 45쪽.

동시에 문학이 커먼즈로 논의되기 위해서는 제도 내부의 성원뿐 아니라 외부의 이용자들 또한 커먼즈의 산출물을 비배타적으로 자유롭게 이용할 수 있는 공동자원으로의 성격, 즉 공공성을 가져야 한다. 단지 차이의 존재만으로는 예컨대 주술사들 사이에 비밀스럽게 전유되던 주문같이 기존에 도태된 다른 언어의 연쇄들처럼 커먼즈로서 존속의 이유를 가지지 못하기 때문이다. 문학성의 기저에 공공성이 필연적으로 자리하는 까닭이다. 커먼즈에 참여하는 이용자들은 문학을 통해 어떤 형식으로든 공동의 효용을 충족시켜야 한다. 특정한 가치를 적극적으로 지향하거나 또는 현실을 '주문'으로 만들어 그 반사적 효과로 더 나은 현실을 모색할 수 있게 되는 것처럼 그것이 설령 '쓸모없음의 쓸모'[9]라는 기능성에 대한 반전된 이해라도 무방하다.

이처럼 문학에서 이야기하는 문학성과 공공성은 보편성을 가지는 확정적 개념이 아닌 시대와 공간, 그리고 수익자에 따라 달라지는 불확정적 개념에 가깝다. 공공성이 때로는 문학성과 혼용되어 미학적 의미를 가지거나 계몽의 도구로 사용되는 식으로 시대와 장소에 따라 그 의미를 달리하는 것도 이에 기인한다. 그리고 무엇이 공공성의 영역에 포섭되는지를 판단하는 것 또한 비평임은 물론이다. 비평은 문학성과 공공성을 기치로 문학의 외부에서 문학을 다른 것과 구분하는 역할을 수행함과 동시에 문학의 내부에서 문학의 품질을 판정하는 역할을 수행한다. 이처럼 비평은 문학이라는 커먼즈의 경계를 획정하고, 그 내부에 질서를 형성하여 커먼즈의 남용과 황폐화를 방지한다. 비평이 커먼즈로서의 문학을 조절하고 유지하는 가장 핵심적인 장치인 이유 또한 이러

---

9 김현, 『한국문학의 위상/문학사회학』, 문학과지성사, 1991, 50-51쪽 참조.

하다.

근대 이후 한국의 문학장 또한 비평과 함께 시작한다. 이광수는 문학을 "한 민족의 문명이며 한 민족의 민족성의 근원"이라 정의하며 "천박한 지엽적 인성"에 기대는 "한 푼짜리 문학"[10]을 규탄한다. 이는 문학에 문학성과 함께 민족성이라는 특정한 가치기준이 담긴 공공성을 부여하며 이른바 '사(私)소설'류의 형식을 문학장에서 배제하는 효과를 가진다. 사소설이 가지는 장르적 함의는 "작가가 공적 화제에 입을 다무는 이상 국가도 작가를 건드리지 않는다는 상호 간의 암묵적 합의"[11]에 있기 때문이다. 그러므로 당시의 이광수에게 절박한 시대의 부름을 외면하는 문학은 공공성을 소거한 것으로 결코 문학이 아닌 것이다.[12]

사적인 것의 억압을 통해 문학적인 것과 그렇지 않은 것을 가르는 비평은 식민 상태와 결부하여 전 사회적 호응을 획득한다. 이를 통해 한국 문학은 정치적 현실에 대한 비판을 통해 이용자들의 공통적인 사유를 조직하는 가치 지향적 커먼즈가 된다. 이러한 흐름은 이후 전쟁, 독재, 자본과 노동의 투쟁을 거치며 이어져 사회 현상과 연동하여 타인의 고통에 응답하는 것을 문학성의 기준으로 여기는 문학장을 형성한다.

이 과정에서 비평은 기준을 충족하는 작가들을 선별하여 반드시 필요하지만 시장과 친하지 않은 자원을 공급함과 동시에 그들을 비평적으로 조명하고, 이후의 지면을 확보하여 작가들이 다시 글을 쓰기 위한 동기를 부여하는 후견의 역할을 한다. 이를 통해 비평은 문학이 시장원

10 이광수, 「문학이란 何오」, 『매일신보』, 1916.11.15.
11 장정일, 「우리가 이광수에 대해 모르고 있는 것」, 『한국일보』, 2018.8.8.
12 한국의 '공'(公) 개념은 대체로 성리학적 전통에서 공적인 것을 추구하고 사(私)를 억압하는 지공무사(至公無私)에 기인한다. 김정현, 「동아시아 公 개념의 전통과 근대 공동체 의식」, 『민주사회와 정책연구 13』, 한울, 2008, 64쪽 참조.

리에 종속되지 않는 커먼즈이자 공동의 편익에 기여한다는 신뢰를 준다. 또한 비평은 타락한 정치권력과 자본으로부터의 독립을 통해 오염을 방지함으로써 산출물의 품질을 유지하고 황폐화를 예방하는 장치로 작동했다.

하지만 긍정은 언제나 그 이면에 자리한 부정과 함께한다. 사소설의 예처럼 비평은 자신이 세운 문학성과 공공성의 기준에 포섭되지 않는 사적인 욕망과 복잡다기한 주변부의 소리들을 배제함으로써 커먼즈에 대한 보편적 이용 가능성을 제한한다. 또한 공공성에 대한 고정된 비평적 태도는 동일한 가치기준을 공유하는 작품만을 선별하고 재생산해 냄으로써 산출물의 다양성과 공정한 배분을 기대하는 이용자의 신뢰를 배반한다. 모두가 공유하는 (것이라 믿어졌던) 문학이라는 커먼즈는 시간이 흐를수록 비평과 비평이 세운 기준을 충족하는 일부의 이용자들에게 전유됨으로써 내부에서만 순환하는 폐쇄회로를 구성한다. 비평중심주의의 위기는 이렇게 시작된다.

3. 신분으로서의 작가

벤야민은 어느 일간 신문의 독자 투고란을 살핀 후 "필자와 독자의 차이는 근본적으로 그 의미를 상실하게 되었다."며 필자와 독자는 더 이상 신분적 분류가 아니라 기능적 분류에 해당한다고 판단한다. 이와 함께 "글을 쓰는 권한은 이제 특별한 전문교육"이 아니며 글을 쓰는 능력은 "공동재산의 성격을 가진다."[13]고 진단함으로써 글을 쓰는 행위가 신

---

13 발터 벤야민, 『기술복제시대의 예술 작품/사진의 작은 역사 외』, 최성만 옮김, 도서출판
    길, 2017, 76-77쪽.

분에 의해 구획되지 않고 누구나 접근 가능하며 그 산출물은 아무런 배타성 없이 모두가 모두의 편익을 위해 수익할 수 있다는 점에서 커먼즈의 성격을 가지는 것임을 시사한다.

신분이 아닌 기능으로서의 작가의 분류와 쓰기와 읽기가 가지는 커먼즈로서의 성격에 대한 벤야민의 통찰은 근대 한국의 문학장에도 적용된다. 한국의 근대 신문 또한 창간 초기부터 독자 투고를 통해 기존의 봉건적 신분질서에 구애 받지 않고 다양한 방면의 작가를 모집한다. 흥미로운 것은 상당수의 글들에서 작가의 이름이 기재되지 않거나 실명이 아닌 것으로 기재되었다는 점이다.[14] 이는 당시 신문의 지향점이 식민의 현실에서 민족성과 근대성을 확보하기 위한 사회 계몽의 기능에 집중되어 있었기 때문이다. 작가의 신원이 글을 향유하는 데 중요한 사안이 아니라는 점에서 작가가 더 이상 신분적 분류가 아니라는 판단의 유력한 증거가 된다. 하지만 이러한 판단은 당시 한국의 상황에서 절반의 진리치를 가진다. 계급성을 전제하는 실체적 조건은 사라졌지만 일정한 제도를 거친 후에야 쓰기의 자격을 얻을 수 있는 절차적 조건이 새로이 생성되었기 때문이다.

기능적인 것으로 분류되었던 작가가 다시 신분적 분류로 포섭되는 것은 현상공모와 이를 계승한 신춘문예의 형식에 그 원인이 있다. 독자들이 투고한 작품에 현상금을 올바로 수여하기 위한 목적에서 작가의 신원을 신문에 명시하는 제도는 점차 회차가 누적되며 작가라는 신분을 사회적으로 승인[15]하는 제도적 장치로 전화한다. 제도의 초입에 형

---

14 정영진, 「제도로서의 작가 형성 과정 연구: 1920년대 전후의 현상문예와 동인지의 작가 견인 방식을 중심으로」, 『현대소설연구』 68호, 한국현대소설학회, 2017, 166쪽.

15 정영진, 앞의 글, 167쪽.

식적 의미에 지나지 않았던 이 장치는 시간이 흐르며 점차 실질적인 구속력을 가지게 된다. 이는 작가가 글을 발표하는 신문이라는 매체가 가지는 공적인 특성에서 기인한다.

신문은 매스미디어의 특징상 불특정 다수에게 가치가 있는 규격화된 정보를 전달하는 것을 목적으로 한다. 신문에 실리는 정보는 개인적인 차원에 그치는 것이 아니라 공동의 것이자 공적인 규준으로 여겨진다. 작가 또한 마찬가지다. 신문은 무수히 많은 작품들 사이에서 어느 작가의 것이 언중이 수용할 가치가 있는 문학이라는 걸 공표하고 이를 다수의 사람들에게 제도적으로 승인한다. 현상공모와 신춘문예를 통과한 작품들이 가지는 문학성에 근대성과 민족성 등 당시 신문이 지향하는 공공성의 요구가 기저에 놓여 있는 것은 이런 까닭이다.

이와 함께 문학성에 대한 '배타적 태도'와 함께 권위 있는 자의 추천이라는 인정형식을 통해 작가를 형성하는 동인체제 또한 작가를 신분으로 파악한다. 이들은 공개적으로 작가를 공모하는 신문과 달리 "독자를 비롯한 외부 필자를 철저히"[16] 차단한다. 이를 통해 작가에게 전문성과 함께 기존의 사유와 제도를 전복하고 더 나은 방식을 탐색할 수 있는 나름의 공공성을 요구한다. 그러한 요구를 충족하지 못하는 작가는 동인이 예비하는 작가로 호명하지 않는다. 매체의 독점을 통해 그에 걸맞은 문학성을 갖출 의무를 스스로에게 부과하였기 때문이다. 반면 이를 충족하는 자는 동인으로 승인하여 매체의 독점적 사용권을 부여한다.

그러므로 신춘문예나 권위자의 추천으로 대표되는 이른바 등단 제도는 다른 사람들로부터 작가를 선별하는 것과 동시에 매체의 사용에 있

---

16 정영진. 앞의 글, 182쪽.

어 독과점을 통해 우선적으로 접근하여 작품을 발표할 수 있는 특권적 신분으로 승인한다는 점에서 공통점을 가진다.

작가의 신분이 공적인 지위를 가지는 것 또한 이런 사정들에 연유한다. 커먼즈 내부에서 불특정 다수의 언중과 접촉할 수 있는 공적인 매체가 한정된 상황에서 매체를 독점적으로 전유하는 작가가 그 산출물을 온전히 자신의 사익으로 도모하는 것은 남용에 해당하여 황폐화에 대한 우려를 가져오기 마련이다. 그러므로 작품을 공적인 이익이 아닌 "생계유지"의 수단으로 삼는 작가에게 "문학적 염결성에 기반하여 피를 흘리며" 작품을 집필하라는 비평의 요청[17]은 청유의 형식을 가지지만 이를 위반하는 경우 작가의 특권적 신분을 박탈할 수도 있다는 비평의 은밀한 강제이기도 하다. 이처럼 작가의 신분에 내재하는 공공성은 개인이 추구하는 문학성에 선행하여 작용된다는 점에서 그 어떤 것에서라도 자유로울 수 있는 문학의 자율성은 환상처럼 들린다.

커먼즈의 유지조절 장치로써 문학장이 작동하는 것도 이 지점이다. 다른 이용자들과 달리 특별한 노력을 통해 커먼즈에 기여하지만 신분적 한계로 인해 그 기여분을 물질적으로 회수할 수 없는 작가들에게 문학장은 그 대안으로 여러 가능한 상징자산을 수여한다. 타락한 정치권력과 불화하는 작가는 결기에 찬 '지사'(志士)가 되며, 시장에 종속되지 않은 작가는 고정된 제도에 순응하지 않으며 전복을 시도하는 '예술가'가 된다. 그리고 이들을 종합하여 작가는 사안에 숨겨진 본질을 파악하며 사리분별이 가능한 총체적 '지식인'으로서의 신분을 가진다.[18] 문학

---

17 권성우, 「문학을 넘어서는 문학의 길」, 『논쟁과 상처』, 숙명여자대학교출판부, 2006, 27-29쪽.
18 김대현, 「다시 문학의 폐허에서」, 『리얼리스트』, 2015년 하반기, 15-16쪽 참조.

장이 부여하는 이러한 상징자산은 커먼즈의 유지를 위해 사적인 것을 억누르는 과정에서 억압된 작가의 결핍된 욕망을 충족함으로써 커먼즈로서의 문학이 소진되지 않고 유지될 수 있도록 기능한다.

이와 함께 문학장은 등단이나 추천 제도를 통해 작가를 심사하고 작가의 수를 조절하는 방식으로 다른 사람들이 작가에게 수여된 상징자산에 무임승차하는 행위를 방지한다. 비평을 중심으로 형성된 문예지와 출판사는 다른 구성원들의 접근을 제한하고 제도적으로 승인된 작가들에게만 독점적으로 지면을 허락함으로써 커먼즈의 혼잡을 미연에 방지한다. 이를 통해 작가와 작가, 작가를 지망하는 사람들 사이에 위계가 형성된다.[19]

또한 비평은 비평이 강제하는 문학성과 공공성으로 인해 다른 구성원들이 작품에 관심을 두지 않는 영역에 천착하여 작품을 이론적으로 정당화하는 역할을 수행하며 시장에서 외면당한 작가들의 작업에 대한 당위를 보장한다. 비평과 연동되어 있는 대학과 언론은 문학장이 제공하는 비평적 검토를 공유함으로써 작품이 가지는 의미가 소멸되지 않고 (비록 직접적으로 참여하지 않는다 하더라도) 대중들에게 지속적으로 재생산될 수 있도록 구제한다. 이를 통해 작가는 '쓰기' 자체를 일정 수준의 소득과 결합하거나 또는 '쓰기' 바깥의 활동, 다시 말해 작품의 홍보와 유통, 판매 등에 신경 쓰지 않고 창작에 몰두할 수 있게 된다.

작가의 신분이 흔들리게 된 것은 시대 상황과 매체 환경의 변화에서

---

19 언뜻 차별적으로 보이는 이러한 시스템이 문학장에 참여하고자 하는 사람들에게 승인받은 이유는 비록 좁은 문이지만 누구라도 이를 통한다면 작가라는 특권적 신분을 획득할 수 있다는 것에 기인한다. 장강명, 『당선, 합격, 계급: 문학상과 공채는 어떻게 좌절의 시스템이 되었나』, 민음사, 2018, 209쪽 이하 참조.

기인한다. 기존에 작가가 대립하던 가시적이고 명료한 적들은 자본의 틈으로 분산되어 은폐되었고, 제도를 전복하는 실험은 그 자체로 제도가 되었다. 지식 체계들의 전문화와 함께 문학 외부의 다른 커먼즈들의 확산은 이용자들이 문학을 사용하거나 수익하지 않는다 하더라도 모두를 지식의 담지자로 만들었으며, 웹을 통한 새로운 매체의 출현은 접근 가능성의 제한을 통해 쓰기의 기반이 되었던 신문과 문예지의 독점적 지위를 흔들었다. 또한 다양한 경로로 폭로된 작가들의 추문은 그들이 다른 사람과 다른 특별한 윤리적 존재가 아님을 확인시켰다. 작가의 신분은 여전히 공공성을 요구받지만 그의 지위는 이제 지사도, 예술가도, 지식인도 아닌 불안정한 상태에 놓여 있는 프레카리아트가 된다.

작가의 신분은 더 이상 특권이 아니며 그 자체만으로 작가의 생존을 보장하지 못한다. 그럼에도 불구하고 문학장은 여전히 공공성을 기치로 작가의 염결성을 강요한다. 더 이상의 재생산이 불가능해지는 현실에서 커먼즈로서의 문학은 고갈의 위험을 맞이하기 시작한 것이다.

4. 해방된 독자

문학이라는 커먼즈를 공동으로 사용·수익하고 그 존속을 담보하는 사용자 공동체의 구성원으로서 독자는 다른 문학적 주체들과 명백히 구분되는 특징을 가진다. 문학장에 자신의 이름을 기입하며 적극적인 형식으로 커먼즈에 참여하는 작가·비평가와 달리 독자는 단지 공통적인 언어를 사용한다는 사실만으로 커먼즈에 포함되어 있는 소극적인 형식에 불과하기 때문이다. 독자가 문학의 "소비자가 되는 것은 항상 선택적"이다.[20] 설령 독자가 적극적으로 커먼즈의 소비에 참여한다 하더라도 그 형식이 읽기에 국한된다면 커먼즈의 효용을 감소시키지 않고 아무것도 훼손시키지 않는다는 점에서 제도화되지 않은 독단적이고 부적절한 비평이나 사소설류와 같이 커먼즈의 남용에 해당하는 것도 아니다.

그러므로 커먼즈로서 문학의 남용을 방지하고 그 존속과 재생산을 위해 긴밀한 관계를 가지고 상호작용하는 작가·비평가와 달리 독자의 존재는 문학장의 유지와 존속에 있어 애초부터 주요한 고려대상이 아니다. 독자는 분명히 커먼즈를 구성하고 참여하고 있으나 아무도 그들의 존재를 묻지 않음으로써 항상 부재하는 것으로 취급된다. 그들이 커먼즈 내부에서 작가·비평가와 동일한 층위에서 인식될 수 있는 길은 오로지 등단이라는 인정형식을 통과하는 것뿐이다.

한국 근대 문학장의 시작 또한 마찬가지다. 상술한 바와 같이 작가들이 상정하는 독자는 작품에서 문학적인 것을 구제해낼 수 있는 비평적 감식안을 가진 비평가들이거나, 자신과 동등한 능력을 가진 것으로 여겨지는 "동류 생산자들의 승인"[21]이다. 그들 이외의 독자는 "계몽의 메시지 수용자"[22]로서 작품의 단순한 수용 기관에 불과하다. 작품의 의미는 허쉬의 주장대로 "작가의 의미가 허용하는 '전형적인 가망성과 가능성들의 체계'"[23]에서 생성해낸 의미망 안에 제한되어 있으며 독자는 자신의 해석에 대하여 어떠한 장악력도 가지지 못한다. 독자는 표준화된 욕망을 가진 무지한 자로 취급되며 작가가 의도한 범주를 넘어서는 다른 해석은 문학장에 기입되지 않는다. 작품은 온전히 작가의 소유물이

20 유리 로트만, 『예술 텍스트의 구조』, 유재천 옮김, 고려원, 1991, 12쪽.
21 정영진, 앞의 글, 170쪽.
22 주민재, 「독자 개념의 형성과 글쓰기의 관계: 김동인의 '참문학'과 상상된 독자 개념을 중심으로」, 『韓民族語文學』 第69輯, 한민족어문학회, 2015, 452쪽.
23 테리 이글턴, 『문학이론입문』, 김명환·정남영·장남수 옮김, 창작과비평사, 1986, 87쪽.

며 독자의 해석은 이를 훼손할 수 없다.

독자를 해석 무능력자로 간주하는 이러한 관점은 독자를 작가나 비평가와 동등한 지위가 아닌 계몽과 훈도의 대상으로 취급한다. 문학장은 문학성과 그 기저에 산재되어 있는 공공성을 기준으로, 이에 미달하는 타락한 텍스트로부터 독자를 분리하여 나쁜 영향을 받지 않도록 계도한다. "펄프 픽션을 소비하는 것은 약물 중독과 같은 것"[24]이라는 리비스의 진술은 이를 대표한다. 계몽과 훈도를 거부하는 독자는 문학이라는 커먼즈에서 스스로 자신을 배제하며 다른 커먼즈를 향유하지만 그것은 결코 공시할 수 없는 일종의 음침한 욕망으로서 외부에 드러내놓을 수 없는 것이다.

조금은 불공정해 보이는 이러한 현상이 가능했던 이유는 앞서 언급한 바와 같이 문학장이 기치로 삼은 문학성과 공공성이 독자들의 사적인 욕망을 압도했기 때문이다. 독자의 욕망을 배반하는 낯설고 이질적인 언어의 형태는 독자의 이해 가능성 여부에도 불구하고 현상을 인식하는 기존의 고착된 사유와 제도를 전복할 수 있는 유일한 통로라는 경외감으로 이어지며, 거대담론들이 충돌하는 현장에서 언제나 그 전위에 서 있는 문학의 공공성은 독자들에게 문학에 대한 부채감을 심어놓는다. 그러므로 이러한 과정에서 문학이 독자 개개인의 목적과 취향에 일치하는지를 살피는 것은 그리 가치 있는 일이 아닌 것으로 여겨진다. 독자는 문학장이 제시하는 문학성에 대해 자신의 이해나 기호가 일치하지 않거나 또는 커먼즈로서의 문학을 사용수익하지 않더라도 이를 유지하고 조절하는 장치로서의 문학장과 그 주요 구성원인 작가와 비

---

24 빅토리아 D. 알렉산더, 『예술사회학』, 최샛별·한준·김은하 옮김, 살림, 2010, 108쪽.

평가에 대해서는 여전히 신뢰를 보내게 된다.

해방은 "보기와 행위 사이의 대립이 의문에 부쳐질 때 시작된다."[25] 랑시에르는 관객이 자신이 본 것에 대하여 스스로 느끼고 생각할 수 있을 때 해방이 가능하다고 본다. 독자 또한 마찬가지다. 독자는 자신이 읽은 것에 대해 생각할 수 있으며 말할 능력이 있다는 것을 긍정할 때 작가와 비평이 구성한 커먼즈 내부의 위계로부터 해방된다. 해방된 독자들은 지금까지 문학장이 자신에게 심어놓은 채무의 적법성에 대해 스스로 읽고 판단한다. 거대담론에 매몰되었던 소수자들은 자신 고유의 방언으로 소리를 내기 시작한다. 오랜 시간 동안 진지하게 다루어지지 않았던 여성의 고통과 퀴어 서사들에 그들이 주목하는 것은 우연한 사건이 아니다.

또한 기술의 발전은 매체 환경의 변화를 통해 독자들이 커먼즈를 이용하는 방식의 변화를 초래한다. 독과점을 허용하지 않는 매체인 웹은 발화를 시작한 그들의 소리를 놓치지 않고 기입한다. 자신의 소리를 찾은 그들에게 문학이라는 커먼즈의 이용은 더 이상 소극적인 읽기의 형식에 제한되지 않는다. 해방된 독자는 커먼즈에 참여한 모든 사람들이 (영향을 통해 간접적으로) 생산에 기여한 작품이 온전히 작가의 소유로써 작가에게 전유되어 있는 것에 의문을 제기한다. 이로써 그들은 작품을 둘러싼 소유의 형태를 변이시켜 진정한 공동자원으로 삼아 각자의 편익에 따라 비평가·작가와 평등한 지위에서 커먼즈에 적극 개입한다.

"P씨의 소설은 외국인 노동자가 악인이라는 편견을 고착화하여 기피 대상으로 규정하는 데에 한몫하며, 매매혼이나 다름없는 현 사회의 뒤

---

25 자크 랑시에르, 『해방된 관객』, 양창렬 옮김, 현실문화, 2016, 25쪽.

틀린 국제결혼문화에 대한 반성과 고찰 없이"[26]라는 소설의 한 대목은 과도한 공공성의 강요에 대한 조소임과 동시에 작품의 의미와 해석을 결정하는 권한이 독자들에게 이양되고 있는 현실 또한 내포하고 있는 것이다.

5. 다층적 공공성

윤리적으로 다른 사람을 해하지 않으면서도 함께 생산한 자원을 마음 껏 나눌 수 있다는 커먼즈의 이상[27]은 오늘의 문학장에 산재하는 문제 들을 해결할 수 있는 복음처럼 들린다. 하지만 이는 담론이 실천적으로 적용되지 않은 상황에서 아직 도래하지 않은 미래의 낙관을 미리 쓴 것 에 지나지 않는다. 문학이라는 커먼즈는 상이한 이익 주체들이 (무)의 식적인 참여를 통해 헤게모니를 취득하기 위한 문화정치의 장이라는 점 또한 간과해서는 안 된다.

커먼즈에 대한 평등한 접근 가능성과 산출에 대한 공정한 배분에 대 한 산식이 존재하지 않는 상황에서 참여자들의 자율적 선의에 전적으 로 의지하는 것은 필연적으로 누군가의 희생을 야기한다. 모든 참여자 들의 공평한 사용과 수익에 기여할 수 없다면 그 역할과 기능은 유보되 어야 한다. 하지만 이는 영원히 불가능한 일인지도 모른다. 그러므로 지 금 시점에서 커먼즈 담론이 진정으로 의미를 가지는 것은 상이한 생각 을 가지는 문학주체들이 공통의 장에서 함께하고 있다는 점이다. 서로 다른 생각들이 교호되며 변이의 과정을 거쳐 다시 자신의 것으로 전유

---

26 구병모, 「어느 피씨주의자의 종생기」, 『창작과비평』 2017년 여름, 195쪽.
27 이성규, 「요하이 벤클러 - "부의 불평등, 공유지 모델이 대안"」, 『BLOTER』, 2015.10.15.

될 때 이전과 다른 새로운 사유들이 생산될 수 있기 때문이다.

문학이라는 커먼즈에서 비평은 포기할 수 없는 중요한 형식이다. "'사상의 자유시장'은 가짜 사건들이 서로 경쟁하는 곳이며 그 가짜 사건을 서로 평가하는 곳이다."[28]라는 부어스틴의 통찰은 문학에도 통용된다. 자본과 권력에 종속된 무수히 많은 의사 사건들 속에서 대중의 정동을 포착하여 사건이 중단되지 않고 다른 사건으로 이행할 수 있게 하는 비평[29]의 공공성은 비평에 내포된 권력성에도 불구하고 그래서 여전히 모두에게 필요하다. 다만 그 모든 권한이 전문화된 지식을 가진 특정한 비평 공동체에 전유되지 않아야 하며 가치 없는 것에 대한 배제의 원리로 나아가서는 안 된다. '캔버스의 얼룩'을 남김없이 지우려는 유혹에 지지 말아야 한다. 비평에 대한 신뢰의 복원은 여기에서 시작될 수 있을 것이다.

작가의 신분에 내재한 공공성은 때로 작가의 자율성을 제약하지만 동시에 작가를 작가이게 하는 조건이기도 하다. 타인의 고통과 분노를 감지하는 언어들은 지속적으로 요구되어야 한다. 작가와 그 신분을 지망하는 사람들의 위계 또한 이를 적극적으로 사유할 때 사라질 수 있다. 동시에 공공성을 추구하는 작가들의 삶 또한 지속될 수 있어야 한다. 고통의 소리는 온전히 타인에게 유보된 것이 아니라 언제나 자신들에게도 있다. 문학이라는 커먼즈를 통해 외부적으로 형성된 물질적 소득을 커먼즈에 참여하는 구성원들에게 상호적으로 전환하는 방식[30]도

---

28 다니엘 부어스틴, 『이미지와 환상』, 정태철 옮김, 사계절, 2004, 62쪽.
29 최진석, 「공-동적 사건의 비평을 위하여」, 『창작과 비평』 2018년 여름, 66쪽.
30 한만수, 「'탕진', '독점', 그리고 문학적 공유경제의 모색: 원고료로 본 한국근대문학 100년」, 『내일을 여는 작가』 2017년 하반기 참조.

고려할 수 있는 하나의 대안일 수 있다.

공정한 배분을 이유로 모든 가치에 중립적인 태도에 손을 드는 것도 또한 어려운 일이다. 이는 역으로 모두의 것인 문학이라는 커먼즈를 시장에 종속시키는 결과를 초래한다. 이때 요청되는 것이 해방된 독자다. 해방된 독자는 더 이상 커먼즈의 수동적인 이용자가 아니다. 그들이 적극적으로 커먼즈에 개입하는 이상 커먼즈의 유지에 책임을 지는 것은 물론이다. 해방된 독자들은 커먼즈 내부에 그물망의 형식으로 산재되어 있다. 그들은 커먼즈의 적극적인 참여자로서 각자의 자리에서 듣고 말하고 정전화된 문학을 다시 읽고 씀으로써 제도화된 비평과 작가가 누락하는 새로운 망점들을 형성하고 끊임없는 상호작용을 통해 공통적인 것을 추출함으로써 다층적인 공공성의 기준을 획득할 수 있을 것이다.

물론 이러한 생각들이 문학이라는 커먼즈에 산재한 문제들을 모두 해결하리라는 소박한 믿음은 없다. 다만 시스템이 모순에 처할 때 언제나 해법은 중심이 아닌 가장자리에서 나타났다는 것을 우리는 기억하고 있다.

노동의 변화 속 공통성을 생산하는 '일×노동×문학'

김 지 윤

1. 분열의 시대에 '노동문학'을 다시 말하기

그 어느 때보다 파편화된 개인들 사이의 대립과 반목이 극심한 시대, 소위 '만국의 노동자' 역시 분열되어버렸고, 흩어진 노동자들은 새로운 시스템 안에서 관리되며 재편되었다. 2010년대 노동문학은 노동자들이 내부의 분열과 노동 개념의 변화 속에서 겪는 고통과 혼란, 무력감과 그 너머에 대한 모색을 담아내고 있다.

노동의 문제가 현재진행형인데도 불구하고 노동문학이 진부하거나 시대착오적이라 느끼는 이유는 노동문학의 현실에 대한 대응이나 비평계의 노동문학 규정이 이러한 새로움이나 변화를 반영하지 못하고 있기 때문이다. 이러한 흐름 속에 심지어 우리 사회에서는 노동에 대한 혐오까지 생겨났다.

박형준은 「노동시의 반격: 노동 혐오의 징치경제학 비판」[1]에서 자본/노동의 이동이 가속화되고 있으며, 노동자계급의 내적 분화와 노동조합의 분열이 심화되고 있는 형국을 지적하면서 대기업과 중소기업, 정규직과 비정규직, 계급적 주체와 비계급적 타자, 내부 노동자와 외부 노동자 등의 경계 구획은 노동자계급의 정체성을 와해시키고 노동계급의 단결과 연대에 균열을 주는 요인으로 작용하고 있다고 말했다. 덧붙여 이와 같은 상황에서 노동(자)에 대한 혐오가 촉발되고, 이는 "노동자의 감성 체계와 노동조합의 조직 역량을 통제할 수 없는 시대의 새로운 노동자 관리 장치"이며 "노동(자)=연대=저항의 등가 관계와 상승효과를 분열시키고 와해시키는 것을 우선 전략으로 삼는다"고 진단하고 있다.

　노동 혐오와 노동 문제에 대한 무관심 속에서 노동자들의 연대는 힘을 잃어가고 있다. 노조들은 약화되었거나 무기력하고 노동자 정당 형태의 연합세력은 상당 부분 상실되었다. 비정부기구들이 노조운동의 전통적인 역할을 부분적으로 수행하고 있는 까닭도 있다.

　노동 형태의 변화도 한 이유가 된다. 예를 들어, 최근 노동의 형태 중 하나인 '플랫폼 노동'은 비정규직, 특수고용직 문제와 별개로 새로운 문제가 된다. 플랫폼을 매개로 '언제', '어디서나', '자유롭게' 일할 수 있는 사람들을 연결해 쓰며 인건비, 복지비, 각종 부대비용을 절감하려 하는 자본의 기획[2]이다. 노동의 탈장소화는 동료와 함께 일을 할 필요를 감소시키고, 개별화된 노동은 노동자의 사회적 관계를 단절시킨다. 기

1　박형준, 「노동시의 반격: 노동 혐오의 정치경제학 비판」, 『오늘의 문예비평』 2017년 봄호, 51-65쪽.
2　제럴드 프리드먼, 「사용자 없는 근로자: 그림자 기업과 긱 이코노미의 부상」, 『국제노동브리프』 9월호, 2016. 9.

존의 연대는 사실 물리적 관계에 기초하고 있는 점이 많았는데, 플랫폼 노동과정에서는 연대를 생성할 수 있는 가능성 자체가 소실된다.

사회가 이렇게 분열의 시대로 접어들게 된 것에는 신자유주의의 영향이 지대하다고 할 수 있다. 신자유주의의 기획은 공통성, 공동성 등을 파괴하려 하는 것이기 때문이다. 이에 대한 대안으로 최근 사회에서는 커먼즈(공통적인 것, 공유재, 공통-부, 공유 활동 등 the common)에 대한 논의가 생겨나고 있는데 공통성, 공공성을 논할 필요가 있는 현 시대의 문제는 자명하지만 우리 사회에서 커먼즈에 대한 담론은 이제 초기 단계라고 할 수 있다.

플랫폼(platform)을 커먼즈(commons)와 혼동하는 경우도 있는데, 플랫폼 안에 사람들이 모여 무언가를 도모하고 수행하며 편의와 서비스를 제공받기도 한다는 점에서 커먼즈와 유사해 보이지만 플랫폼 자본주의는 플랫폼 내에서 생기는 효과들로 인한 이익이 공동의 시민자산을 형성할 수 있도록 내부의 주체들에게 가는 것이 아니라 플랫폼에게 돌아가도록 하는 새로운 착취구조를 만들어낸다. 이런 환경 속에서 플랫폼이 제공하는 불완전하고 임시적인 연결로 인해 공통성을 형성할 장이 상실되기도 한다. 개별주체의 활동이 '공통적인 것들'을 함께 생산하여 공유하고 공공의 이익에 기여하는 대신 사적 기업의 이윤을 증대시키는 데 이용되기 때문에 그 안에서 사회적 협력을 통해 형성되어야 할 '동료의식'과 같이 긍정적인 정동들을 기대하기 힘들어진다.

새로운 형태가 아니라 기존 형태의 노동 안에서도 분열은 심각하다. 2015년 기준 한국은 고용안정성 부문에서 OECD 국가 중 최하[3]를 기

3 권형진 기자, 「'고용 불안' 한국인 OECD 최악 수준」, 『뉴스1』, 2015. 7. 21.

록했는데, 이렇게 고용안정성이 악화되며 비-계급적 존재들이 많이 생겨났다. 노동자라고 부르기 어려운 파견직, 용역, 비정규직이 늘어난 것이다. 정규직과 비정규직 등의 문제뿐 아니라 세대 간의 문제, 이주노동자와의 사이에서 일어나는 문제 등 다양한 분열의 양상들이 노동자 내부의 결속을 어렵게 한다.

랏자라또는 "신자유주의 사회는 일정한 비율의 임시성, 불안전, 불평등, 빈곤이 있을 때 편안하기 때문에 불평등의 축소나 근절 대신 차이들을 이용하고 차이들을 바탕으로 통치한다"[4]라고 지적한 바 있다. '차이'에 기반한 적대와 혐오로 인해 고립된 개인들은 연대의 희망을 잃어가고 있다. '노동'의 경우에도 이런 현상이 극명하게 나타난다. 자, 그렇다면 이런 현실 속에서 보이지 않는 연대의 길을 어떻게 찾을 수 있을까?

이 글은 그 해답 중 하나를 문학을 포함한 예술을 통해 찾아보려 하는 것이다. "아이디어, 언어, 정동 같은 인간 노동과 창조성의 결과물"[5]도 커먼즈에 포함시킬 수 있으므로 문학 역시 커먼즈에 포함될 수 있다. 예술은 신자유주의가 추구하는 성과주의와 효율성을 벗어나며 공통성을 생산하여 깨어진 연대성을 회복하는 데 기여할 수 있고, 이를 위해 문학은 공공성을 회복해야 하는 요구 앞에 놓여 있다. 이 글에서는 이 시대의 노동에 대해 전반적으로 살펴보고 그중에서도 예술노동과 노동×문학에 대해 좀 더 깊이 성찰하며 커먼즈에 대한 논의를 확장시켜보려 한다.

4 마우리치오 라자라토, 『정치 실험』, 주형일 옮김, 갈무리, 2018.
5 마이클 하트, 「공통적인 것과 코뮤니즘」, 『자본의 코뮤니즘, 우리의 코뮤니즘: 공통적인 것의 구성을 위한 에세이』, 난장, 2012, 34쪽.

2. 노동시장의 재편과 변화 속에 다시 규정되어야 할 노동문학

1987년 노동자대투쟁으로부터 30년, IMF 금융위기로부터 20년이 훌쩍 넘은 현재적 시점에서도 여전히 노동문학을 이야기할 때 80년대식 노동문학 읽기의 낡은 프레임이 어김없이 등장하곤 하는 까닭은 무엇일까.

민중문학과 민중문학론에 대한 뜨거운 논의들과 관심은 형식적으로나마 민주화가 전개된 90년대의 도래와 함께 사라졌고, 이후 수십 년간 많은 변화가 있었다. 외환위기를 거치며 신자유주의 정책들은 강화되었고 상위 1%만을 위한 사회 모델이 공고해지며 혁명을 꿈꾸던 시대의 계급 담론은 계층 이동의 불가능성을 체념하는 '수저 계급론'으로 대체됐다. 자동화와 노동시장의 계층화가 노동자를 일자리에서 밀어내고 노동시장의 재편이 가속화되면서 노동자들은 그 존재 자체에 위협을 받게 되었다. 이런 상황에서 더욱 심각한 문제는 노동자 자신이 주체성과 자긍심을, 투쟁의 이유를 상실해갔다는 데 있다. 사회변혁에 대한 기대를 잃은 노동운동은 무력해져갔고, 노동문학의 상황도 마찬가지다. 노동 현실은 악화되는데, 대응의 목소리는 미약해진다는 것이 노동의 현재와 미래를 어둡게 만든다.

이에 고봉준은 노동시 개념이 폐기되어야 한다고 제안했고, 「우리가 알던 노동시의 종언」[6]이라는 글에서 노동문학은 완전히 유효성을 상실했다고 진단했다. "2000년 이후의 노동시가 지난날 '노동'의 시대에 지녔던 계급적 시선과는 매우 다른 양상을 보이고 있"고 "외환위기 이후

---

6 고봉준, 「우리가 알던 노동시의 종언」, 『시와 사람』 2013년 여름호, 143-159쪽 참조.

에 분화된 '노동'과 '자본'의 성격 역시 '노동시'에 대한 재검토를 요청하고 있다"는 것이다. 그는 "노동시가 문학 제도 내에서 진보적인 역할을 수행하던 시대는 이미 지나갔"으니 "소위 노동시로 분류, 평가되는 작품들을 더 이상 그 낡은 잣대로 부르지 말자"고 제안한다. "80년대의 산물인 노동시"는 "20세기적 자본주의의 공장 경험이 직접적인 기원이었"으나, "사회변화의 주체를 공장-프롤레타리아라고 믿는 사람이 별로 없"는 지금에 와서, 우리는 "노동시에 대한 논의가 무엇을, 어디까지를 노동의 범주에 포함시킬 것인가라는 어려운 질문에 봉착하게" 되었다. 고봉준도 지적하듯, "노동하는 존재의 일상 경험만을 기준으로 노동시라는 범주를 사용할 때 실상 우리는 '시'가 아니라 '시인-주체'를 기준으로 삼"기 쉽다. '노동자'란 주체를 강조하는 규정은 노동시를 '노동자가 쓴 시'에 한정하는 결과를 낳는데, 노동과 노동자의 조건이 변화했고 노동과 노동 아닌 것을 구분하기 힘든, 작금의 현실에 적용하기는 어렵다.

고봉준의 이 글이 발표된 2013년 이후로 생긴 일들—촛불시위, 탄핵으로 이어진 일련의 주요한 사건들—로 인해 현재 우리에게 또 다른 생각의 지점들이 생겨났다는 점도 언급해야 하겠다. '노동중심성'이 사라진 90년대 중후반 이후, 노동문학 역시 관심에서 밀려나면서 노동에 관한 논의가 문학장 내에서 계속 소수의 목소리에 그쳐왔으니, 문학계에서 노동문학이 소외되거나 무력화된 것이 그리 새로운 일은 아니다. 그러나 최근 수년간 촛불 시위와 광장의 열기가 높아지고 사회 각지에서 소위 '정치적 올바름'이 모색되던 시기였음에도 노동 문제가 그리 부각되지 못했다는 것은 더욱 문제적인 일이며 노동운동과 노동문학의 주변화를 증명하는 듯하다.

최근 수년 동안 '공동적인 것들'은 더욱 어려움에 처했다. 위에서 언급한 것처럼 고용안정성이 추락하였고, 소외 계층과 실직, 비정규 노동자들이 궁지에 몰렸다. 실업자 수도 증가해서 1999년 외환위기 이후 최대치를 기록하기도 했다. 2019년 7월 기준 실업자 수는 109만7000명으로 1999년 7월(147만6000명) 이후 20년 만에 가장 많았다. 전체 실업률도 3.9%로 동월 기준 2000년 7월(4.0%) 이후 19년 만에 최고로 높았다.[7] 특히 높은 청년실업률과 해직률로 실업자, 노숙자들이 많아졌고, 사회 양극화도 점차 증폭되어 임계점을 향해가고 있다.[8]

더군다나 노동의 미래 자체가 어둡다는 인식이 높아졌다. 2016년 이세돌과 알파고의 대국 이후 4차 산업혁명의 도래가 다가왔다는 뜨거운 논의가 쏟아졌으며 실제로 변화의 징후가 곳곳에서 보이고 있다. 인간의 노동은 본질적으로 전면적 변이를 맞을지 모른다. 또한 디지털 모바일 기술 발달은 노동과 여가시간을 구분할 수 없게 만들었다. 생산과정의 '바깥'으로 여겨졌던 일상까지 착취의 대상이 되고 말았다. 노동과 삶이 구분되지 않기에 무엇이 노동이라고 말하기 어려운 것이다.

신자유주의하에서 일어난 가장 큰 변화 중 하나는 대공장에서 일어난 구조조정[9]으로, 노동의 질과 양은 노동의 비물질성을 축으로 재조직되었다. 비물질 노동의 활동에서는 노동시간을 재생산 시간이나 생활

---

7 김민영 기자, 「7월 취업자 29만9000명↑ …실업률 19년 만에 최고」, 『아시아경제』.
8 물론 이것은 한국만의 상황은 아니다. 88만원 세대가 등장했을 때 유럽에서도 1000유로 세대라는 용어가 생겼던 것만 봐도 알 수 있다. 임금과 고용 안정성 모두 낮은 세대들의 고통은 신자유주의의 영향이 전 세계적인 것이듯 모든 나라들이 안고 있는 문제이며 저성장이 '뉴 노멀'(New Normal, 시대 변화에 따라 새로 부상하는 경제적 표준)이 되었기 때문이다.
9 마우리치오 라자라토, 안토니오 네그리, 「비물질노동과 주체성」, 『비물질노동과 다중』, 김상운 옮김, 갈무리, 2014, 287-307쪽 참조.

시간과 구별하기는 어려워진다. 자본은 더 이상 파놉티콘(Panopticon)적 형태를 띠고 감시하는 노동관리와 규율을 위한 비용을 들일 필요가 없다. 더군다나, 언제 어디서나 실시간으로 접속될 수 있다는 기술의 혜택으로 인해 일과시간 동안 신체적으로 구속되다가 퇴근하고 나면 자유를 얻는 식의 구분은 무의미해졌다.

현 시대의 노동자들은 생산시간과 독립된 여가시간을 노동에 침식당하고 있을뿐더러, 사실상 모든 사람들이 임금노동 외에도 '그림자 노동'에 삶을 지배당하고 있는 것이 현실이다. 보수도 받지 못하면서 기업이나 조직을 위해서 각종 셀프서비스, 데이터 및 금융 보안 관리와 업그레이드, 파일 다운로드, 온라인 글이나 서식 작성, 메일함 정리 등 자질구레한 '그림자 노동'을 하느라 기술이 발달할수록 사람들은 더욱 바빠진다. 그나마도 그런 노동이 은폐되어 있기 때문에 노동력과 시간을 빼앗기고 있다는 자각조차 하지 못한다. 무인결제 시스템과 셀프 체크인 기계 등의 기술은 인간의 노동을 덜어주는 것이 아니라 사실 소비자에게 노동을 전가시키는 것이다. 오늘날 신자유주의적 경제체제에서 기업은 정규직을 비정규직으로 아웃소싱하거나 계약직으로 대체하려 하는데, 기업 입장에서 가장 효율적인 방법은 바로 소비자들 스스로 '그림자 노동'을 하게 하는 것이다. 이런 노동은 특수한 계층에게만이 아니라 모든 사람에게 적용된다.

현재적 관점에서 '노동자'란 이제 무엇인가? 산업자본주의에서 금융자본주의로의 이행이 이루어진 사회에서 살아가는 거의 '모두'가 금융의 '부채통치'로부터 자유롭지 못하다. 부채를 갚기 위해 노동하고, 부채를 진 것이 자기 자신의 책임이므로 수치심 속에서 스스로를 착취하는 상황에서는 모두가 주인이고 노예인 셈이며, 계급투쟁은 자기와의 투쟁이 되어버린다. 더욱이 부채는 사실 무한한 것이기에 노동은 끝나지 않는다. 이런 상황에서 부채를 갚기 위해 일하는 모든 사람들을 '노동자'라고 본다면 여기에 해당하지 않는 사람은 거의 없게 된다.

다시 말해 결국, 작금의 노동 현실에서 전통적 의미의 노동만을 전제하는 기존 논리가 통하지 않는 것은 당연하며, 이를 전제로 펼치는 논의 역시 제대로 기능할 수 없게 된다. 생산수단의 소유자가 프롤레타리아트를 착취하는 상황이 아니라, 비물질적 생산과정에서 누구나 자신의 생산수단의 소유자이며 '자기의 경영자'가 된다. 기술의 발달은 오늘날 (특히 비-노동 시간 속에서) 지식, 정보, 소통, 정동을 노동과 결합시켜 노동생산물과 노동과정의 질을 비물질적으로 변형[10]시키고 있다.

기존의 노동문학은 '노동+문학'에서 주로 '노동' 쪽에 강조점을 찍어왔다. 특히 시문학에서 '노동시'는 노동이라는 소재나, 전통적 의미에서의 노동 현장 속 노동자가 쓴 작품이라는 데 중점을 두어왔다. 그런데 이제 노동자도, 노동의 의미도 달라졌다면 우리는 그 규정의 변경 또는 확장에 대한 새로운 이야기를 시작해야 하지 않을까? '노동'이 낡은 화제로 치부되는 것은 노동의 규정 자체가 낡은 데에 머물러 있기 때문이 아닐까?

3. 혐오와 분열 속에서 보이지 않는 연대의 길 찾기

이 시대에 연대의 가능성이 축소되는 것은 비단 노동계의 문제만은 아니다. 그러나 노동운동에 '연대'는 필수적이라는 점에서 노동계 내부의

---

10 숭준, 「비물질노동과 새로운 주체성의 출현」, 『비물질노동과 다중』, 갈무리, 2014, 313쪽.

분열은 보다 심각한 결과를 초래한다.

한때 노동자들은 자신이 노동자라는 사실에 자긍심을 가질 수 있었으나, 이제는 사회가 노동 문제에 별로 관심이 없는 데다 일반 대중에게 '노동자'라고 말했을 때 구태의연하고 고루한 '운동권' 이미지나 소위 '귀족노조'에 대한 사회의 반감 등이 작용한 부정적 인식을 갖는 경우도 허다하다. 신자유주의 체제의 능력주의 구도 하에서 노동자들을 집단으로 몰려다니는 구세대적 낙오자 프레임으로 재현하는 경향[11]도 있어 노동자임을 강조하기가 어려워졌고 자연스럽게 연대가 느슨해지고 말았다. 또한 고용불안정으로 인해 노동자 내부에서도 비정규 노동자가 증가하면서 정규직과 비정규직이 서로 갈라지는 사태가 벌어진 면도 있다.

90년대 이후 감소한 노동조합도 정규직 위주로 유지되면서 비정규직은 더욱 보호받지 못하고 목소리를 낼 수 없는 취약한 위치에 내몰렸다. 부당 해고되어 정규직에서 비정규직으로 전락한 노동자들이 증가하고, 비정규직 고용 자체가 늘어나면서 이제는 사무직이든 생산직이든 간에 정규직과 비정규직 사이의 격차가 더 문제가 되는 때이다. 노동 내부의 분열과 함께 소외되는 비정규직의 문제가 잘 드러나 있는 시집이 정세훈의 『몸의 중심』(삶창, 2016)이다. 한국에서 정규직 노동조합과 자본의 적대적 공생 관계에 대한 지적[12]은 지속적으로 있어왔지만 그간 노동시에서 적극적으로 반영된 바를 찾기는 어렵다는 점을 고려할 때 이 시집의 의미를 찾을 수 있다.

11 유용민, 김성해, 「노동운동의 담론적 위기: 신자유주의 담론과 미디어 노동 담론의 역사적 접합을 중심으로」, 『한국언론학보』 51권 4호, 한국언론학회, 2007, 229쪽.
12 박태주, 『현대자동차에는 한국 노사관계가 있다』, 매일노동뉴스, 2014.

이 시집은 2018년의 현재 시점에서 노동문학의 존재 이유와 2000년 대 노동문학이 '어떻게' 존재해야 하며 기능할 수 있는지를 잘 보여주고 있다. 이 시집에는 특히 궁지에 몰린 비정규직 노동자의 고통이 여실히 드러난다. 시 「비정규직 노동자」가 대표적이다. 시인은 비정규직 노동자에 대해 "가장 견디기 힘든 고통이라고 쓸까/ 가장 헤어나기 어려운 절망이라고 쓸까/ 가장 참아내기 버거운 어둠이라고 쓸까/ 가장 감당하기 서러운 차별이라고 쓸까"라면서 부당한 해고, 재계약을 위해 당하는 불이익, 저임금의 문제를 들고 비정규 노동자가 "차별 대우, 노동운동 탄압의 상징/ 인권 무시의 상징/ 저임금, 무권리 노동의 상징/ 간접고용, 일용직, 특수고용, 계약직의 상징"이라고 통렬하게 비판한다. "900만 비정규직 노동자"들은 노동 해방보다 "몽매에도 목을 매어 정규직이 되고픈" 바람이 더 우선인 노동자 내부에서도 배제된 이들이다. "일터에서 버림받은 비정규직"(「종탑 위의 둥지」)들은 소속이 없으니 보호받지 못하며 "살아가기 위해 어쩔 수 없이/ 연장, 특근, 휴일노동 수난을 당하"(「비정규직 노동자, 세월호여!」)고 있다.

이성혁 평론가는 이 시집에 대한 평론[13]에서 "사회를 관통해나가는 생산력의 발전 방향을 되돌릴 수는 없"으며 무조건 부정적으로만 볼 것도 아니지만 발전의 수혜가 사회 전반으로 확산되는 것이 아니라 대자본에 집중된다는 것이 문제"라고 지적하며 "생산력 발전을 따라오지 못하는, 아니 그 발전과 착취를 교묘하게 연결하는 신자유주의 사회체제 때문에 나타나는 폐해"라는 점을 강조했다.

오히려 생산력 발전이 대개의 사람들의 삶을 더 나쁘게 만든다. "신

---

13 이성혁, 「자본의 시간을 넘어 다른 시간으로 나아가는 문턱에서」, 『오늘의 문예비평』, 2017 여름호.

자유주의 체제는 노동과 수익을 개인에게 떠넘"기므로 공장이 점차 사라지는 시대에 공장에서 쫓겨난 노동자들은 "서비스 분야에서 비정규직 또는 알바로 일하며 먹고살아야" 하는 상황에서 "삶을 수탈"당한다. 「통화살해」 같은 작품은 '삼성전자서비스 충남 천안센터'에서 고객에게 욕설을 듣고도 사장에게 부당한 비난과 해결 요구를 받고 목숨을 끊은 비정규직 노동자 고(故) 최종범 씨의 비극적 사건을 사실적으로 다루며 비정규직 노동자가 권리 언어를 가질 수 없는 현실을 고발한다. 해고 노동자도 마찬가지다. 쌍용자동차 해고 노동자들을 그린 「대한문광장」에서 "24명의 노동자와 가족"들은 "말 붙일 곳 없는 이들"이라고 표현된 것처럼 권리를 주장할 마땅한 채널도, 관심 있게 들어줄 사람들도 없어서 자신의 "각혈처럼 쏟아놓은 말들이/ 묵살되어"버리며, "묵살당한 말들"은 하수구로 쓸려가고 "생목숨 끊은" "한 많은, 영혼들"도 함께 쓸려간다.

이 시집은 비정규직뿐 아니라 특수고용직의 문제도 다루고 있다. 「택배 노동자 김 씨」에서 "회사에 소속되어 일하고 있지만/ 회사 측이 노동자로 인정하지 않는/ 그는 특수고용직 택배 노동자"인 주인공은 "교통사고가 나거나 몸이 아파도/ 산재 인정은 꿈도 꿀 수 없"다. 그의 열악한 지위는 그나마도 "결근을 하면 회사는/ 퀵서비스를 통해 배달을 하게 하고/ 지불금을 임금에서 떼어간다"는 구절처럼 매우 불안정하다.

1988년에 발간된 백무산의 첫 시집 『만국의 노동자여』에서처럼 노동자가 국가/민족을 초월하는 연대를 이룰 수 있다는 믿음은 노동자와 자본가의 구분이 확실하던 때에만 가능했던 이야기로 현재에 그대로 적용하기는 어렵다. '우리'와 '너희들'(자본가)의 중간 지대에 있는 '그대들'(만국의 노동자)이 더 이상 존재하지 않기도 하고, 노동자 내부도 분열되었기 때문이다. 동료는 없고, 연대가 어려운 상황에서 적이 누구인지조차 가늠하기 힘들다. 화살을 던져야 할 과녁이 분명했던 군부 독재 시대와는 상황이 다른 것이다.

김대현은 「절망의 늪에서 체념하지 않기」[14]라는 글에서 "누구도 손을 잡을 수 없는 상황에서 어디로도 연대의 손을 내밀 수 없"는 청년들이 가장 알기 쉬운 대상을 투쟁 상대로 선택한다는 데 주목했다. 바로 "자신과 유사한 환경과 이력을 가진 또 다른 청년들"이다. "시스템의 더 높은 곳에 자신의 자리가 결코 예비되어 있지 않다는 것을 깨달은 청년들은 오르는 노력을 포기하는 대신 언제든지 자신의 경쟁자가 될 수 있는 누군가를 끌어내리는 데 매진"하고 "대학생은 '우리는 차별에 찬성합니다'를 외치며 대학의 서열을 외우고, 정규직은 비정규직을, 남성과 여성은 서로를 비하"하는 적대적 분위기 속에 "어떠한 연대의 희망도 가지지 못한 채 각자의 공간 속으로 고립되어 어떤 일에도 냉소를 날리는 방관자로 남는다"는 것이다. "누군가를 끊임없이 조롱하고 차별을 조장하는 '일베'와 같은 극우 사이트의 등장은 이런 인식들의 소산"이라고 그는 지적한다. '차이'에 기반한 적대와 혐오는 신자유주의 사회의 통치 기술이 된다.

청년 세대 내에서 차이의 법칙이 내면화되어버렸음을 보여주는 책 『우리는 차별에 찬성합니다』[15]에서 저자는 계층 불평등이나 노동자 문제에 대한 청년층의 차가운 시선은 타인의 고통을 공감할 이유를 찾지 못하고 모든 것을 '자기 할 탓'으로 돌리는 자기계발 논리에 길들여진 까닭이라고 분석한다. 자기계발서는 필연적으로 "패자에 대한 편견을

---

14 김대현, 「절망의 늪에서 체념하지 않기」, 『문학사상』 2016년 4월호.
15 오찬호, 『우리는 차별에 찬성합니다』, 개마고원, 2015.

강화"하는 내용을 포함하고 있으며 이에 길들여지면 편견을 내재화하게 된다.

혐오와 편견 속에서 더욱 심화되는 노동자의 분열은 이주노동자의 수가 급속도로 증가한 데서도 하나의 원인을 찾을 수 있다. 한국 사회에서 소외되어 있는 이주노동자들은 노동자들 내부에서도 '차이'에 의한 차별과 배제의 대상이 된다. 비정규직 노동자와 같이 열악한 노동조건하에서 보호의 '바깥'에서 착취되고 있는 이주노동자들에 대한 재현은 타자화되고 때로는 파시즘적인 시선을 통해 굴절되는 경우가 많다. 노동문학의 과제 중 하나는 변화하는 노동 구성원에 대한 인식과 열린 시선이다. 이성혁은 "이들 노동자들의 착취받는 삶을 드러내면서 시적 화자가 이들과 어떤 관계 맺음을 할 수 있을지 고민을 보여주는 시집"인 『국경 없는 공장』(하종오, 삶창, 2007)에 주목하며 산업 현장 이주노동자의 현실을 그려낸 이 시집이 "수평의 시선으로 이주노동자 옆에서 그들의 삶을 관찰하면서 이를 형상화하고 있으며, 더 나아가 그들을 타자로 배제하려는 논리에서 벗어나 그들과 연대할 수 있는 고리를 발견하기 위해 노력"하고 있다고 평가[16]한 바 있다. 하종오는 후속작 『국경 없는 농장』(2015, b)에서 이번에는 농촌에서의 이주노동자들의 삶을 집중적으로 다룸으로써 문제의식을 확장시켰다. 한국에서 성장하여 다양한 공간에서 노동 인력이 될 그들의 2세들도 곧 한국 사회 여기저기에 등장하게 될 것이다.

노동 내부의 분열이 이른바 '분할통치'에 의한 것이라는 인식은 노동의 혐오를 해결하고 문제를 바로 보기 위해 필요하다. 그리고 노동문학

---

16 이성혁, 「수평의 시선으로 포착한 이주노동자의 삶」, 『내일을 여는 작가』 2007년 가을호.

이 현재적 맥락을 획득하고 연대를 성취하기 위해서는 '노동자'의 구성에 대한 정의가 달라져야 함은 분명하다. 차이와 구분을 만드는 체제와 자본의 기획을 벗어나, 혐오를 넘어 '우리'의 개념을 확장시켜야 한다.

4. 로보칼립스와 노동의 미래, 노동의 기존 개념에서 벗어나기

현재의 노동자를 위협하는 중대한 요소들은 더 있다. 일단 기술의 진보로 인한 인간의 일자리 상실과 로봇/인공지능으로의 '노동 대체'가 그것이다. '4차 산업혁명'은 '노동의 폐기'에 대한 종말론과 함께 종종 논의되며 우리에게 소위 '로보칼립스'(Robocalypse)에 대한 어두운 예감을 갖게 한다. 물론 기술의 발전에 따라 새로운 일자리가 창출되며 노동 자체가 사라지지는 않는다 해도 일 자체가 계속 사라지고 생겨나는 와중에 고용안정성이 추락할 것만은 분명해 보인다. 자동화의 위협 속에서 직업 변동성이 커지며 노조를 조직하거나 노동권을 확보하는 일도 더 어려워질 것[17]이다. 그리고 '로보칼립스'가 도래했을 때 인류는 "착취가 아닌 자신의 무관함에 맞서 투쟁해야"[18] 할 것이다. '노동계급에 의한 혁명'이라는 것이 노동계급이 없는 상태에서 의미를 가질 수 있을 리 없다. 이런 상황이 인류 앞에 놓여 있는데 기존의 방식대로 '노동해방'을 추구하는 것이 가능할까?

최종천 시집 『인생은 짧고 기계는 영원하다』(반걸음, 2018)는 노동이란 주제에 꾸준히 천착해온 시인이 현재적 맥락에서 노동시를 다시 쓰

---

17 유발 하라리, 『21세기를 위한 21가지 제언: 더 나은 오늘은 어떻게 가능한가』, 김영사, 2018, 61쪽.
18 위의 책, 69쪽.

고자 하는 시도를 보여준 시집이다. 그는 '시인의 말'에서 "노동해방은 원천 봉쇄되어 있는 세계"이며 이 시집이 "노동해방을 굳게 믿고 있는 노동계급에게 드리는 진혼곡"이라고 쓴다.

앞에서 언급한, 2013년에 쓴 글에서 고봉준은 "노동이 모든 가치의 원천이라고, 노동하는 '손'이 가장 아름다운 '손'이라고 강변하"며 "노동과 노동하는 존재에 대한 애정"을 보이는 최종천의 태도에 문제의식을 가졌다. 그러나 2018년에 이르러 최종천 시인의 생각은 이제 노동을 긍정하기보다 노동의 폐기, 노동의 해체에 길이 있다는 것으로 변모된 듯 보인다. 그는 노동자라는 자긍심으로 오히려 착취되는 현실을 깨닫는다. 시인이 "긍지와 자부심으로 넥타이를 매고 출근하는/ 참 가엾은 사람들아 지구는 더워지고 있다./ 당신의 그 긍지와 자부심은 자본주의의 밑천이다./ 긍지와 자부심도, 넥타이도 다 풀어버려라."(「넥타이」)라고 주문하는 이유다. 노동에 대한 노동자의 애정과 자부심은 "자본주의의 밑천"이 되어 자기소모적으로 이용당한다. "지구와 노동에 대한 환상적인 착취"(「바늘구멍」)는 보다 교묘하게, 그러나 더 가혹하게 이루어진다. "죽도록 일해도 먹고 살기가 어렵다"(「작업복과 행주」)고 생각되는 현실에 대해, 시인은 놀랍게도 "모두가 다 노동 때문이다"라고 쓴다. 근래에 포스트사회주의자들이 적극적 노동 거부[19]를 말하고 있듯, 삶 전체가 노동으로 전락해버린 시대에 시 「마스크에 보안경에 귀마개에」서처럼 "미친 짓을 해야/ 아, 내가 좀 행복하구나 생각하고" "전화도 안 받고 직

---

19 자본주의 시장경제에서 노동 거부는 다시 말하면 노동력의 흐름을 자본의 흐름으로부터 단절시키자는 것이다. 이런 주장은 가라타니 고진의 노동력 판매 거부 전략 등 예전부터 있어 왔던 것이지만, 전면적인 노동 거부가 합의되기도 어렵거니와 설사 성사된다 해도 자본이 노동 거부의 유효성을 상실시킬 충분한 대응책을 마련할 수 있다는 반론이 만만 찮다.

장도 안 나가고 넥타이도 풀고/ 잠이나 푹 자고 싶다"고 여기는 것이 노동자를 억압하는 신자유주의적 자본의 통치 기술을 벗어나는 길이라는 것이다.

이는 노동의 기피라기보다는, 노동자의 노동에 대한 자긍심을 이용하여 스스로를 끝없이 착취하게 하고, 시「작업복과 행주」에서처럼 "노역을 벗어나지 못"하게 하는 "죄가 많은 노동"에 대한 거부라고 보아야 한다. "노동계급이란, 계급도 직업도 아니다./ 개평거리요 안줏거리요 희생양일 뿐이다./ 노동계급은 하나의 누명이다./ 마스크에 보안경에 안전모와 작업복/ 이 누명을 벗어버리자."(「마스크에 보안경에 귀마개에」) 라는 시인의 말은 그런 맥락에서 읽을 수 있다.

더 이상 "몸 노동만을 해야 하는 것"이 아니라 "노동은 진화하게 되어 있는 것"(「제곱이란 무엇인가?」)이라는 자각에 기초하고 있는, 최종천의 새 시집에 가득한 '로보칼립스'에 대한 예감은 우리가 알던 노동이 점점 사라져버리는 세상에 대한 어두운 상상에서 생겨난다.

시인은 인간-로봇/기계로 이어지는 노동의 전가/착취는 인간을 노동에서 해방시키지 않을 뿐 아니라 삶의 파괴에 이르게 할 것이라고 생각한다. 시인은 "인간은 노동으로부터 도망치고 있"으며(「노동의 종말」) "그를 찾으려면 집을 태울 것이 아니라 해체해야 한다"(「집」)고 말한다. 벗어나는 것이 아니라 "도망친다"는 표현처럼 그저 노동을 전가시키는 것으로는 안 되며, 노동의 기존 개념에서 아예 떠나버려야 한다고 시인은 믿는다. 노동 지상주의에서 벗어나 노동력을 착취당하지 않고 노동의 자유로운 주체가 돼야 한다는 것이 이 시집을 관통하는 시인의 생각이다. 이를 위해 필요한 것은 비합리성과 놀이성이다. 로봇/기계와 다르게 인간의 노동이 차이를 생성할 수 있는 길은 바로 여기에 있다.

최진석은 노동과 놀이가 동일한 기원을 지니나, 산업사회와 자본주의 이후 노동과 놀이가 분열되고, 놀이가 잉여적 쾌락으로 고립되었[20]음을 밝힌 바 있다. 물론 이 글이 지적하는 바대로 노동과 놀이의 '조화로운 일치'에 대한 "행복한 기억"이 예전에 실존했다는 믿음은 근대 노동의 신화일 수 있지만, 소외된 노동이 놀이적 본성을 획득하는 것은 "상품화한 일상을 깨뜨림으로써 자본주의적 교환의 세계를 와해"시킬 수 있는 유효한 방법이 된다. 바로 이것이 놀이가 "노동의 차원과 연결되어야 하는 이유"이며, 이를 위해 예술-노동이 요청된다.

최종천의 다음 시를 보자. "베토벤이 현악사중주에서/ 불협화음을 마음껏 끌어들여 즐긴 것은/ 일종의 놀이이다./ 노동을 놀이로 만드는 일은 간단하다./ 실수를 하면 되는 것이다./ 치수도 각도 다 틀리게/ 시간과 공간과 희롱하면서/ 잘못 자른 것은 다시 붙일 수 있고/ 붙인 것은 다시 자를 수가 있으니/ 실수는 성공보다 즐기기에 좋은 것이다./ 실패란 옳게 된 것이라 할지라도/ 의도대로 되지 않은 것이다./ 예술의 완성은 의도와는 상관이 없다/ 이것이 우리가 예술에 몰두하는 이유이다." (「노동의 십자가—현악사중주」) 이 시는 노동의 예술화, 유희화에 대한 시인의 새로운 생각을 보여준다. 노동을 향유하고 시행착오와 불협화음 속에서 자유로운 노동의 주체가 될 때 노동자는 신자유주의의 자기 착취를 야기하는 성과주의로부터 탈주할 수 있다.

"의도대로 되지 않"아도 상관없는 것, "의도와는 상관없는" 완성이란 의도를 무의미하게 만드는 것이다. "놀이를 뒤덮은 금지의 저항이 가장 약한 곳, 즉 놀이가 아주 오랫동안 살아남은 예술 분야"[21]에서 삶의 가

---

20 최진석, 「예술-노동의 역사: 이론적 궤적」, 『문화과학』 2015년 겨울호, 21-60쪽 참조.
21 라울 바네겜, 『일상생활의 혁명』, 주형일 옮김, 이후, 2006, 353-355쪽(최진석, 위의 글에

치를 되살릴 수 있는 가능성이 모색될 수 있는 이유다.

그간 '노동하는 시인'으로, 예술보다는 노동을 우위에 두곤 했던 기존의 태도와 달리 최종천은 이번 시집에서 예술-노동을 적극적으로 모색한다. "오늘날에는 시인 외엔 아무도/ 진실을 말하지 않는다"(「뱀의 혀」)라든지 시인들의 목소리가 드높은 '시끄러운 모임'이 "막 문을 연 말을 만드는 공장"(「엉터리생고깃집」)이라고 인식하고, "예술이 되고 미적 성취가 된다"(「美를 위하여」)면서 도덕을 넘어서는 미학에 대한 시를 쓰는 등, '목적'을 벗어나는 미학적 힘에 많은 관심을 쏟고 있는 것처럼 보인다. 시인은 "예술은 허구이기 때문에 실수와 실패를 즐길 수 있"고, 그러니 "인간이 노동에 몰두하지 못하는" 것과 달리 예술은 '놀이'가 될 수 있음에 관심을 기울인다. 노동의 해방에 대해서는 비관적이면서도 노동의 유희적 본성을 회복할 수 있게 하여 노동에서 탈주하게 하는 노동시의 가능성엔 긍정을 보내고 있는 것이다.

노동은 그 자체로 가치 있고 대단한 것도, 완벽한 것도 아니어야 한다. 실수와 실패를 꺼리고, 성공을 향하여 "노오력"하는 노동 방식은 자본의 이데올로기에 부합하는 것이다. 또한 결점과 오차가 없는 기계/로봇에 대비되는 인간만의 강점을 보여줄 수 있는 것도 아님이 분명하다. 효율성을 중시하여 극대화시키고, 비효율적인 것들을 배제하는 AI의 사고방식에 기반을 두고 인간의 자유를 제한하거나 통제하는 방식으로 노동이 재편될지 모른다는 우려도 있다. 로보칼립스의 비관적 미래 앞에서 우리가 진정 두려워해야 하는 것은 사실 일자리의 축소나 상실, 기존 관념의 폐기가 아니라 인간이 자기 삶과 직업의 가치를 잃고,

서 재인용).

자신이 하는 일에 있어 통제성과 권위를 잃게 되는 일인지 모른다.

카진스키는 "자유를 위협하지 않는 것처럼 보이는 기술의 진보도 '대체로' 우리들의 자유를 심각하게 위협한다"[22]고 지적했다. 기술의 진보를 멈출 수 없는 것이 기정사실인 이상, 노동의 미래와 인간의 자유를 위해 시인은 새로운 투쟁을 시작하려 하는 것이다.

사실 예술 노동에 있어 '창작'은 노동의 한 형태이면서도 노동 일반으로 환원할 수 없는 특수성을 갖고 있다.[23] 이동연은 예술노동이 "노동과 별개의 것이 아닌 노동의 특수한 행위로서 창조적 가치를 생산하는 것" (63)으로 정의하고 있다. 앙리 아르봉은 마르크스가 예술과 노동이 적대적 활동이 되고 있다고 생각했던 것을 이제 극복하지 않으면 안 된다면서 그것이 인간의 노동에서 창조적 성격을 보지 못한 채 자유의 영역으로부터 배제시켜놓고 있는 데 연유한 생각이거나 노동을 단순히 경제학적 범주로 축소시켜놓으며 노동과 인간의 관계, 인간의 본질에 대한 이해를 결여하고 있는 데서 유래한 생각이라고 지적[24]했다. 예술과 노동은 별개의 것이나 대립적인 것이 아니라는 것이다.

안토니오 네그리는 현 사회에서 예술노동이 경제적 가치로 환산되거나 물신화되고 예술 노동자의 양극화 현상이 심화되는 것 등은 매우 비극적인 양상이며 노동이 상품 세계에 완전히 포섭되고 있는 상황에서 예술 역시 그렇게 되고 있음을 지적[25]했다. 이동연은 네그리의 논의

22 테어도르 카진스키, 『산업사회와 그 미래: 우리가 사는 이 세상은 정말 잘못되었다』, 조병준 옮김, 박영률출판사, 2006, 81-87쪽.
23 이동연, 「예술노동의 권리와 사회적 자본 형성을 위한 예술행동」, 『문화과학』 84호, 2015, 63쪽. 이후 인용은 본문에서 쪽수 표시.
24 앙리 아르봉, 『마르크스주의와 예술』, 오병남 외 옮김, 서광사, 1981, 169쪽.
25 안토니오 네그리, 『예술과 다중』, 심세광 옮김, 갈무리, 2010, 39쪽.

를 빌려 예술노동은 "자본주의 내부 모순의 적폐를 가장 노골적으로 확인할 수 있는 토픽"이자 그러한 자본주의 생산양식의 바깥으로 향할 수 있는 계기를 마련해줄 수 있다고 강조한다. 예술노동이 처한 현실이 자본주의 내부 모순의 극단을 보여주고 있으나, 예술노동은 "살아 있는 감성적 활동의 총체"로서 그 모순을 극복할 수 있는 방법을 상상하게 해준다는 것이다.

최종천의 새 시집이 모색하는 바가 실효성을 얻기 위해서는 비생산적 활동인 예술의 가치가 긍정되어야 한다는 어려운 과제가 남아 있다. 특히 예술이 사회적 공공재 형성을 위한 것이라고 볼 때 이 커먼즈를 만드는 사람인 '예술 노동자'가 사회적 존재로서 다시 사유될 필요가 있다.

5. 비물질 노동과 예술-노동자

예술은 저항적 가능성을 가지며 그것을 향유하는 사람들이 연대하여 자율적으로 문제를 해결해나갈 수 있는 힘을 부여한다. 노동의 미래를 대비하기 위한 '예술-노동'에 대해 이야기했으니, 이제 '지금 여기'의 현실 속에서 예술 노동자의 문제를 해결하기 위한 논의를 끌어내보자.

위에서 네그리와 이동연의 논의를 통해 살펴본 바처럼 예술노동이 자본주의의 모순의 '외부'로 나아가는 대안적 토픽이 될 수 있으려면 "즐겁고 충족을 가져다주는 동시에 보편적 복지에 기여하는 자유로운 활동으로서의 노동"[26]이어야 하고, 그렇기 위해 예술복지와 예술행동에

---

26 이동연, 앞의 책, 67쪽.

대한 고려가 필요하다.

"20세기 초 독일의 바우하우스 학교의 예술 활동, 러시아 아방가르드 운동, 1960년대 상황주의자 운동, 최근 오큐파이 운동"(99)에 이르기까지 다양한 방식으로 예술노동이 역사화되었던 바 있고 한국에서도 여러 논쟁을 거쳐 조직화된 민족예술인총연합, 문화연대, 최근의 예술인 소셜유니온에 이르기까지 여러 공동체들이 사회, 정치, 자본의 문제를 드러내기 위한 모색을 해왔다. 그러나 이런 움직임들이 목적하는 바를 이루려면 "예술의 창작의 가치와 예술인의 삶의 위치에 대한 내재적인 전환"(101)이 시도되어야 하는데 이것이 잘 이루어지지 않아 예술이 사회적 자본으로 전유되거나 예술의 창작의 가치가 공공성의 가치를 획득하는 데 이르지 못했다. 예술노동의 사회적 자본은 "예술가 개인이 사회와 맺는 실재적 관계의 총체를 의미"(102)하며 예술인의 노동 권리를 전제하려면 사회적 공감과 그것을 확보하기 위한 예술행동이 필요하다. 예술행동이란 예술노동의 삶-노동의 한 형태로 "연대, 공동체, 사회적 삶의 의미를 실천하는 것"(103)이다.

최근의 예술노동과 예술노동자는 현 시대의 노동의 변화 속에서 새로운 국면을 맞이하고 있다. 라차라토는 최신작 『정치 실험』에서 '엥떼르미땅'에 주목하였는데, 이 용어는 "불연속, 불규칙적인 방식으로 직업 활동을 하는 사람을 뜻하며 특히 공연, 문화, 예술 분야에서 일하는 비정규직 노동자를 칭하기 위해 사용된"[27]다. 그는 "엥떼르미땅의 유연하고 임시적인 노동력"이 "노동력 전체의 미래를 예고하는 존재"라고 본다.

라차라토는 2003년 공연계 엥떼르미땅들이 자신들의 실업보험 보상

---

27 마우리치오 라차라토, 『정치 실험』, 갈무리, 2018.

방식을 개혁하는 문제에 관여하며 발생한 분쟁에 주목하면서, 이 분쟁이 신자유주의 패러다임에 대한 급진적 비판과 전복의 가능성을 가지는 "예술행동"이었음을 보여주려 했다. 엥떼르미땅의 노동은 비물질적 활동으로 구성되는 '비물질 노동'의 전형으로 자율적 주체성을 생산하는 활동이므로 고전적인 노동자의 개념을 벗어나며, 자본의 기획과 지배에 포획되지 않을 수 있는 잠재력을 가진다.

라차라토는 엥떼르미땅 분쟁이 "통치되는 것에 대한 거부와 실존적 불복종"을 보여주었으며, 이러한 '벗어남'에 대한 욕망과 의지가 "정치 ·경제적인 것, 사회적인 것, 문화-예술적인 것의 질서를 가로지르는 정치"를 내포하고 그것들을 재형성할 "'잠재성의 모든 장들'을 풍부히 갖고 있"다고 강조했다. 물론 엥떼르미땅의 환경이나 조건은 매우 열악하다. 언제 어디서나 내가 할 수 있을 때 원하는 대로 일한다는 것은 "완전한 불규칙함과 이동, 그리고 임시성에서 기인하는 반복되는 스트레스, 특히 임시성이 더 이상 '사회보장제도들을 동반하지' 않는다고 느낄 때의 스트레스"[28]에 취약한 채 놓이게 되는 것이기도 하다. 그들은 양극화와 파편화를 가져오는 자본의 통치 기술 아래에 놓인다. 노동자들 사이에서 예술 노동자의 투쟁과 비판은 "귀족적 의미에서 재해석될 위험"을 가지기도 한다. 그러나 라차라토는 "예술가와 엥떼르미땅, 예술가와 임시직, 예술가와 기초생활수급자를 함께 수용"하는 연합체가 "분명히 모호한 정치적 연대가 아니"라는 점을 강조한다.[29] "임시직, 새로운 빈자들, 실업자들, 기초생활수급자들은 예술가들, 기술자들과 대립하지 않"으며 대부분의 예술가들이 "실업, 기초생활보장, 사회적 보조금을 거

---

28 마우리치오 라차라토, 위의 책, 135쪽.
29 위의 책, 73-74쪽.

치는 임시직 상태에 살고 있고 살 것인"[30] 데도 불구하고, 기존에 '노동 현장'이라고 말할 때 예술 노동자 혹은 지식 노동자의 노동의 실상은 종종 배제되었다.

하지만 많은 부분에서 비물질 노동으로 이행되고 있는 노동의 성격 변화를 고려할 때 더 이상 노동자의 범주에 '물질 노동'에 종사하는 사람만을 한정해서는 안 될 것이다.

최근 몇몇 시인들의 시집들에서 '예술/지식 노동자'로서의 자신과 자신의 창작을 노동 생산물로 성찰적, 비판적으로 바라보는 시각을 찾아볼 수 있지만 주로 개별 작품 몇 편에 해당될 뿐이라 어떤 흐름을 생성하기에는 부족했다. 곤궁한 예술가/연구자 등의 처지를 사실적으로 드러내고 비판하거나 한탄하는 데 그치지 않고, 비물질 노동에 종사하는 엥떼르미땅으로서의 자의식과 비판 정신, 전위성을 보여줄 수 있는 작품들이 더 많이 창작되고, 비평적 조명을 받아야 한다고 생각된다.

연대를 되살리기 위해서는 관계를 성찰하고, 네트워크를 회복해야 한다. 비정규 임시직 노동자들의 경우, 이에 취약하기 때문에 '연결과 유대'를 더 치열하게 고민해야 하고, 노동문학도 이에 동참할 필요가 있다. 엥떼르미땅 운동에서 "가장 '가난한', 가장 '임시적인', 가장 저소득의 공연예술가들과 기술자들"이 "가장 강하고 가장 치열하고 명석한 저항"을 할 수 있었던 것은 "노동, 연대, 연합의 네트워크를 짤 줄 알았기 때문"이며 "네트워크와 유연성"이 유효한 무기가 되었다.

예술-노동에 있어 '공통-되기'는 네트워크와 유연성이라는 무기를 갖고 저항성, 전위성을 가질 수 있는 가능성을 창출해낸다. 미학적 향유

---

30 위의 책, 74쪽.

는 '목적'을 무화시킴으로써 저항적 가능성을 생성해내는 힘이 되며, 이는 자본주의의 기획을 벗어나게 할 뿐 아니라 기술에 맞서는 인간의 무기가 되기도 한다. 기술 발달이 자본의 통치 기술을 돕는 권력이 된다는 것은 앞에서 이미 언급한 바 있다.

라차라토는 "정치적 저항 행위와 예술적 행위 사이에 인접성이 있다"[31]는 것을 발견하고, 예술이 자본주의의 명령을 탈영토화할 저항의 방법을 발명해낼 수 있는 잠재성을 가지며, 예술 노동자들은 연대를 통해 그 가능성을 실현시킬 수 있을 것으로 기대되는 존재라고 보았다. 이런 정치 실험에 동참하는 전위적 시도에서도 노동문학의 새로움이 발생할 수 있지 않을까 생각해본다. 물론 프랑스와 한국의 현실은 다르며, 우리만의 '엥떼르미땅 운동'은 무엇인지 모색해보아야 한다.

6. 공통성을 생산하는 예술

이성혁은 「노동시는 여전히 작동하고 있다」[32]에서 "2006년 구로노동자문학회의 문패가 내려간 후, 노동자문학 혹은 노동문학의 미래는 어떻게 할 것인가에 대한 논의"를 보여준 사례 중 2006년 7월에 20명의 노동문학 작가들이 글을 발표한 노동문학 작가대회[33]에 주목했다. "그 글들의 대부분이 노동문학의 위축을 사실로 인정하고 자기 비판적인 점검을 하면서도 노동문학은 사라지지 않았다고 주장"하고 노동문학을 "다

---

31 위의 책, 257쪽.
32 이성혁, 「노동시는 여전히 작동하고 있다」, 『문학들』, 2008년 가을호.
33 이 자리에서 발표된 작품은 소설가 안재성, 이인휘와 시인 정우영, 송경동, 김명환, 하태성, 김해화의 글들이다.

시 일으켜야 한다"고 주장했는데, 이런 자기 긍정이 소중하다고 보았기 때문이다. 인정할 것은 '인정'하고, 그럼에도 불구하고 '자기 긍정'하며 변화를 촉구하는 것이 지금 우리에게 필요한 부분이다. 전통적 분류 안에 있는 노동자들, 노동문학을 창작해오던 작가들의 인식에도 변화가 찾아와야 한다. '위축되었으나 사라지지는 않은' 노동문학이, 앞으로도 기능하려면 무엇을 해야 할지 고민하고 노동을 다시 말해야 한다.

사실 '노동문학'이라는 용어 자체가 반드시 필요한 것도 아니다. 비평이나 문학사 기술 과정에서 분류하기 위해 만들어진 용어에 불과하기 때문이다. 그러나 '노동' 자체가 혐오와 분열 속에 사람들의 외면을 받고 노동문학 역시 관심에서 멀어졌다 해도 노동의 문제는 여전히 존재하며 문학이 그러한 문제에 대해 목소리를 내고 작가의식을 표출할 것이 요구되는 점도 마찬가지다. 우리 사회의 많은 영역에서 기존의 것이 남아 있는 상태로 새로운 변화가 급격히 진행되어 혼재하고 있는 점이 있듯, 협소하게 규정된 채 기존 방식을 그대로 이어오는 '노동문학' 역시 우리에게 여전히 의미를 가진다. 또한 기존 방식과 개념의 노동문학이 현재적 맥락에서 더 이상 기능할 수 없는 점이 많다 해도 노동에 대한 새로운 규정이나 개념에 대한 논의나 합의가 이루어지지 않고 대체할 만한 다른 말이 부재한 상태에서 섣불리 폐기하기도 어려운 일이다. 그러나 이 시대의 노동에 대한 충분한 논의와 사유에 바탕을 두고 확장된 개념과 새로운 방식의 모색이 있어야 한다.

문학이 당대 현실을 반영하고 시대의 문제의식과 공통정서를 담는 것이라면 지금, 전면적인 개념 변화를 겪고 있고 우리의 현재와 미래, 삶의 방식까지 크게 좌우하는 '노동'의 문제를 현재적 관점에서 치열하게 성찰하고 문학적으로 형상화하기 위한 노력이 더욱 요구되는 때라고 할 수 있다.

　지금까지 이루어졌고, 진행 중이며 앞으로 도래하게 될 노동의 많은 변화와 변수 앞에서 '노동자'의 범위는 계속 확대되고 경계가 모호해지는 반면 인간의 일자리는 점점 더 위협을 받고 있는 까닭에 "어디까지를 노동의 범주에 포함시킬 것인가라는 어려운 질문"에 대한 정답을 찾는 일은 요원하게 느껴진다. 그러나 노동의 미래가 어두운 모습으로 모든 인류 앞에 놓여 있다는 사실은 새로운 공감과 연대의 가능성을 가져오며, 특수한 '노동자 계층'이 아닌 금융자본주의와 신자유주의하의 모든 '일하는 사람들'에 관련된 이야기가 문학이 될 수 있다고 전제한다면 노동문학은 '일, 일하는 자에 대한 문학'으로 새로운 보편성을 획득하며 독자와 대중에게 다가갈 수 있다. 그리고 그럴 때 어쩌면 '노동'이라는 말에 부여되는 여러 혐의, 노동문학과 관련된 고정관념들을 벗기 위해 '일'이라는 말로 대체하는 것도 하나의 방법일 것 같다. 특히 한국 사회에서 '노동'은 특정한 노동활동을 지칭하는 협소한 의미로 받아들여지는 경우가 많기 때문이다. 그러니 일단 임의적으로 '일×노동×문학'이라고 칭하도록 하자.

　장류진의 소설집 『일의 기쁨과 슬픔』(창비, 2019)은 2018년 창비신인소설상으로 등단한 신인으로서는 이례적일 정도로 빠른 시간 안에 많은 독자와 문단의 폭발적인 관심과 조명을 받았다. 등단작 「일의 기쁨과 슬픔」은 창작과비평 사이트 공개 후에 누적 조회수 40만 건에 이르며 화제가 되었는데 소설집에도 이 작품 외에 젊은 직장인들의 이야기를 다룬 소설들을 수록하고 있다.

　월급을 카드 포인트로 대신 받은 카드회사 공연기획팀 직원 등 근로자의 기막힌 사연과 노동의 애환을 현실적으로 잘 재현해냈다는 평가를 받는 등단작이나 꿈조차 꿀 수 없는 청춘과 청년취업 문제를 녹여낸 「탐페레 공항」, 가사도우미 고용을 둘러싼 이야기를 통해 노동과 고용, 계층과 세대에 대해 사유하는 「도움의 손길」, "그때까지 언니가, 그때까지 내가 회사에 있을 수 있을까."라는 근로자의 불안을 담은 「백한번째 이력서와 첫 번째 출근길」 등의 소설들은 '누구에게나 일어날 수 있는 일'이라는 보편적 공감을 확보하여 큰 호응을 얻었다. 특히 20~30대 독자들의 지지가 높다는 것에는 중요한 시사점이 있다. 현재 2,30대들은 소위 '노동의 시대'가 끝난 이후 성장하였고 사회 전체가 저성장으로 인해 경쟁은 더욱 치열해지고 이전 세대에 비해 취업의 문도 좁고 고용 안정성도 추락한데다 신자유주의의 통치 기술로 인해 분열되며 차이의 법칙을 내면화한 세대들이어서, 앞의 장에서 논하였던 '노동 혐오'가 높은 편에 속하기 때문이다.

김혜진의 장편소설 『9번의 일』(한겨레출판, 2019)은 출판사 서평에서처럼 "일에 대한 이야기, 일하는 사람에 대한 이야기"를 표방하는 소설로, 계속되는 권고사직에 대한 회사의 압박에 맞서며 회사에 남아 일을 지속하려 노력하면서 점점 더 망가져가는 한 남자에 대한 이야기다. 최근의 신자유주의적 현실에서는 자본이 노동보다 가치 있는 것으로 여겨지고 이기적 효율성이 최우선되는 까닭에, 인간의 '일'이 삶을 가치 있게 만드는 것이 아니라 오히려 한 인간의 존엄성을 갉아먹고 삶의 근간을 파괴한다는 사실을 비판적으로 그려낸다. 그런데 주목되는 것은 매우 비극적인 서사임에도 불구하고 상당히 담담하게 그려낸다는 점이다.

오직 '성과'로 직업인의 가치를 재단하는 사회에서 '9번 남자'는 저성과자로 분류돼 세 번째 재교육을 받기 직전, 상사의 호출을 받게 된다.

수리와 설치, 보수 업무를 담당하는 통신회사 현장팀에서 26년을 일했지만 이제 성과를 내지 못하는 그에게 권고사직 권유를 하려는 것인데, 주인공은 이를 거절한다. 결국 그는 여러 '변방 지역'의 상당히 열악한 보직들을 전전하게 된다. 외국인 노동자 기숙사의 공유기를 교체하고 무상으로 수리 등을 해주며 그 지역 외국인들의 신뢰와 호감을 힘들게 얻었지만 공유기 무료 교체 등의 사유로 업무 촉구서 경고장을 받고 친구의 죽음을 추모하는 노제에 참석하고 오려고 휴가를 썼다는 이유로 무단결근 통보를 받는 등 인간적인 삶과 관계, 일상을 유지하기 위해 한 일들은 그를 최하위 등급으로 만든다. 그는 출퇴근 명부에서 이름이 삭제된 후 노조에 가입하고 힘든 투쟁 끝에 본사가 아닌 하청업체 소속으로 변두리 시골마을인 78구역으로 발령을 받지만 통신탑 설치를 반대하는 마을 주민들의 강경한 반대 앞에 몸싸움까지 벌여야 하는 상황에 놓인다. "일이라는 건 매일 끔찍하도록 같은 작업을 반복하면서 기술을 배우고 노하우를 익히고 실력을 늘려가는 것이었다. 그거면 됐다. 그게 무슨 일인지, 어떤 일인지 생각할 필요는 없었다. 그는 그 이상의 것들을 생각하지 않기로 했다."[34]라는 소설 속 서술처럼 그가 더 이상 자신의 일에서 가치나 의미를 찾지 않고 직업인으로서, 인간으로서의 존엄성을 지키려는 노력조차 하지 않게 되었을 때 그는 비로소 그 일을 '유지'할 수 있게 된다.

통신탑을 반대하는 사람들이 양심에 호소하며 그에게 '일'을 멈춰줄 것을 부탁하자 그는 "나는 내가 무슨 일을 하는지 모릅니다. 알 필요도 없고요. 통신탑을 몇 개나 더 박아야 하는지, 백 개를 박는지, 천 개를

---

34 김혜진, 『9번의 일』, 한겨레출판, 2019, 198쪽.

박는지, 그게 고주파인지 저주파인지 난 관심 없어요. 나는 이 회사 직원이고 회사가 시키면 합니다. 뭐든 해요. 그게 잘못됐습니까?"[35]라고 반문한다.

　그런데 주인공이 노동의 가치와 의미를 잃어가는 과정에서 일어나는 일들은 '동료'의 상실과 함께 가는 면이 있다. 임시 보직을 전전하며 새로 만난 사람들은 물론이고, 함께 오랫동안 일해 왔던 사람들조차 정리 해고의 소용돌이 속에서 서로 반목하고 분열하게 되는 까닭이다. 버티면 같이 다 죽자는 것이 아니냐며 주인공에게 적대의 시선을 보내는 이들은 한때 그와 동고동락했던 일터의 동료들이었다. 그가 권고사직을 여러 차례 거부하며 보내지는 여러 일터에서 그는 점차 '동료'라고 부를 만한 인간군이 없어진다. 회사 사택에서 같이 생활하는 사람들은 그를 냉대하고, 함께 팀을 짜서 수리 일을 했던 '황여사'의 일을 몇 번 도와줬다는 이유로 그는 질책을 받는다. 결국 도움을 받지 못해 성과를 내지 못한 황여사는 회사를 나가게 되어 그는 혼자가 된다. 78구역에 간 후에도, 함께 주민들의 반대를 저지하는 역할을 나눠 하는 이들끼리 어떤 유대나 동료의식도 없다는 사실이 중요한데 결국 그들이 다 나가게 되고 주인공만 혼자 남게 되며 철저히 고립되는 모습을 보여준다.

　소명감을 갖고 일에 충실할 수 있고, 자기의 일에 확신을 가질 수 있는 '노동'의 종말에 대해 다루는 이 소설은 거꾸로 이런 문제를 해결하기 위해서 필요한 것은 '일'과 '일하는 삶'의 의미와 가치, '공동적인 것'의 회복이라는 점을 보여준다. 소설의 결말 부분에서 주인공이 쓰러뜨리는 통신탑은 그의 파괴된 인간성, 단절된 사회적 유대가 회복될 수

35　위의 책, 203-204쪽.

있는 가능성을 상징한다.

자본주의적 시장은 승자와 패자를 지속적으로 창조하며 보상과 처벌이 계속되는 훈육시스템에 가깝다. 그러나 예술은 교환가치나 영리라는 목적에 부합하지 않아도 많은 사람들이 향유할 수 있으며 그 이유로 '시스템'의 경계를 벗어날 수 있다.

클라우스 오페[36]는 비물질 노동으로 변화하는 시대에 일반적인 노동에 대해 말하는 것이 불가능함을 일찌감치 지적하며 비물질 노동이 근본적으로 "노동 그 자체를 생산하고 유지하기 때문에 성찰적"(138)이라고 말했다. 비물질 노동은 그 사례들이 매우 이질적이고 불확실하기 때문에 "경제적 효율성에 대한 기준"(138)을 만들기 어렵고 그 측정 불가능성, 비표준화로 인해 "상호작용 능력, 책임의식, 공감, 획득한 실천적 경험 같은 질로 대체"될 여지가 있다는 것이다. 다시 말하면 자본의 척도에 종속될 수 없다는 것이다. 비물질 노동의 관계적, 소통적, 정동적 성격과 자기 성찰에 대해 높아지는 요구는 공통성을 생산할 수 있게 하며, 분열되어 있는 노동의 '공통-되기'를 모색해보게 한다. 노동이 분화되면서 그 이질성으로 인해 노동이 오페가 말한 "노동 인구에게 명확하게 공유된 중요성"(309)을 제공하기 어렵게 되었고 노동의 분열이 노동계급 일원으로서의 어떤 '공통감정'을 가질 수 없게 만들었지만 그 때문에 더욱 치열하게 공통성을 사유할 필요가 생겼다고도 볼 수 있다.

물론 오페가 이 글을 쓴 1985년 이후 신자유주의 정책들이 이러한 비물질 노동이 작동하는 맥락을 재설계한 점을 유념[37]해야 한다. 오페는

---

36 Claus Offe, "Work: The Key Sociological Category?" in C. Offe (ed.) *Disorganized Capitalism*, Cambridge, Mass: MIT Press, 1985, pp. 129-50.

37 맛시모 데 안젤리스, 『역사의 시작』, 갈무리, 2019, 305쪽. 이하 인용은 본문에 쪽수 표기.

"자기규정과 가지와 목직에 대한 사람들의 감각이 노동에 덜 매여 있"
으며 노동자들 사이 공통감정이 출현하고 노동의 이질성으로 인해 그
공통감정이 어려움에 처한 사실을 지적하고 있지만 맛시모 데 안젤리
스는 그것을 노동의 중요성 쇠퇴의 관점에서 보아서는 안 된다고 강조
한다. 자본주의의 훈육과 신자유주의의 통치 기술에 저항하는 노동자
들의 풀뿌리 힘이 증가하고 있고 노동자들 사이에 공통감정이 자본에
맞설 수 있는 바탕이 되고 있지만, "반자본주의의 토대인 공통감정을
위한 지반을 제공하는 것은 특정한 노동 활동의 유용적 측면이 아니"
(310)라는 것이다.

"자본주의적 생산양식의 지배는 모든 노동자들을 절합"하기 때문에
교사, 간호사, 회사원, 예술가, 농부, 작가, 학생, 주부 등 모두가 "자신에
게 낯설고 외부에서 상정되는 합리성과 척도에 종속되는 만큼, 자본의
척도에 마주하는 계급에 소속된다는 공통감정은 선험적인 것이 아니라
다양한 투쟁에 참가하는 이들의 소통을 통해 사회적으로 구축된 결과"
라는 것이다(310).

위에서 모든 '일하는 사람들'에 관련된 이야기가 노동문학이 될 수 있
다고 전제한 것은, 사실 20세기 후반 이후 사회운동의 주체들이 연합적
인 성격을 추구한다는 점과 연관된다. 노동의 소외, 노동문학에 대한 무
관심은 "특정한 노동 활동의 유용적 측면"에만 초점을 맞추는 사회운동
과 문학에 대한 외면의 결과일 수 있기 때문이다. '노동'과 '노동하는 사
람들'의 개념과 범주 자체가 큰 변화를 겪고 있는데도 1980년대까지의
노동에 대한 이해에 머물러 있는 것은 큰 문제의 원인이라 할 수 있다.
공장 생산직 등 일부 노동 활동에 지나치게 초점이 맞추어지다보니 사
무직이나 지식 노동자들이 배제되고 일반적인 "직장인"과 노동자가 구

별되는 듯 여겨지는 편견이 심어졌다. 그러나 현 시대에는 불연속, 불규칙적인 방식으로 직업 활동을 하는 비정규직들이나 고용안정성이 추락하여 실직 위험성을 안고 있는 정규직들이나 모두 불안을 안고 있고, 금융자본주의로의 이행 후 '부채인간'이 되어버린 모든 사람들은 생산직이나 사무직이나 지식노동자나 예술노동자나 전부 자본주의의 통제 하에 삶의 근간을 위협받고 있다. 게다가 "비물질 노동은 신체를 투입하는 관계적, 정동적 노동이라는 사실에 의해 자본주의적 통제는 직접 생산 영역만이 아니라 사회적 재생산 과정까지 포섭한다."(312) 이로 인해 생산은 푸코의 용어를 빌리자면 '생명정치적'인 것이 되며 생산영역에 종사하는 사람들뿐 아니라 모든 이들이 자본주의의 통제를 받는다.

예술이 자본의 논리에서 해방될 수 있으려면 자본과 시장의 가치로 환산할 수 없는 모든 일들이 새로운 가치를 획득할 수 있는 사유의 전환이 필요하다. 자본의 코나투스적 관점에서 공통장과 공동체를 생산하고 그에 기여할 수 있는 모든 것들, 사회적 상호작용과 관계에 대한 고찰이 요구되며 '생산'에 기여하는 '일'이라는 것의 개념이 더 폭넓게 재정의될 필요가 있다.

노동문학은 '공동적인 것'을 더욱 치열하게 사유해야 한다. 비물질 노동과 그것이 생산하는 가치는 '척도'를 넘어서고, "살아 있는 비물질 노동에 의해 창조"된 가치와 이것의 협력적 측면은 측정하는 낯선 세력에 의해 '외부로부터 부과되거나 조직되지 않는다.'(하트, 네그리 2000: 294)" (313) 다시 말해, 밖으로부터 와서 '부여되는' 것이 아니라 자생적이고 자율적으로 내부에서 생겨나는 것이어야 하며 그렇게 형성된 주체들이야말로 '풀뿌리 힘'을 보여줄 수 있다. "전통적인 마르크스주의자들과 달리 그들은 투쟁 내에서의 욕망과 정동과 소통에서 파생될 수 있는 긍정적이고 창조적인 성격을 강조하면서 변형의 차원은 내재적이며 새로운 세계는 당의 중앙위원회가 아니라 구성적 주체들에 의해, 혁명 '이후'가 아니라 '지금 여기'에서 구성된다는 것을 우리에게 상기"(314)시킨다.

유용주 시집 『서울은 왜 이렇게 추운 겨』(문학동네, 2018)는 한 명, 한 명의 개별적 노동자들의 사연을 구체적으로 그려 보여주는데, 인턴, 알바, 실직자, 시인, 예술가, 무직자, 기술자, 일용노동자, 기사, 박사, 학원 강사… 등 다양한 직업들이 출몰한다. 그들 모두 불안정하고 핍진한 삶 속에서 힘들지만 인간으로 살아가기 위해 애쓰며 일하는 사람들로, 시인의 애정 어린 시선은 이들 모두에게 공평하게 가닿는다. 노동자들 간의 소통이 가능하려면 개별적 노동자들이 모두 살아 있는 주체라는 사실이 망각되지 않는 것이 중요하다. 그래야 상호작용이 가능하며 '관계'에 서로 참여할 수 있고 그들의 사회적 힘이 응집력을 가질 수 있다.

예술은 이러한 주체들의 목소리들을 모아 그것들이 힘을 가질 수 있도록 도울 수 있다. 예술을 통해 정신적으로 교류하고 새로운 소통 형태를 모색할 수 있으며 대안적 가치 실천을 통해 사회적 힘을 새롭게 결합시킬 수 있다. 이는 자본과는 다른 공통장에서 이루어져야 할 새로운 방식이며, 이 지점에서 '커먼즈로서의 예술'이 요구된다.

노동의 연대는 혐오와 구분, 차이를 넘어서서 공동성을 회복하며 이루어질 수 있으며, 예술은 공통성을 생산하며 그것을 나눌 '공통장'을 만들어 성찰하고 소통할 필요가 있다. "새로운 가치 실천들이 출현하여 사회적 신체를 분할하는 분할통치 전략들을 대치할 수 있는 것은 공통장의 생산을 통해서"[38]다.

문학에서의 공통장 생성을 위해서 문단은 폐쇄성을 버리고 열려 있어야 하며 대중에게 나아가야 할 것이다. 공통장은 새로운 가치실현을 위한 통로이자 방법적 모색의 '장'일 뿐이지 '공통장을 위한 투쟁'이 목적은 아니기 때문이다. 소위 '문단 권력'이라고 부르는 문단 내부의 위계의 문제도 해결해야 한다. 공통장에서 중요한 것은 '공유'이며 이는 자율적이고 자유로운 주체들의 수평적인 의사 결정 과정을 통해 이루어질 수 있기 때문이다.

그리고 예술-노동에 있어 미학적 추구는 더 치열해져야 한다. 노동문학으로 좁혀 말해보자면 기존에는 '노동문학'에서 '노동'이 지나치게 강조되었지만 이제는 노동뿐 아니라 '문학' 자체를 보다 중요하게 생각해야 한다. 굳이 '노동'이라는 단어를 고집할 필요도 없고, 일과 노동, 창작 모두에 대해 사유하는 문학이면 충분하다. 그러나 '노동' 개념이 확장된다 해도 '문학'이 더 강조되어야 한다는 점에는 변함이 없다. 예술의 놀이적, 전위적 성격으로 자본의 지배를 벗어나기 위해서는 예술적인 것, 미학적인 것을 유지해야 한다는 단서가 붙는다. 노동이라는 소재만으로 사회적인 무게를 가지던 시대는 이제 끝났으므로, 당대의 '일×노동×문학'은 곤궁한 입장에서 존립의 근거를 치열하게 모색하여 저항 가능성을 확보해야만 한다.

38 위의 책, 436쪽.

Inhalt

Studien

:: 악셀 호네트 Axel Honneth
1949년 독일 에센에서 태어나 본 대학, 보훔 대학, 베를린 자유대학에서 철학, 사회학, 독
문학을 공부했다. 콘스탄츠 대학과 베를린 자유대학을 거쳐 프랑크푸르트 대학 철학교수
를 역임했다. 2011년부터 컬럼비아 대학 철학교수를 맡고 있다. 프랑크푸르트학파의 산실
인 사회연구소 소장직을 역임했으며, 1세대 호르크하이머와 아도르노, 2세대 하버마스의
뒤를 잇는 3세대 프랑크푸르트학파 철학자로 평가받는다. 그간의 탁월한 사회철학적 업
적을 인정받아 2015년 '에른스트 블로흐 상'을 수상했다. 주요 저서로『권력 비판』『인정
투쟁』『정의의 타자』『분배냐, 인정이냐?』(공저)『물화』『우리 안의 나』『자유의 권리』『사
회주의 재발명』등이 있다.

:: 클로드 르포르 Claude Lefort, 1924~2010
메를로퐁티의 영향을 받아 트로츠키주의자로 출발하여 공산당에 대한 비판가로, 그리고
다시 마르크스주의에 대한 비판가로 변신하면서 활동하였다. 스승이자 동료였던 메를로
퐁티의 유고집을 간행하면서 그를 다시 꼼꼼히 읽고 그즈음 마키아벨리 연구로 박사학위
를 받으면서 '정치적인 것'에 대한 문제설정을 확정하였다. 1970년대 전체주의 논쟁에 깊
이 관여하였고, 이후 파리 사회과학고등연구원(EHESS)에 머물면서 자신 고유의 정치철학
을 발전시키고자 하였다. 주요 저서로『마키아벨리에 대한 연구』『역사의 형태들』『민주
주의적 발명』『얽힘』『19~20세기 정치적인 것에 대한 시론』등이 있다.

:: 유디트 모어만 Judith Mohrmann
베를린 자유대학과 포츠담 대학에서 비교문학과 철학을 공부했으며 예일 대학을 거쳐 프
랑크푸르트 대학 철학과에서 박사학위를 받았다. 프랑크푸르트 대학, 베를린 대학 등에서
연구 조교를 맡았으며, 현재 프랑크푸르트 사회연구소 연구 조교로 재직하면서 '규범적
역설의 사상사적 재구성' 프로젝트를 이끌고 있다. 주요 저서로『주디스 버틀러: 전쟁과
감정』(공저)『감정과 혁명: 아렌트와 칸트 이후의 정치적 행위』등이 있다.

:: 율리아네 레벤티슈 Juliane Rebentisch
베를린 자유대학에서 철학과 독문학을 공부했으며 포츠담 대학에서 박사학위를 받았다.
프랑크푸르트 대학 철학과에서 교수자격학위를 취득했으며 프랑크푸르트 사회연구소의
주요 일원이기도 하다. 오펜바흐 조형예술대학에서 철학과 미학 교수로 재직 중이다. 미

학, 윤리학, 정치철학을 중심으로 현대예술과 자본주의 그리고 민주주의의 관계에 관해 독창적인 연구 활동을 펼치고 있다. 주요 저서로『설치미술의 미학』『창조와 우울: 현대 자본주의의 자유』(공저)『자유의 예술: 민주적 실존의 변증법』등이 있다.

:: 펠릭스 트라우트만 Felix Trautmann
다름슈타트 대학과 프랑크푸르트 대학에서 철학, 사회학, 정치학, 비교문학을 공부했으며 프랑크푸르트 대학 철학과에서 박사학위를 받았다. 오펜바흐 조형예술대학, 쿤스트아카 데미 뒤셀도르프 등을 거쳐 프랑크푸르트 사회연구소 연구 조교로 재직 중이다. 율리아네 레벤티슈와 함께 '평등의 역설: 민주주의와 문화산업' 프로젝트에 대한 공동 연구를 진행 했다. 주요 저서로『민주주의의 상상계: 정치적 해방과 자발적 복종의 수수께끼』『우리는 당신을 당신 자신으로부터 보호합니다: 치안의 정치』(공저) 등이 있다.

:: 나디아 어비네이티 Nadia Urbinati
이탈리아 피렌체에 소재한 유럽대학원에서 정치학으로 박사학위를 받았다. 근대 및 동시 대 정치사상과 민주적, 반민주적 전통을 전문적으로 연구하는 정치이론가로, 특히 포퓰리 즘 연구에 오랫동안 매진해왔다. 현재 컬럼비아 대학 정치학과 교수로 재직 중이며, 다양 한 정치학 저널을 편집하고 있다. 그간의 민주주의 연구 공로를 인정받아 2008년 '이탈리 아 공화국 공로 훈장'을 수상했다. 주요 저서로『대의제 민주주의: 원리와 계보』『왜곡된 민주주의: 의견, 진실, 민중』『근대인의 폭정』『포퓰리즘은 어떻게 민주주의를 변형시키는 가』『존 스튜어트 밀의 정치사상』(공저) 등이 있다.

:: 요하네스 뷜츠 Johannes Voelz
베를린 자유대학에서 북미 연구, 철학, 정치학 등을 공부했으며 북미 연구로 박사학위를 받았다. 프랑크푸르트 대학에서 교수자격학위를 취득하고 베를린 자유대학을 거쳐 현재 프랑크푸르트 대학 미국학과 교수로 재직 중이다. 민주주의와 미학, 미국 문학과 사적인 것의 변형, 시장사회의 미학 등을 주된 연구 주제로 삼고 있다. 주요 저서로『초월론적 저 항: 새로운 미국주의자들과 에머슨의 도전』『불안의 시학: 미국 소설과 위협의 사용』등이 있다.

:: 마이케 조피아 바더 Meike Sophia Baader
하이델베르크 대학에서 독문학, 교육학을 공부했으며 유년기에 관한 연구로 교육학 박사 학위를 받았다. 포츠담 대학, 취리히 대학을 거쳐 힐데스하임 대학 교육학과 교수로 재직 중이다. 유년기와 가족, 성교육과 사회교육 등을 주된 연구 주제로 삼고 있다. 주요 저서로

『유년기라는 낭만적 이념』『속죄로서의 교육』『현대의 유년기』『현실적이 되라, 불가능한 것을 요구하라: 68혁명은 교육을 어떻게 움직였는가』등이 있다.

:: 윌리엄 슈어먼 William E. Scheuerman
뮌헨 대학과 예일 대학에서 철학과 정치학을 공부했으며 프랑크푸르트 대학을 거쳐 하버드 대학 정치학과에서 박사학위를 받았다. 피츠버그 대학과 미네소타 대학을 거쳐 현재 인디애나 대학의 정치학 교수로 재직 중이다. 근대 정치사상, 독일 정치사상, 민주주의 이론, 법 이론 등을 주된 연구 주제로 삼고 있다. 주요 저서로『규범과 예외 사이에서: 프랑크푸르트학파와 법의 지배』『자유민주주의와 시간의 사회적 가속』『시민 불복종의 주요 개념들』『법의 종언: 21세기의 카를 슈미트』등이 있다.

:: 고지현

독일 브레멘 대학 철학과에서 박사학위를 받았다. 현재 서울과학기술대 강사로 재직 중이다. 저서로『꿈과 깨어나기: 발터 벤야민 파사주 프로젝트의 역사이론』, 공저서로『프랑크푸르트학파의 테제들』『포스트모던의 테제들』『현대 페미니즘의 테제들』등이 있으며, 공역서로『베스텐트 2012』『베스텐트 2013/1』『베스텐트 2014』『베스텐트 2015』『대탈주: 베스텐트 한국판 5호』등이 있다.

:: 김광식

서울대 철학과를 졸업하고 독일 베를린 공과대학 과학·기술·철학과에서 인지문화철학 전공으로 박사학위를 받았다. 서울대 철학사상연구소 연구원을 거쳐 현재 서울대 기초교육원에서 교양교육을 담당하고 있다. 저서로『행동지식』『김광석과 철학하기』『다시 민주주의다』(공저)『세상의 붕괴에 대처하는 우리들의 자세』(공저) 등이 있고, 논문으로「인지문화철학으로 되짚어 본 언어폭력」「인지문화철학으로 되짚어 본 동성애혐오」등이 있다.

:: 김대현

한국외국어대 법학과를 졸업하고『플랫폼』문화비평상,『실천문학』평론신인상을 수상하며 문학평론가, 소설가로 활동 중이다.『플랫폼』『리얼리스트』『삶이 보이는 창』『내일을 여는 작가』의 편집위원을 지냈으며 현재 한국문화예술위원회 현장소통소위원회 민간위원으로 있다. 저서로『당신의 징표: 이름의 존재론과 姓의 정치학』『불온한 제국』『법정에서 만난 역사』『인간 신해철과 넥스트시티』(공저) 등이 있다.

:: 김주호

고려대에서 사회학, 정치외교학 학사를 마쳤다. 독일 마르부르크 대학 사회학과를 졸업한 후 프랑크푸르트 대학 사회학과에서 지그하르트 네켈 교수의 지도로 박사학위를 받았다. 경상대 사회학과에서 조교수로 재직 중이다. 역서로『기업가적 자아』가 있으며, 논문으로「자본주의 비판과 민주주의 요구의 결합」「현 시대의 자율성을 바라보는 두 시선」「포퓰리즘과 민주주의」등이 있다.

:: 김지윤

연세대에서 국문학과 영문학을 이중전공하고 연세대 국문과 대학원에서 석사학위를 마친 후 숙명여대에서「전후시의 현실인식과 상상력 연구」로 박사학위를 받았다. 숙명여대 한국어문화연구소 책임연구원으로 재직 중이다. 2006년『문학사상』신인상으로 시인 등단, 2016년『서울신문』신춘문예로 평론가로 작품 활동을 시작했다. 시집『수인반점 왕선

생』이 있고, 공저로『다시 새로워지는 신동엽』『시, 현대사를 관통하다』『이 세상에 나온 것들의 고향을 생각했다』『석가탑』『한국어문화와 여성문학』 등이 있다.

:: 문성훈

연세대 철학과를 졸업하고 서울대 대학원을 거쳐 독일 프랑크푸르트 대학 철학과에서 악셀 호네트 교수의 지도로 박사학위를 받았다. 서울여대 교양대학 현대철학 담당 교수로 재직 중이다.『베스텐트』한국판 책임편집자를 맡고 있다. 저서로『미셸 푸코의 비판적 존재론』『인정의 시대』등이 있으며, 역서로『정의의 타자』『인정투쟁』『분배냐, 인정이냐?』 (이상 공역)『사회주의 재발명』등이 있다.

:: 이성혁

한국외국어대 일본어과를 졸업하고 동대학원 국어국문학과에서 석사와 박사 과정을 마쳤다. 현재 한국외국어대와 세명대에 출강하고 있으며 2003년『대한매일신문』(현 서울신문) 신춘문예 평론부문에 당선된 후 현장 평론 활동을 하고 있다. 저서로『불꽃과 트임』『불화의 상상력과 기억의 시학』『서정시와 실재』『미래의 시를 향하여』『모더니티에 대항하는 역린』『사랑은 왜 가능한가』『시적인 것과 정치적인 것』이 있으며, 역서로『화폐 인문학』(공역)『사건의 정치』가 있다.

:: 이유선

고려대 철학과를 졸업하고 동대학원에서 박사학위를 받았다. 서울대 기초교육원 강의교수로 재직 중이다. 저서로『리처드 로티』『실용주의』『아이러니스트의 사적인 진리』『사회철학』『현대 정치철학의 테제들』(공저)『로티의 철학과 아이러니』(공저)『리처드 로티, 우연성·아이러니·연대성』등이 있으며, 역서로『우연성, 아이러니, 연대』(공역)『철학의 재구성』『공공성과 그 문제들』(공역) 등이 있다.

:: 이행남

서울대 동양사학과를 졸업하고 같은 대학 철학과에서 헤겔 연구로 석사학위를 받았다. 독일 프랑크푸르트 대학에서 악셀 호네트 교수의 지도 아래「인륜적 자유의 변증법: 헤겔과 그의 선행자들 간의 논쟁」으로 박사학위를 받았다. 서울대 철학과 교수로 재직 중이다. 역서로『뉴레프트리뷰 1』(공역)『비규정성의 고통』이 있으며, 논문으로「피히테의『자연법의 토대』에서의 상호인정의 근본이념」「칸트의 도덕적 자율성으로부터 헤겔의 인륜적 자율성으로」등이 있다.

:: 정대성

연세대 철학과를 졸업하고 독일 보훔 대학에서 독일 관념론과 사회정치철학 전공으로 박사학위를 받았다. 연세대 근대한국학연구소 HK교수로 재직 중이다. 공저서로 『이성의 다양한 목소리』 등이 있으며, 역서로 찰스 테일러의 『헤겔』과 클라우스 피베크의 『자유란 무엇인가: 헤겔 법철학과 현대』를 비롯하여 『청년 헤겔의 신학론집』 『비판, 규범, 유토피아』 『언어, 의미 그리고 철학』 등이 있다.

:: 정대훈

서울대 철학과를 졸업하고 동대학원에서 데카르트 연구로 석사학위를 받았다. 독일 프랑크푸르트 대학에서 크리스토프 멘케 교수의 지도 아래 「주체성과 예술: 헤겔과 니체에 따른 근대의 구성」으로 박사학위를 받았다. 한국산업기술대 지식융합학부에서 교육전담교원으로 재직 중이다. 역서로 『데카르트』 『뉴레프트리뷰 3』(공역) 등이 있으며, 논문으로 「칸트의 존경 이론에서 주관적 전회와 존경의 절취」 「헤겔의 역사철학적 비극관」 「정신의 도야」 「선택의지의 자유란 어떻게 이해되어야 하는가」 「'지식의 의지' 개념 분석을 중심으로 한 푸코와 니체의 사상적 관계에 대한 고찰」 등이 있다.

:: 최진석

문학평론가, 수유너머104 연구원. 러시아인문학대학교에서 문화학 박사학위를 받았다. 저서로 『불가능성의 인문학: 휴머니즘 이후의 문화와 정치』 『감응의 정치학: 코뮨주의와 혁명』 『민중과 그로테스크의 문화정치학: 미하일 바흐친과 생성의 사유』 등이 있고, 역서로 『다시, 마르크스를 읽는다』 『누가 들뢰즈와 가타리를 두려워하는가?』 『해체와 파괴』 등이 있다.

:: 홍찬숙

서울대 영어영문학과를 졸업하고 이화여대 대학원 여성학과를 거쳐 독일 뮌헨 대학 사회학과에서 울리히 벡 교수의 지도로 박사학위를 받았다. 현재 서울대 여성학협동과정 시간강사이며 서울대 여성연구소 객원연구원이다. 저서로 『울리히 벡』 『울리히 벡 읽기』 『개인화: 해방과 위험의 양면성』, 공저서로 『문화사회학의 이해』 『정보혁명』 『세월호가 묻고 사회과학이 답하다』 등이 있으며, 역서로 『세계화 시대의 권력과 대항권력』 『장거리 사랑』(공역) 『자기만의 신』 등이 있다.

토크빌과 평등의 역설
베스텐트 한국판 7호

1판 1쇄 발행 2020년 10월 20일

편저자 연구모임 사회 비판과 대안
지은이 악셀 호네트 외
옮긴이 고지현 외
펴낸이 안희곤
펴낸곳 사월의책

편집 박동수
디자인 김현진

등록번호 2009년 8월 20일 제396-2009-126호
주소 경기도 고양시 일산서구 중앙로 1388
전화 031)912-9491 | **팩스** 031)913-9491
이메일 aprilbooks@aprilbooks.net
홈페이지 www.aprilbooks.net
블로그 blog.naver.com/aprilbooks

ISBN 978-89-97186-17-4 94100
ISBN 978-89-97186-10-5 (세트)

* 책값은 뒤표지에 있습니다.